JN218862

トルコにおけるイスラーム神秘主義思想と実践

イディリス・ダニシマズ 著
İDİRİS DANIŞMAZ

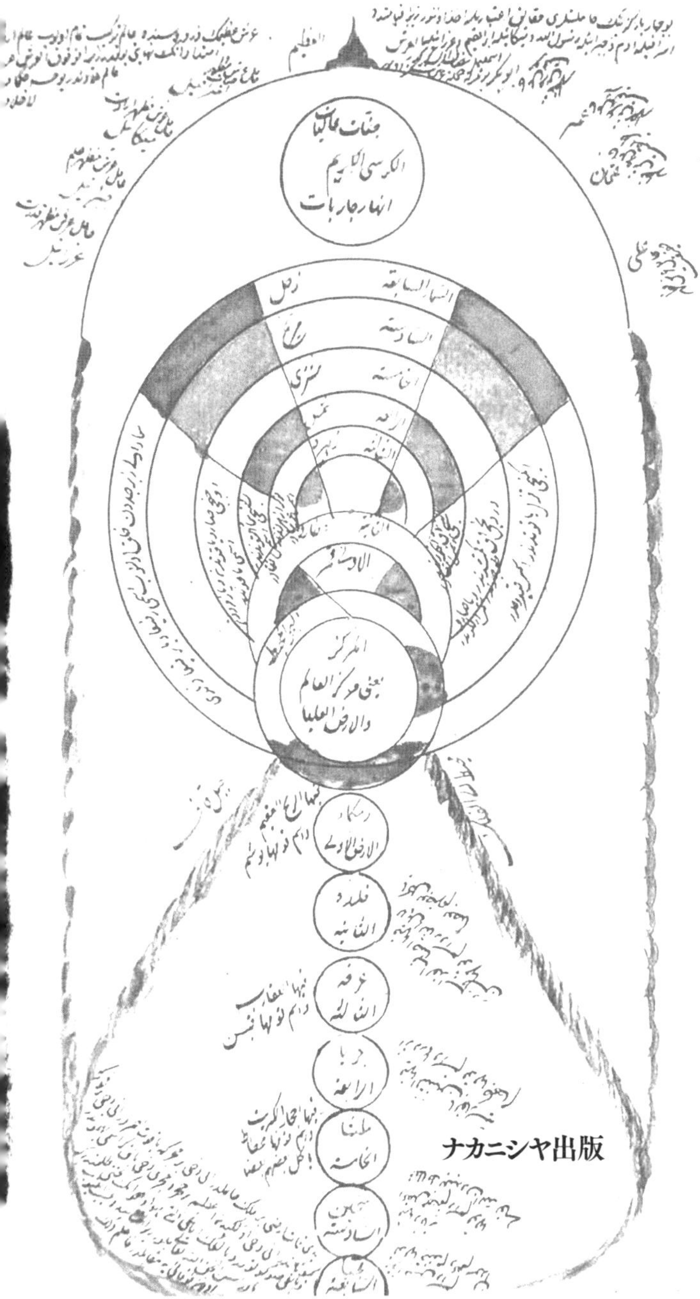

ナカニシヤ出版

目　　次

凡　例　*iv*

序論　本書の対象地域と概要……3

1　はじめに　3

2　研究テーマ・目的・資料　4

3　研究史　5

4　構　成　13

第1章　イスマーイル・ハック・ブルセヴィー……14

1　はじめに　14

2　ブルセヴィーの生涯（1）　15
――幼年時代から勉学時代まで――

3　ブルセヴィーの生涯（2）　16
――ハリーファからタリーカのシャイフまで――

4　ブルセヴィーの著作　22

第2章　ブルセヴィーの神秘的宇宙論……26

1　「存在の五次元説」　26

2　ブルセヴィーの「存在の五次元説」　29

3　ブルセヴィーの存在思想にみられる「倫理的・実践的解釈」　44

第3章　クルアーン解釈……48
――スーフィーによるクルアーン解釈に着目して――

1　はじめに　48

2　クルアーン　50
——テキストの不変性と意味の無限性——
3　クルアーン解釈学（タフスィール）　54
——通史，解釈の種類と諸方法——
4　スーフィズムのタフスィール　62
5　スーフィーの目的としてのマーリファとスーフィー的解釈の関係　66

第４章　ブルセヴィーのクルアーン解釈……71
1　オスマン帝国における解釈学　71
2　『明証の魂』　76
3　『明証の魂』における解釈の諸起源　81
4　『明証の魂』の形式と方法　86

第５章　『明証の魂』に見られる「倫理的・実践的解釈」の諸事例……92
1　洞窟の仲間たちの物語　92
2　預言者ムーサーとヒドルの物語　107
3　２つの角を持つ者の物語　121
4　ブルセヴィーとそれ以外のタフスィール学者たちとの比較　128

結　論……138

*

注　142
参考・引用文献　173
【付録】ブルセヴィーの著作一覧　178
あとがき　196

凡　　例

〈クルアーンの引用〉

クルアーンの引用箇所は，(18:10) のように表記し，章句の和訳は，日本ムスリム協会発行の『日・亜対訳聖クルアーン』に従った。

〈ハディースの引用〉

預言者ムハンマドの言行録であるハディースの引用に際しては，主に，ブハーリーの『真正集（*Ṣaḥīḥ al-Bukhārī*）』を利用した。『真正集』からの引用箇所を示す際は，まず，その中の章（kitāb）をイタリックで記し，続けて節の番号，ハディースの通し番号を表記した。似たようなハディースが並ぶ場合は，それらの番号を順に示した。『真正集』以外のハディース集の場合は，通常の引用ルールに従った。

〈人名および書名の転写〉

オスマン帝国期の人名は現代トルコにおける慣用に従って転写した。また書名は，アラビア語の文法に従っているものに関しては，アラビア語の転写方式に従った。オスマン語の構文によるものである場合は，現代トルコにおけるラテン文字転写の方法に従った。

オスマン帝国以外で活動した人物に関しては，アラビア語の転写方式に準じた。

〈術語の転写〉

アラビア語の読み方のみが存在する術語は，アラビア語の転写方式に従った。トルコ語の読み方もある場合は，トルコ語の発音も並記し，それぞれに Ar.（Arabic），Tr.（Turkish）と記して区別している。トルコ語の発音を示す際には，現代トルコにおけるオスマン語のラテン文字転写方式に準じた。

〈単数形と複数形〉

原文で使われている単語が複数形の場合は，asmā’ ＞ sg. ism のように表記して，その単数形も示した。この場合，asmā’ が複数形，ism が単数形である。

トルコにおけるイスラーム神秘主義思想と実践

序論

本書の対象地域と概要

1　はじめに

本書が扱う地域は，トルコである。ここで「トルコ」とは，オスマン帝国でも重要な位置を占め，また今日のトルコ共和国（Türkiye Cumhuriyeti）[1]の国土の大半を占めるアナトリア（Anatolia, Tr. Anadolu）（小アジア）を指している。トルコ系住民が多数派であったアナトリアにおいて 1923 年に建国が宣言されたトルコ共和国は，政教分離政策（laiklik）やトルコ性（halkçılık, türk milliyetçiliği）の強調などの点において，オスマン帝国とは異なっている。しかし，共和国建国の担い手となったのは，かつての帝国のエリートや軍人たち，そして民衆であった。そのため，オスマン帝国とトルコ共和国との間には，様々な面における連続性が指摘されている。例えば，トルコ共和国の最も重要な特徴の一部とされる「西洋化」と「近代化」の起源は，18 世紀オスマン帝国における革新運動（ıslahat）に遡ることができる。

本書の内容を最も簡潔に表すキーワードは「スーフィズム（イスラーム神秘主義）」である。現在のトルコ共和国においては，スーフィズムは特殊な状況下にある。1925 年，スーフィズムは公的に禁止され，これに関わる施設は憲法上違法であると定められた。一方で，その活動が未だに非合法とされている現代トルコにおいてすら，スーフィズムはその思想的な側面においてオスマン帝国以来の伝統を維持し，影響力を保ち続けていると言える。スーフィズム関連著作の出版事業が今なお盛んであることが，その証左の１つとなろう。これらの出版物の大半は，オスマン語やアラビア語の著作の現代トルコ語への翻刻や翻訳・翻案である。そして，その中でも特に重要な位置を占めているのが，18 世紀の著名なスーフィー（イスラーム神秘主義者）であるイスマーイル・ハック・ブルセヴィー（İsmâîl Hakkı Bursevî, 1725 年没）（以降は「ブルセヴィー」と呼ぶ）による諸作品である。

そこで筆者は，ブルセヴィーの思想を本書の中心的なテーマに選んだ。彼が活躍した 18 世紀は，現代トルコ共和国へと直接つながっていく時代でもある。現在も重要視されているこのスーフィーの思想を研究することで，本書の射程は，トルコ共和国におけるスーフィズムの現状をも捉えたものとなろう。

2　研究テーマ・目的・資料

本書のテーマは，トルコのスーフィズムにおいて重要な位置を占めるブルセヴィーの思想のうち，その神秘的宇宙論とクルアーン解釈（以降，「タフスィール」とも呼ぶ）の分析である。その分析の内容は，宇宙論とタフスィール相互の関係を明らかにすることと，両者が如何にして現実の実践に反映しているかということの２つに絞られる。

より具体的に言えば，ブルセヴィーの思想における，宇宙論とタフスィールの対応関係に焦点が当てられる。本書ではまず，彼の思想を宇宙論とタフスィールの２つに分ける。そして，ブルセヴィーの著作の中からそれぞれに関する代表的な著作を選び，その内容を文献学的に検討する。そのような作業を基礎として，彼の宇宙論とタフスィールの関係，宇宙論とタフスィールの実践とのかかわりを探っていく。

ブルセヴィーの著作のうち，今回筆者が主要な典拠として用いたのは，存在思想に関する『存在の五次元説の書（*Risâle-i Hazarât-ı Hams-i İlâhiye*）』と，クルアーン解釈を扱った『明証の魂（*Tafsīr Rūḥ al-Bayān*）』である。前者は宇宙論を論じた著作であり，後者はタフスィール書である。だがこの2作品は，単純に一方が宇宙論の著作で，もう一方がクルアーン解釈を巡る著作だというわけではない。両作品に通底するブルセヴィーの根源的な思想を解明するため，それぞれの作品における「宇宙論」と「タフスィール」の関係を探っていくこととなる[(2)]。

読者の中には，イスラーム諸学のうちの一学問とみなされるタフスィールと，スーフィズムの一分野である宇宙論を同時に対象とする点に疑問を抱く方もおられるかもしれない。その疑問に対する回答は，次の2点にまとめられる。第1に，後述の研究史においても見られるように，スーフィーによるタフスィールに関する研究においては，近年特に，スーフィーのタフスィールとその神秘的体験の関係を究明することが重要視されていることが挙げられる。

2点目は，スーフィーの知とも言える「マーリファ（maʻrifa, Tr. mârifet）」との関係である。これに関しては第3章**5**において詳しく述べるが，スーフィーによれば，宇宙論の対象となる「存在（wujūd, kā'ināt）」と，タフスィールの対象であるクルアーンは，いずれも神の「言葉（kalām）」の「顕現（tajallī）」であり，その背後には神の本質が隠れている。スーフィーの最終的な目的とは，その神を知ることである。従って，スーフィーにとっては，宇宙論とタフスィールがひとしくマーリファの獲得，すなわち「アッラーを知る」という究極の目標のための媒介となり，緊密な関係にある。

3　研 究 史

本研究の対象となるのはスーフィーによる神秘的宇宙論と，スーフィーによるタフスィールの2つである。ここでは，それぞれに関して，個別に研究史をまとめよう。

スーフィーによる宇宙論に関しては，イスラーム世界全域で受け継がれてきたイブン・アラビー（Muḥyī al-Dīn ibn ʻArabī, 1240年没）の思想が，多くの研究者によって研究されてきた。イブン・アラビー学派研究の先駆者の1人コルバン（H. Corbin, 1978年没）は，イブン・アラビーの思想について書かれた全ての著作に目を通さない限り，納得のいく包括的な研究は不可能であるとし，イスラーム世界の各地域におけるイブン・アラビー思想解釈を研究することの重要性を指摘している［Corbin 1996: 296］。例えば，ニコルソン（R. A. Nicholson, 1945 年没）は，『イスラーム神秘主義研究』の中で，イブン・アラビーの思想は，長い間カーシャーニー（‘Abd-al-Razzāq Kamāl al-Dīn ibn Abū al-Ghanīm al-Kāshānī, 1329 年もしくは 1335-6 年没）の解釈に依存して理解されてきたことを指摘した。しかし，その際に彼が念頭に置いているのは，アラビア語圏（付け加えるとしても，ペルシア語圏）のみであったと思われる［Nicholson 1921］。その証拠に，ニコルソンの弟子アフィーフィー（A. E. al-‘Afīfī）は，イブン・アラビー思想の影響の大きさを語る際に，アラビア語が話されている地域とペルシア語が話されている地域という 2 つの地域しか挙げていない［Afifi 1979: 12］。また，広義のイブン・アラビー研究者とみなすことができるナスル（S. H. Nasr）が，13 世紀のイブン・アラビー学派に関する考察で名前を挙げるのは，ほとんどがペルシャ語の著作を遺した人物であり，アラビア語の著作を遺した人物は補足的に少数挙げているに過ぎない［Nasr 1972: 97-103］。またクニシュ（A. Knysh）は，13 世紀から 16 世紀にかけての中央アジア，北アフリカ，イエメンで活躍したイブン・アラビー学派の信奉者たちに関する伝記的考察を行っているが，対象をアラビア語文献のみに絞っている。彼は，アラビア語以外のペルシア語，トルコ語，ウルドゥー語，タタール語，ウズベク語，マレー語といった諸言語においても重要な著作が存在することは否定できないと断りつつも，アラビア語で書かれた著作は，それ以外の言語で書かれた著作を代表しうるものであると主張する［Knysh 1999: 3-4］。

一方，アラビア語とペルシア語以外の言語で書かれたイブン・アラビー学派の著作の重要性を指摘する研究者も少なくない。例えば，チティック（W. C. Chittick）は，同学派の普及した諸地域として，北アフリカ，ペルシア・イラン，インド半島，中国，スンダ列島，さらに欧州などを挙げている。しかしチティックは，トルコ世界についてはカディ・ブルハーネッディン（Kadı Burhaneddin, 1398 年没）とイスタンブルの征服者であるメフメット 2 世（在位 1451 - 1481）の 2 名を挙げているのみである［Chittick 1997: 49-79］。

以上に挙げた研究成果から，イブン・アラビーとイブン・アラビー学派の初期の信奉者たちの思想はカバーされているとは言える。しかし同時に，イブン・アラビー学派研究は，学派の個々の信奉者の思想と彼らによる思想の展開に関する段階にまでは至っていないのが現状である，との指摘もなしうる。例えば，トルコ語世界とトルコ語文献に関しては，いまだに全体像がはっきりしていない。トルコ語世界におけるイブン・アラビー学派に属するスーフィーたちの数の多さは，タフラル（M. Tahralı）によって初めて指摘された。タフラルは，自身の論文の中で，とりわけオスマン帝国時代の各世紀に現れた著名なイブン・アラビー学派のスーフィーの名前とその著作を列挙している。彼は，トルコ語世界とイブン・アラビーとの関係を出発点とし，イブン・アラビー学派の信奉者各人の思想を詳述するのではなく，同学派が成立と拡大の過程においてトルコ語世界に与えた影響を明らかにすることを目指している［Tahralı 1994］(3)。彼の論文は，トルコ語世界も含むオスマン帝国領におけるイブン・アラビー学派の略図を描くという点では重要であるが，トルコ語世界におけるイブン・アラビー学派のスーフィー思想が明らかにされていないという点においては，これまでに挙げた研究と同様の問題がある。

トルコ国内では，特に，スーフィズム研究が復活した1990年代以降(4)，若手の研究者がオスマン帝国におけるスーフィーたちに関する研究を発表している。例えば，本書の研究対象でもあるブルセヴィーについて，本書の出版時点ではトルコの「高等教育施設（Yüksek Öğretim Kurumu）」に登録されている研究の数は70点にのぼる。しかし，これらの研究は，ブルセヴィーの生涯を詳細に記述するものや，彼の特定の著作，あるいは著作の一部を現代トルコ語に翻訳するものであり，ブルセヴィーの思想的な特徴についての考察を含んでいない。大きな課題が残されたままになっているのだ。

以上から，次のことが言えよう。イブン・アラビー思想およびイブン・アラビー学派の研究は，これまでアラビア語圏とペルシア語圏の諸地域を主な対象として行われてきた。それらの地域に関しては十分な知識が提供されているものの，イブン・アラビー思想を重要な伝統として受け継いできたトルコ語圏におけるイブン・アラビー学派の成立と展開については，いまだ十分な研究がなされているとは言えない。

次に，本書のもう１つのテーマであるスーフィーによる神秘的宇宙論について述べよう。イブン・アラビー思想の中では，「存在一性論（waḥda al-wujūd, Tr. vahdet-i vücûd）[(5)]」と「完全人間論（al-insān al-kāmil, Tr. insân-ı kâmil）」に並んで，「存在の五次元説（al-ḥaḍarāt al-khams al-ilāhiyya, Tr. hazarât-i hamse）」が重視されている。「存在の五次元説」は，スーフィーの宇宙論を説く最もコンパクトな説明とみなされているため，イブン・アラビー学派のスーフィーたちの著作の中でよく取り上げられており，イブン・アラビー思想の展開の観点からも研究者たちの興味を引いている。この点に関する先行研究としては，チティック［Chittick 1982］，東長［1986］，チェリック［Çelik 2003］等がある。

チティックは，イブン・アラビー学派の信奉者のうち，著名な５名のスーフィーによる次元説を取り上げながら，一（神）が，多（被造物）として顕現した場合，それがいかなる形で，そしてどういったレベルで現れているか，という点を考察している。彼は，それぞれのスーフィーの次元説を存在論的に検討し，イブン・アラビーの死後100年の間に多種多様な次元説が展開されているものの，それぞれの間に根本的な違いは無いという点に注目している［Chittick 1982: 124］。

東長は，「存在一性論」におけるアッラーの階位に関する思想を探るために，カーシャーニー，ジーリー（ʻAbd al-Karīm ibn Ibrāhīm Jīlī, 1428年没）とスィムナーニー（ʻAlāʼ al-Dawlah al-Simnānī, 1336年没）による次元説を考察し，アッラーの階位に関する異なる概念と階位説の存在から，学派の創始者たるイブン・アラビーの思想と信奉者たちの思想との間には，既に変化が起こっているという結論を導き出している。東長の論文は，次元説がイブン・アラビー学派における「存在一性論」の展開を辿るために重要な手がかりであることを論証したという点において価値のある研究である。一方でこの研究は，次元説の中でも特にアッラーの階位に焦点を当てたものであり，次元説の全面的な研究が必要であることを痛感させるのも事実である。

チェリックは，特定のスーフィーによる次元説にこだわらず，様々なスーフィーからランダムにその思想を選択するという構想のもとで，スーフィズムにおける次元説を概説的に取り上げている［Çelik 2003: 166–179］。

以上の研究によって，「存在の五次元説」を事例に，イブン・アラビー学派の信奉者の一部による宇宙論の概説的な側面が明らかにされた，ということができる。しかし，詳細な宇宙論の検討はいまだ十分になされていないし，取り上げられていない思想家も数多い。さらにもう1つ重要な点を指摘するならば，これらの研究は，宇宙論とタフスィールとの関わりに触れていない。タフスィールは，スーフィーにとって，自らの思想を直接的かつ自由に説明する手段でもあるため［Böwering 1990: 55］，スーフィーの思想と彼らのタフスィールを照合する必要が生じるわけである。それが，本書の狙いの1つであり，本書のテーマのもう1つの側面でもある。

トルコのスーフィーが著したタフスィールは——タフスィール一般がそうであるが——いずれも大著であり。それらの中で，クルアーン全体の解釈を含むタフスィール書は7つある(6)。そして，それらの著作のうちで何らかの研究が行われているのは，半数以下の3作品に過ぎないのである(7)。

スーフィーのタフスィールの概説的な研究としては，西洋のイスラーム研究者であるゴルトツィーハー（I. Goldziher, 1921年没）の『イスラームのクルアーン解釈の諸傾向（*Die Richtungen der islamischen Koranauslegung*）』とイスラーム教徒のイスラーム学者ザハビー（Muḥammad Ḥusayn al-Dhahabī, 1977年没）による『タフスィールと解釈者たち（*al-Tafsīr wa al-Mufassirūn*）』などがある。

ゴルトツィーハーは，スーフィーによるタフスィールを，スーフィーたちによる非イスラーム的な思想をクルアーンに基づいて実証するための道具として捉えている。彼によれば，イブン・アラビー学派において見られるような宇宙論に関する思想は，新プラトン主義のような非イスラーム的哲学の影響で形成された思想であって，スーフィーたちは，このような初期イスラームになかった非イスラーム的かつ非クルアーン的な思想をイスラームに取り入れるために，タフスィール書を著したと主張する［Goldziher 1997: 204］。

ザハビーは，イブン・アラビー思想の影響を受けているスーフィーたちのクルアーン解釈を「スーフィーの理論的タフスィール（al-tafsīr al-ṣūfī al-naẓarī）」と捉え，ゴルトツィーハーと同様，タフスィールにおける宇宙論的解釈を，スーフィー思想がクルアーン起源でないことを証明するためのものであると主張する［al-Dhahabī 1985: II, 329-338］。

上述の２人の研究者に共通する主張は，スーフィーによるタフスィールは，イスラームの外から借用されたスーフィー思想をクルアーンに基づいて実証することによって，そこに正当性を見出そうとする営みということであるが，これは研究史上ではむしろ傍流の見解と言える。スーフィーのタフスィール研究におけるメイン・ストリームは，クルアーンこそがスーフィー思想の源であるという方向をとっている。その流れの開拓者としては，マスィニヨン（L. Massignon, 1962 年没）が挙げられる。彼はスーフィズムの初期の術語がクルアーンそのものに由来していると主張した［Massignon 1997］。

スーフィズムの起源をクルアーンに求めるべきだというマスィニヨンの提案以降，個別のスーフィーによるタフスィールに関する研究が行われるようになった。アテッシュ（S. Ateş）は，11 世紀のスーフィーの解釈者であるスラミー（Muḥammad ibn Ḥusayn al-Sulamī, 1021 年没）の『タフスィールの諸真実（*Ḥaqā'iq al-Tafsīr*）』に関する研究において，マスィニヨンの方法を使い，スーフィーたちの霊魂論および修行論で使用されている用語がクルアーン起源であることを証明することに焦点を当てている［Ateş 1969］。スーフィー用語の起源をクルアーンに求める方法を受け継いだトルコの研究者に，ナジュムッディーン・ダーイェ（Shaykh Najm al-Dīn Dāya, Tr. Mecmeddîn Dâye, 1256 年没）の『諸真理の海（*Baḥr al-Ḥaqā'iq*）』を研究したオクヤン［Okuyan 2001］と，アールースィー（Shihāb al-Dīn Maḥmūd al-Ālūsī, 1847 年没）の『偉大なるクルアーンのタフスィールにおける意味の真髄（*Rūḥ al-Ma'ānī fī tafsīr al-Qur'ān al-'Aẓīm*）』について研究したチェリック［Çelik 2002］がいる。

これらの研究は，クルアーンの中にスーフィー用語の起源を見つけ出すという点においては充実した仕事である。しかし，その大半は，スーフィーの修行論と霊魂論における用語を研究するものであって，スーフィズムの体験そのものに関しては論じられていない。すなわち，上述の研究においては，解釈者であるスーフィーの神秘的体験とタフスィールとの関係が明らかにされていないのである。

一方，スーフィーによるタフスィール研究のもう１つの傾向として，スーフィーの神秘的体験とクルアーン解釈の関係の研究があり，その先行研究には以下のものがある。

ベーヴェリンク（G. Böwering）は，トゥスタリー（Abū Muḥammad Sahl ibn ʻAbd Allāh al-Tustarī, 896年没）の『クルアーン解釈（*Tafsīr al-Qur'ān*）』に関する研究において，トゥスタリーのタフスィールを，彼の神と人間に関する神秘的な体験の表現として取り上げている。彼は，トゥスタリーのスーフィー思想を「光の比喩（symbolism of light）」と「超存在的事象のパラダイム（paradigm of trans-existential events）」という分析概念の下にまとめる。そして，トゥスタリーがクルアーン全体ではなく「約束の日（yawm al-mīthāq）」と「終末の日（yawm al- qiyāma）」といった超存在的事象を対象にしている背景には，神からの最初の光である預言者ムハンマドおよび人間を通して，あらゆる存在を貫く「光の流出論（illumination of divine light）」の思想がある，と主張する［Böwering 1980: 145–184, 263–265］。

ベーヴェリンクと同様の方法を使った学者としては，サンズ（K. Z. Sands）の名も挙げられる。彼は，トゥスタリー，スラミー，クシャイリー（ʻAbd al-Karīm al-Qushayrī, 1074年没），ガザーリー（Abū Ḥāmid al-Ghazālī, 1111年没），ルーズビハーン・バクリー（Rūzbihān al-Baqlī, 1209年没），カーシャーニーといったスーフィーのタフスィールを概観しながら，彼らのクルアーン解釈書の共通点の1つに，解釈者の神秘的体験とタフスィールとの間に関係があることを指摘する。サンズは，クルアーンの解釈が，修行中の解釈者が通過する神秘階梯によって変わってくると主張する［Sands 2006: 137–139］。

キーラー（A. Keeler）は神秘的な体験の結果として獲得された様々な神秘階梯とタフスィールとの関係に注目し，サンズと同様，ムファッスィル（解釈者）の神秘階梯に応じてタフスィールも変わってくると指摘している。彼は，12世紀のスーフィーであり解釈者でもあるマイブディー（Rashīd al-Dīn Maybudī, 1126年没）と彼のクルアーン解釈書『諸秘密の開示（*Kashf al-Asrār*）』に関する研究で，解釈者の目的とタフスィールの関係を取り上げる。マイブディーのタフスィールは，ペルシア語への翻訳・外面的解釈・内面的解釈という3つのレベルで行われるが，その目的はガイド（イルシャード，

irshād）であるという。キーラーは，ガイドとしてのタフスィールが説教的な部分に豊富に見られると主張する［Keeler 2006: 79-81, 314］。しかし，説教的な素材がスーフィーのタフスィールにおいて重要であることが指摘されているにもかかわらず，その点に関する考察が行われていないのは残念である。

ここまで紹介した先行研究をまとめると，次のことが言える。タフスィールに関する研究は当初，スーフィーによる宇宙論の研究とは別に行われており，スーフィズムは非イスラーム的であり，タフスィールはスーフィズムの正当性を示すための道具であるという前提で行われていた。だがその主張はすぐに反論され，タフスィールをスーフィズムの源とする傾向が現れた。それ以降，スーフィズムがクルアーンの産物であり，タフスィールがスーフィーの霊的な状態と階梯によって作られるという主張が生まれていった。そしてそれが研究のメイン・ストリームであり続けている。そうした研究は，スーフィーの思想家としての側面とその思想のシステム，およびクルアーン解釈者としての側面とそのタフスィールの方法を理解するために重要である。しかし，スーフィーの宇宙論とタフスィールについては，以下に挙げる２点がいまだに明らかにされておらず，それが本論文の問題関心でもある。

第１点は，スーフィーの宇宙論とタフスィールがどのように関係するのかということである。すなわち，スーフィーの思想は，宇宙論にせよ，タフスィールにせよ，修行の結果の神秘的な体験（kashf, Tr. keşf）によって獲得された知に基づくものであるため，両者は基本的に同質である。従って，一方において得られたものは，他方においても通用することが想定しうる。宇宙論において得られたものとタフスィールにおいて得られたものとの関係が，元来の研究では明らかにされていないことが１つ目の問題点である。

第２点は，スーフィーの著述家は多かれ少なかれ，思想家としての側面の他に，特定のタリーカのシャイフという実践家の側面も有していることに関わっている。つまり，スーフィーたちは，自らの思想を，それが宇宙論の形で表現されるにせよ，タフスィールの形で表現されるにせよ，実践しているのである。換言すれば，スーフィーとしての実践が宇宙論とタフスィールにいかなる形で関わるのか，という問題が，先行研究においては語られてこなかったのである。

4 構　　成

本書は，５つの章から構成されている。

第１章では，ブルセヴィーの生涯，著作などを詳しく述べる。

第２章は，『存在の五次元説の書』に見られる，ブルセヴィー思想の重要な一側面である宇宙論を集中的に扱う。

第３章は，クルアーンとその解釈（タフスィール）を対象とする。ここでは，クルアーン諸学という広大な分野の中にブルセヴィーのタフスィールを位置づけるという作業を行う。そして，クルアーンのテキストにおける意味の多様性，クルアーン解釈学の歴史とその方法の多様性，タフスィール学全体の中でのスーフィーによるクルアーン解釈の位置づけ，さらにマーリファとクルアーン解釈の関係を順に論じていく。

第４章は，ブルセヴィーのタフスィール書である『明証の魂』に焦点をあてる。この章では，まず**1**において，『明証の魂』のオスマン帝国における位置づけを扱う。続く**2**は，同書の全般的な紹介を行う。その上で，**3**において，同書の内容の起源を，ブルセヴィーによって頻繁に引用される著作や学者の名前を挙げつつ解明する。最後の**4**では，『明証の魂』に見られる解釈方法を検討する。

第５章は，『明証の魂』の中から，スーフィーたちが好んで解釈を施してきた預言者たちや重要な人物の物語に的を絞って，タフスィールの事例を挙げる。**1**では「洞窟の仲間たちの物語」，**2**では「預言者ムーサーとヒドルの物語」，**3**では「２つの角を持つ者の物語」を取り上げる。最後の**4**では，それぞれの物語に関するブルセヴィー以外のスーフィーの解釈も参照しつつ，オスマン帝国におけるブルセヴィー以外のスーフィーたちとブルセヴィーの位置づけの違いを明らかにすることを試みた。

第1章

イスマーイル・ハック・ブルセヴィー

1　はじめに

本書においては省略してブルセヴィー（Bursevî）[(1)]という名前を使用しているが，彼の本名は，オスマン語のラテン文字転写に基づいて表記すればイスマーイル・ハック[(2)]・イブン・ムスタファ・イブン・バイラム・イブン・フダーベンデ（İsmâîl Hakkı ibn Mustafa ibn Bayram ibn Hüdâbende）という。

ブルセヴィーの生きた時代は，オスマン帝国において様々な面で異常な事態が発生した時期にあたる。当時不敗と考えられていたオスマン軍が，1683年の第2次ヴィーン包囲に失敗し，それ以降，かつての輝かしい時期を取り戻せず，外敵に対する安心感を国内に与えることができなくなっていった。また，軍事面のみならず，農村生活の混乱や農民の都市へ移住といった社会的・経済的な変容も，帝国の支配層とウラマーの頭を悩ませる問題であった。このようなバックグラウンドが，ブルセヴィーをはじめとする宗教指導者や思想家たちにも影響を与え，その結果，彼らの思想には，ある種の革新を希求する傾向が見られるようになったと言われている。ブルセヴィー自身は改革について具体的に言及していないが，その著作の中で社会の道徳的意識が希薄になってきたことに注意を喚起し，それに対する様々な対策を提示している。この点については，ブルセヴィーの思想に関する第2章以降に任せ，ここでは，以上のような状況の中で形成されたブルセヴィーの思想を理解するために，この時期の重要な社会的変容を踏まえながら，彼の生涯を辿っていくことにしたい。**2**においては，彼の名前・生年・出生地について述べる。**3**では彼の勉学時代について考察を行い，**4**では彼のタリーカでの活動を当時の状況とともに述べていく。**5**では，ブルセヴィーの著作を解説する。

ブルセヴィーの生涯に関する先行研究のほとんどは，*Kitāb Tamām al-Faiḍ fī Bāb al-Rijāl* や *Kitāb al-Silsila al-Jalwatiyya*（*Silsilenâme, Kitāb Silsila al-Shaikh Ismāʻīl Ḥaqqī bi al-Ṭarīq al-Jalwatī*）といった彼自身の著作を主要な典拠としている(3)。本章は，これらの2つの著作を中心に，彼に関する記述がある様々な文献と，最近になって現れてきたブルセヴィー研究の二次資料に拠りながら記述されている。

2　ブルセヴィーの生涯（1）
——幼年時代から勉学時代まで——

ブルセヴィーは，ヒジュラ暦1063年/西暦1653年に，アイドス（Tr. Aidos）(4)で生まれた［Namlı 2001: 34］。彼の父は，もともとイスタンブル出身であり，1062/1652年の大火災で家財が全焼したため，ブルセヴィーが生まれる前に，家族と共にアイドスに移住したとされている。

ブルセヴィーが生まれる前に行われたこの移住は，あたかも彼の運命を象徴するかのようであった。以降の彼の人生は，移住と別れの繰り返しとなる。彼の最初の別れは，7歳の頃に訪れた母親の死である。母の死後，彼の養育は祖母が担当した。次の別れは，12歳の頃で，彼は家族と別れ，教育のためにエディルネ（Edirne）地方に送られたのだった。ある意味でこの第2の別れは，本書の中心人物である大学者ブルセヴィーの学問的な成長の始まりでもある。

ブルセヴィーが初等教育をいつ，どこで，誰から受けたのかは，明らかでない。しかし，後に彼のシャイフ(5)（師匠）となるオスマン・ファズリー（Atpazarlı Osman Fazlî Efendi, 1691年没）の提案に従って，教育を受けるためにエディルネに送られる以前は，アイドスで読み書きとクルアーンを学んだとされている。

20歳の時（1083/1672年），彼はさらなる教育を受けるためにオスマン帝国の首都イスタンブルに移り，シャイフであるオスマン・ファズリーのダルガー（修道所）に行く［Namlı 2001: 37］。ブルセヴィーとオスマン・ファズリーの師弟関係はここで始まるが，2人の出会いはブルセヴィーの幼少時に遡る。ブルセヴィーが3歳の頃，彼の父は，彼を当時アイドスのハリーファ（シャイフの後継者）であったオスマン・ファズリーのところに連れて行き，彼と会わせたといわれている。オスマン・ファズリーは，この少年を気に入り，時々共に矢とばし争いをしたとブルセヴィー自身が述べている［Namlı 2001: 35］。オスマン・ファズリーは，しばらくしてアイドスから離れるが，イスタンブルでの再会までの間，アイドスとエディルネにおけるハリーファたちを通じて，ブルセヴィーの学問的・精神的成長を見守り続けた(6)。

ブルセヴィーの学生時代は，1086/1675年，ウスクプ（Tr. Üsküp）(7)におけるオスマン・ファズリーのハリーファとして任命されるまで続くが，その教育内容と場所によって以下の2つの時期に分けることができる。

第1期は，アイドスとエディルネで教育を受けた期間である。ブルセヴィーは，ここでのほとんどの月日を，アラビア語やペルシア語等の諸言語と外的諸学問の学習に費やした。第2期は，1083/1672年にオスマン・ファズリーに師事してから1086/1675年のウスクプへの赴任までの期間である。この時期のブルセヴィーは，オスマン・ファズリーのダルガーにおいて(8)，外的諸学問を学びながら，他方において内的諸学問も身につけた(9)。さらに，書道（hüsn-i hat）や音楽のような芸術も学んだとされている［Vassâf 2000: 39］。

3　ブルセヴィーの生涯（2）
――ハリーファからタリーカのシャイフまで――

ブルセヴィーは，学生時代から様々な場所で教育を受けながら，モスクにおいて説教等の実践も行っていたが(10)，「認可（イジャーザ，ijāza, Tr. icâzet）(11)」を獲得して最初に職に就いたのは，ウスクプにシャイフのハリーファとして任命された23歳の時である。ここでの彼の主要な活動は，弟子を育てること，説教をすること，タリーカ（スーフィー教団）を普及させることなどであった［Yıldız 1975: 109］。

ウスクプは，若いブルセヴィーにとって，最初の任務先であり，また最初の結婚をした場所でもあった。ウスクプでの日々は，彼にとって希望に満ち溢れたものであったようにも思われるが，一方で彼自身は，この時代に様々な困難に遭遇したと著書の中で語っている[(12)]。特に大きな問題となっていたのは，ウスクプのムフティー，シャイフや資産家といった地域の有力者たちとの間に起こった軋轢である。ブルセヴィーは，イスラームに反する彼らの放恣な生き方を，モスクでの説教において厳しく批判した。これに対し有力者たちも，イスタンブルにいる大宰相にブルセヴィーのことを訴えて，裁判にかけさせた［Aynî n.d.: 3-4］。この対立は6年間続くが，結局，オスマン・ファズリーは，問題を解決するために，ブルセヴィーをハリーファとしてキョプリュリュ（Tr. Köprülü）へ送り，入れ替えにキョプリュリュのハリーファをウスクプに送った［Namlı 2001: 46］。

ブルセヴィーは，1092/1681年にウスクプを離れ，キョプリュリュにおけるオスマン・ファズリーのハリーファとして赴任した[(13)]。彼はここに1年ほど住んだ後，近隣の都市であるウストゥルムジャ（Tr. Ustrumca）[(14)]に，住民の依頼に応じて転居した。1093/1682年にウストゥルムジャに到着した彼は，ここで2年半にわたって活動するが，ちょうどその頃，エディルネにいたシャイフによって，その町に招かれた。1096/1685年のことである。ここで，ブルセヴィーは，後に傾倒していくこととなるイブン・アラビー思想と出会い，シャイフと共に，イブン・アラビーの『叡智の台座（*Fuṣūṣ al-Ḥikam*）』を講読した［Aynî n.d.: 21］。

ブルセヴィーがエディルネにおいて活動していた頃，ブルサにおけるハリーファであるスンウッラー・エフェンディー（Amasyalı Şeyh Sun‘ullah Efendi）が死去した。オスマン・ファズリーは，空位となったブルサのハリーファ位に，ブルセヴィーを任命した[(15)]。彼は，1096/1689年にブルサに到着した。ブルサは，様々な側面で，彼にとっての重要な転機となった場所である。ブルサに赴任する以前に多くの師に学んだブルセヴィーであったが，この地に移って以降，積極的な執筆活動に励むようになる。彼は，その名をアラブ・トルコのイスラーム全域に広く知らしめたクルアーン解釈書『明証の魂』をこの地で執筆した(16)。ブルサ以前の人生において，外的な諸学問を教えてきた彼は，シャイフの指導に従って，一時期，大衆に教えることをやめていた。しかし，彼は，自身が内的なものとみなしていたモスクでの説教は継続していたのである(17)。

彼のブルサ時代における活動として上述のもの以外で記述に値するのは，シャイフへの訪問である。ブルセヴィーは，ブルサにハリーファとして在任している間，イスタンブルにおいて５回，マゴサにおいて１回の計６回，シャイフであるオスマン・ファズリーと面会している(18)。

このようなシャイフへの訪問は，若年のハリーファにとって，重要な機会である。ブルセヴィーは面会の際，タリーカ活動の問題や家族のトラブルまで，様々な悩みをシャイフに打ち明けて，彼の指導を受けた。ハリーファたちによる訪問はシャイフにとっても重要であり，自身の後継者を選び，彼らの成長をはかるための機会でもある。記録によると，第１の訪問の際には，ブルセヴィーとともに後継者候補とされていたシャイフ・フセイン・アル＝ムスリー（Şeyh Hüseyin el-Mısrî）が同席していたことが分かっている。シャイフは，２人にモスクで説教させたり，小論文を書かせたりして試した後，彼らについて，「汝ら２人は，わしのこの両目のようである」と言ったと伝えられている。第２の訪問時におけるブルセヴィーに関する主な記録としては，その時期に退位させられたメフメト４世（在位 1648－1687）と後を継いで即位したスレイマン２世（在位 1687－1691）についてのコメントや評価，人々からの贈り物を受け取らず丁寧に断ることの重要性，自らの霊感を書き記す許可といったシャイフからの指導と提案等がある。そして，マゴサでの最後の訪問において，オスマン・ファズリーは，ブルセヴィーを自分の後継者として選んだと公表した［Namlı 2001: 53-70］。

訪問の具体的な内容は，上に挙げたいくつかの例の通りである。これらの訪問の記録は膨大な量であり，またその内容も多岐にわたるが，これらは大きく３つの主題に分けてまとめることができる。１つ目は，スーフィズムとタリーカに関するオスマン・ファズリーの思想である。２つ目は，当時のスルタンと，彼の宮廷や政治等に対する批判である。3つ目は，ブルセヴィー自身の家庭状況と，ハリーファとしての人格に関する記述である［Yıldız 1975: 103-126］。

上述したように，最後の訪問において，ブルセヴィーはシャイフ職を引き継ぎ，ジェルヴェティー教団（Celvetiye, Celvetîlik）[19]のシャイフになる資格（イジャーザ）を与えられた。そして，彼がブルサに戻って間もない1691年，オスマン・ファズリーが他界し，彼は同教団のシャイフとなった[20]。

シャイフとしての生涯の大半をブルサで送ったブルセヴィーであったが，彼は一時的にブルサを離れたこともある。それは，2度のオスマン帝国軍の遠征への従軍，2度のメッカ巡礼，テキルダー（Tekirdağ）地方への流刑と，ダマスカス移住の期間である。

ブルセヴィーは，ムスタファ2世（在位1695－1703）によって行われた，第1次オーストリア遠征（1107/1695年）と第2次オーストリア遠征（1108/1696年）に参加している[21]。彼は，兵士たちともに従軍したが，直接戦闘に参加したかどうかははっきりしない。しかしこれらの遠征の際に，体中に傷を受け，その傷が長年痛んだと言われている［Aynî 1944: 66］。

ブルセヴィーは，1111/1700年と1122/1710年の2度，メッカ巡礼を行っている。彼の著作には，特に1回目の巡礼についての多くの記述があり，この巡礼中に遭った様々な出来事について語られている。中でも，巡礼からの帰路に遭遇した山賊の襲撃[22]，ヒドル（Hızır, Ar. Khiḍr）の来訪[23]等が重要な出来事である。2回目の巡礼では，ブルセヴィーは，メッカへ行く途中でエジプトに立ち寄り，この地の学者たちと意見・論文の交換をしている。さらに，アル＝アズハル大学の学長でもあったエジプトの学者であるビルマーヴィー（Burhānuddīn Ibrāhīm ibn Muḥammad al-Birmāwī, 1694年没[24]）に，認可を与えている［Yıldız 1975: 116］。

次に彼がブルサから離れたのは，1126/1714年のテキルダーへの一時的な移住の際である[25]。彼はこの地で3年間過ごした。その間の彼の活動として記録されているのは，教団の支部の建設[26]，支配者たちとの書簡の交換[27]，シャイフの孫との結婚などである。ブルセヴィーは，1129/1717年に再びブルサに戻るが，長くは滞在せず，同年中にダマスカスへと移動した。

ダマスカスに移ったブルセヴィーは，1132/1720年まで，この地に留まることとなる。彼のダマスカス行きの理由としては，イブン・アラビー思想の信奉者として，彼の墓を訪問するためであろうとも考えられるが，滞在が3年間と長期にわたることから，これが単に墓を詣でるための旅ではなかったことも分かる，また，ブルセヴィーのダマスクス行きが計画的なものであったことも，同地における彼の活動からうかがえる(28)。彼は，ダマスクスにおいて，大規模なモスクなどで説教や講義等を実施して大衆と関わった他(29)，ダマスカスの学者たちと議論し(30)，著作を執筆するなど(31)，啓発的な活動と学問的活動の両方を行った。さらに，1230/1718年にダマスカスの総監として任命されたレジェプ・パシャ（Recep Paşa）と良好な関係を築いたブルセヴィーは，政治分野においても活動を行った。

ブルセヴィーは，1132/1720年にダマスカスを離れ，ジェルヴェティー教団の中心地であったウスクダルに移った。彼がブルサに戻らずウスクダルを選んだ理由ははっきりしていないが，教団の普及のためであると考えられている(32)。

ウスクダル期のブルセヴィーには，他の時期とは異なる特徴がある。それは彼がウスクダルにおいては，宮廷周辺に歓迎されていたという点である。宰相のダーマト・イブラーヒム・パシャ（Dâmat Ibrahim Paşa）は，ブルセヴィーに家を買い与え，彼を経済的に支援していた［Yıldız 1975: 121］。このような状態で，ブルセヴィーはタリーカの活動と著作の執筆を続けたが，1135/1723年に再びブルサに戻り，それ以後2度とこの地を離れることがなかった。ウスクダルを離れざるを得なかった理由としては，モスクにおいて「存在一性論」に関する内容の説教をしたことが挙げられている(33)。

ブルセヴィーがブルサに戻ったのは73歳の時であり，ここで晩年の2年間を過ごした。この2年間における彼の主な活動としては，著作の執筆の他に，今日まで残っているモスクとダルガーの建設が挙げられる。彼は1137/1725年にこの世を去った。彼の墓は，ダルガーの中に建てられたモスクのキブラ方向に位置している。

多才な学者であるブルセヴィーの最も重要な特徴の1つは，彼がタリーカのシャイフでもあったことである。ブルセヴィーは，数多くの著作を遺し，後の世代に影響を与えたスーフィー学者として尊敬されてきたが，彼が生きた時代においては，学者としてよりシャイフとしての影響が強かったと言える。事実，彼の活動をみれば，任命先の地域においても，旅先においても，ジェルヴェティー教団のハリーファ，後にはシャイフであるという身分によって行動していたことが分かる。本書は，ブルセヴィーの思想を対象とするものであるが，彼のシャイフとしての側面も重要であるため，ここでブルセヴィーとタリーカの関係についても述べていきたい。

ブルセヴィーとタリーカとの関係としては，以下の3点が挙げられる。第1にジェルヴェティー教団との関係，第2に彼のシャイフ位を後代に伝えるという関係，第3にアラブ世界の各地域におけるタリーカとの関係である。

第1のジェルヴェティー教団との関係は，彼の全生涯を通じて支配的な要素であった。彼は，オスマン・ファズリーの指導下でタリーカの教えを学び，様々な場所でハリーファを務めた後，オスマン・ファズリーに選ばれ，彼の死後，教団のシャイフになった。ブルセヴィーは，同教団のスィルスィラ[(34)]において第33人目のシャイフである。ブルセヴィーは同タリーカを通じて様々な活動を行っており，彼にとって，ハリーファのネットワーク[(35)]は重要な活動手段であった。ブルセヴィーは，11人いたとされている彼のハリーファたちが形成するネットワークを通じて，周辺地域における社会的・宗教的な活動を意図していた。

第2の，彼のシャイフ位を後代に伝えるという関係において，その担い手となったのは，ブルサのテッケを拠点とする「ハック教団（ハッキリック，Hakkîlik）」である[(36)]。このテッケは，1925年のテッケ廃止法まで，公式に活動していた。同テッケは，その後もしばらくタリーカ的な活動の中心になっていたが，最後の歴代シャイフ（ポストニシーン，Tr. Postnişin）[(37)]であったメフメド・シェムセッディン・エフェンディ（Mehmed Şemseddin Efendi, 1936年没）の死後から1951年までの間は，「宗務庁（Diyânet İşleri Başkanlığı）」に属するモスクとして機能していた。1951年には，建物の一部が改修されて，クルアーン学校とその協会（ブルサ聖クルアーン学習維持協会，Bursa Kur'an-ı Kerim Öğrenimini Koruma Derneği）が建設され，1960年には，「ブルサ神学生援助協会（Bursa İlahiyat Öğrencilerine Yardım Derneği）」

という名称で，ウルダー大学神学部（Uludağ Üniversitesi İlahiyat Fakültesi）の学生たちを支援する役割を果たすようになる。再びブルセヴィーの名前を使って活動を再開するのは，1990 年のブルセヴィー財団（İsmail Hakkı Bursevi Vakfı）の設立後である。現在，クルアーン学校と神学部生の寮としての役割を果たしながら，様々なタリーカ（特にメヴレヴィー教団）の集会所としても使われている。

上述の関係以外に，ブルセヴィーとタリーカとの関わりとして，アラブ世界への移住や巡礼の際に，その土地のシャイフから「認可（イジャーザ）」を受けたということが挙げられる。例えば，ブルセヴィーはダマスカス滞在中，アブルマワーヒブ・ムハンマド・イブン・アブドゥルバーキー（Abū al-Mawāhib Muḥammad ibn ʻAbd al-Bāqī al-Ḥanbalī，1714 年没）というシャイフからもイジャーザを受けたとされている。しかし，そのシャイフと属したタリーカについての記述はなく，詳細は不明である。(38)

4　ブルセヴィーの著作

ブルセヴィーは，100 点を超える著作を遺している。(39)彼の著作の大多数がスーフィズムに関するものであるが，それ以外に，クルアーン解釈学（タフスィール），イスラーム法学（fıqh），ハディース学（ḥadīth），神学（ʻaqā'id, kalām）といったイスラーム諸学を対象とするものもある。さらに，ブルセヴィーは詩人としても著名であり，７万以上の詩を遺したとされている。(40)

ブルセヴィーのスーフィズムに関する著作は，大きく４つの作品群に分けられる。第１は，彼のスーフィズム観を表す著作である。これら諸作品において，スーフィズムの修行論，霊魂論やイブン・アラビー思想といった，スーフィズムに関するあらゆる事柄が扱われている。第２に，スーフィー詩への注釈書がある。ブルセヴィーは，トルコ語以外にもアラビア語，ペルシア語に精通しており，それらの言語で詠まれた詩にも解釈書を遺している。第３に，親しい友人や親戚の依頼に応じるため，あるいは自発的に誰かに贈るために書かれる「贈り物（Tr. tuhfe）」と呼ばれる著作群が挙げられる。これらの著作の内容は，概して贈られる人物の社会的地位や精神的な状態に合わせたものとなる。第4は,「霊感の書(Tr. vâridât)」と呼ばれる著作群である。これは,アッラーからワリーの心に下される霊感に基づく著述集のことである。ブルセヴィーの「霊感の書」の内容と形式は多様であり,その中にはクルアーンの章句やハディースを含むアラビア語の記述もあれば,トルコ語による記述もある。

ブルセヴィーはアラビア語とペルシア語にも精通し,著作においても各所でアラビア語やペルシア語を駆使しているが,作品の大部分はトルコ語によるものである(41)。ブルセヴィーはトルコ語で著述することに関して,アラビア語やペルシア語を知らない大衆に理解し実践してもらうためであると説明している[Bursevî 1718: 3b]。当時の学界の慣習からすれば,語彙や表現の面で単純なトルコ語を著述に使用することはきわめて稀であった。著作におけるトルコ語の使用は,ブルセヴィーの特徴の1つである(42)。ブルセヴィーは自身の著作の大半がトルコ語によるものであると述べる文脈の中で,書き手と読み手の両者が同じ民族,同じ社会に属するべきであると主張している。彼はこの考えの根拠として,各預言者が,彼らが属する社会の中からアッラーによって選ばれたことを挙げている。また,彼自身もこの考えに基づいた行動をしており,ダマスカスからトルコに戻ったこともその一例である[Namlı 2001: 63]。

文章の様式の面からブルセヴィーの著作をみると,その様式は多様であるが,全体としては,何かあるいは誰かを批判する時は激しい表現を用いるが,それ以外では淡々と自分の意見を伝えることを好んでいる。例を挙げると,特にイブン・アラビーの思想やスーフィーたちへの批判に対しては激烈な表現で応えているが,大衆のために書かれた著作においては,比較的温和な表現を選んでいると言える。

以上,ブルセヴィーの生涯と著作について考察した。まとめると,以下のようなことが言える。

ブルセヴィーは,アナトリアからバルカン半島,アラブ世界にいたる広い地域において,現地の人々と関係を結びながら,その生涯を送っている。ジェルヴェティー教団のハリーファ,あるいはシャイフとして,庶民の間で実践家のスーフィーとして活躍しながら,他方において数多くの著作も遺した。

ブルセヴィーの生涯は，理念と実践が表裏一体の関係にあったと言える。

そのような著者による独自の著作（ta'līf, Tr. te'lif），先行する学者やスーフィーの著作の解釈（sharḥ, Tr. şerh）や注釈（ḥāshiya, Tr. haşiye）は，スーフィズムのみならず，イスラーム諸学のほぼ全ての分野に及ぶものである。著作の数の多さと分野の多種多様性は，おそらく，彼の時代の特徴であるとされている全体的な革新の必要性の影響で成長しつつあったイスラーム諸学におけるある種の新しい見方の探求の結果であると言える。しかし，ブルセヴィーの全ての著作の考察，および先代と後代のスーフィーたちの著作の研究が十分になされていない現状では，この仮説を提示するのは早計かもしれない。そこで現時点では，ひとまず仮説の範囲を『存在の五次元説の書』と『明証の魂』という，彼の２つの著作に絞る。

『存在の五次元説の書』と『明証の魂』のそれぞれに関する考察は，後の章において詳しく述べるが，ここでは，なぜこの２作品を選択したのかについて述べて，本章を結びたい。

『明証の魂』は，ブルセヴィーのタフスィール書であるため，彼のスーフィー思想の研究において重要である。なぜならば，タフスィールは，スーフィーたちの思想が自由に記されているジャンルであるからである。また，本書は，ブルセヴィーがモスクで20年間にわたって行った説教を元に書かれたものであるため，それを検討することによって，著者のその期間中のスーフィーとしての体験と，クルアーン解釈を庶民に対して説明する際の手法が分かる。さらに，説教が『明証の魂』の骨格であるという点は，ブルセヴィーのスーフィズムとタフスィールの関係性と，その実践の研究においても重要である。それは，説教が極めて現実的で実践的な行為であるためである。

『存在の五次元説の書』については，トルコ語で書かれた作品であること，ブルセヴィーの最晩年の著作であること，著者によって記されているように，執筆の動機がアラビア語ができない庶民がスーフィズムを理解するためであることが，その重要性の根拠である。彼のスーフィズム思想の最終的な形と，それが庶民に対して，彼らの母語でどのように説明されていたのかを示すことが，本書の目的の１つである。それゆえ，『存在の五次元説の書』は，ブルセヴィーのスーフィズム思想の実践的な側面の探求のために最適の著作であると言える。

ブルセヴィーは，その生涯を通じて，アナトリアからバルカン半島，アラブ世界にまでおよぶ広い領域を常に移動していたことをわれわれは見てきた。彼はオスマン帝国の領内をめぐる際，種々の地域の様々な人々と生活をともにした。そうした中で，彼は非常に多くの作品を遺している。それらの著作の一部は自身の作品であり，また一部は他者の作品に対する解釈と注釈である。彼が生きていた時代まで読み継がれてきた作品に，異なった視点をもたらそうと努めたと主張できるかもしれない。しかしこの主張が正しいと証明するためには，彼の全ての作品を，彼以前の著述家による作品と比較研究することが必要となるであろう。

第2章
ブルセヴィーの神秘的宇宙論

ブルセヴィーは諸著作においてスーフィズム全般について語っているが，その神秘的な宇宙論が最もコンパクトに説かれている作品は『存在の五次元説の書』である[(1)]。本章では，主にこの著作を分析対象とし，ブルセヴィーの宇宙論について考察する。

1 「存在の五次元説」

「存在の五次元」の原語は，「ハダラート・ハムス（al-ḥaḍarāt al-khams, Tr. hazarât-ı hamse）」である。2つの単語で構成されるこの語のうち，前半のal-ḥaḍarāt（ḥaḍraの複数形）は，「近くにいること，どこかに辿り着くこと，どこかにいること」が原義であり，比喩的に「だれかの顔が広いこと」などの意味も持つ［Muṣṭafā 1996］。スーフィズムの用語としては，存在の「次元」を意味する言葉である。後半のal-khamsは，「5」を意味する数詞である。スーフィーたちの思想によると，存在には一般に5つの次元があり，被造物は神から流出してわれわれの世界に至るまでに，この5つの次元を経て降下する［Çelik 2003: 159］。

ブルセヴィーが『存在の五次元説の書』の冒頭において行っている「次元」に関する説明からは，彼が本書を知識人層のためではなく，一般のムスリムのために書いていることが窺える。その１つの証左として，比喩の多用が挙げられる。例えば，「次元」という言葉の説明を行う箇所には，次のような記述がある。

> 王は，外の世界においては，１人である。しかし，彼の全権的な代理人である大宰相や彼の下で様々な位階にある官僚たちが，王の様々な様態と種々の階位において現る段階である……段階を次元という概念で表現することの理由は，神との関わりによって，全存在がものごとを様々な段階で詳細に見ていることによる。〔Bursevî 1720: 136b–137a〕

ここでは，「王が存在しているゆえに，はじめて王国たりうる」という意味で「王」という言葉が使われている。すなわち，王国とその臣民は，王の本質の必然的な結果ということになる。例えば，王国における官職である宰相とは王の属性であって，臣民としての１人の人物と，王の王性との関係において成立する身分である。要するに，王国におけるそれぞれの官位は，王の１つの「現れ」と言える。そして，王との関係において，全ての人々にランクが与えられる。

ブルセヴィーによれば，宰相とは，王の王性との関係において成立する身分である。つまり，王がいなければ，その宰相という身分も存在しない。宰相をはじめとする様々な官職は，王の諸々の職務・職能を代理する者なのである。それゆえ，宰相や各大臣およびより下級の官吏たちは，それぞれが王の１つの「現れ」ということになる。様々な地位にある者たちと王との間に成立するこれらの関係こそが，「次元」と呼ばれる。この諸次元を王の側から見れば，王の次元になり，臣下の側から見れば宰相の次元になるのである。

このように，ブルセヴィーは，神と被造物の関係を王と宰相になぞらえて説明しているわけだが，このことから，彼が次元を異なる位地にある二者の間に成立する関係性として説明していることが分かる。このような比喩による説明の後，ブルセヴィーは，特に神と被造物の関係について，問答形式で議論を展開していく。彼は，無限的かつ隔絶する存在である神が，有限の存在である被造物と如何にして関係を持つのかという疑問を抱き，その答えを探っている。

> 万物は一定の順序を経て存在になるため，「神性（ilâhiye）」という形容詞が「次元」に付されたのだが，神の存在性においては「階位（tartīb, Tr. tertip）」などあり得ないはずである。なぜなら，階位とは，複合性（tarkīb, Tr. terkip）であり，複合性は，複数性に関連するものだからである。そうであるなら，存在は，如何にして神の次元となりうるのであろうか。［Bursevî 1720: 137a］

この疑問に対してブルセヴィーは，階位に沿って現れるのは，神の「顕現（tajallī, Tr. tecellî）」であって，神の本質ではないと述べている［Bursevî 1720: 137a］。また，神と被造物の関係に関して，彼は以下のような疑問も挙げている。

> 顕現の目的は，万物の存在を諸次元において現すことであるため，「神的諸次元（hazarât-i ilâhiye）」と言うより「被造物的諸次元（hazarât-i halkiye）」と言ったほうが適切ではないだろうか。［Bursevî 1720: 137b］

この問いに答えるにあたってブルセヴィーは，「我は隠れた宝であった(2)」というハディースを引用する。彼によると，このハディースにおいて「であった」という過去形の表現が使われていることが重要である。すなわち，過去形が用いられているということは，「神の本質（dhāt, Tr. zât）」は，かつては隠れていたが，今はそうではないということになる。以前，神は隠れた本質であったが，今は現れている。したがって，顕現するのは神の本質ということになり，次元の呼称についても「神的」という形容詞を付けるのが正しいのである。万物にも，それぞれに特定の名前や属性があり，それぞれが個性を持つが，それらは種と類の違いのようなものであって(3)，多種多義的に現れる万物は，1つの普遍的な共通点において収まることになる。それこそが神，真理（ḥaqq, Tr. hak）である［Bursevî 1720: 137b］。

次に，ブルセヴィーは，神と世界との関係について，3つの説があると述べる。第1は，神が「外的（ẓāhir, Tr. zâhir）」であって「万物（ashyā', Tr. eşyâ）」が「内的（bāṭin, Tr. bâtın）」であるという説である。第2は，万物の外面は被造物であって，その内面は神であるという説である。第3の説によれば，存在の両面は1つであって，名目的な（i'tibārī, Tr. îtibârî）神と「それ以外のもの（mā siwā, Tr. mâsivâ）」の間には区別がある［Bursevî 1720: 137b-138a］。ブルセヴィーが推すのは，第3の説であり，存在の諸次元を説明する際も，この説に基づいた記述を行っている。すなわち，ブルセヴィーによれば，存在には2つの側面がある。その1つは，創造主に向いている側面であり，「次元」と呼ばれているものである。もう1つは創造物に向いている側面であり，「世界（'ālam, Tr. âlem）」と呼ばれている(4)。この2つの側面に加えて，彼は万物が各次元においてどのような様態にあるかについても述べている。

次節においては，存在を，次元・世界・様態という3つの観点から捉えるブルセヴィーの各次元に関する記述を考察する。

2　ブルセヴィーの「存在の五次元説」

・第1の次元：「絶対的不可視の次元（Ḥaḍra al-Ghaib al-Muṭlaq, Tr. Hazret-i Gayb-ı Mutlak）」

第1の次元は，創造主の本質を表す次元である。「絶対的不可視の次元」という呼称は，ジュルジャーニーによるものであり，ブルセヴィーは「本質的彼性の次元（Tr. hüviyet-i zâtiye）」という表現を好む(5)。この次元において，真理（神）は，全ての「自己限定（ta'ayyun, Tr. ta'ayyün）」，「複数性（kathra, Tr. kesret）」，「複合性（tarkīb, Tr. terkip）」，「属性（ṣifāt, Tr. sıfat）」，「名前（asmā' ＞ sg. ism, Tr. esmâ）」，「絆（nisba, Tr. nispet）」から「隔絶（tanzīh, Tr. tenzih）」している。ブルセヴィーは，この次元の別名として，「否定的一性（aḥadiyya, Tr. ehadiyet）」，「肯定的一性（wāḥidiyya, Tr. vâhidiyet）」，「真実在の真実在（ḥaqīqa al-ḥaqāiq, Tr. hakikatü'l-hakâik）」，「神的（lāhūtī, Tr. lâhutî）」，「無名的な不可視（al-ghaib al-majhūl, Tr. gayb-ı meçhûl）」等を使用している。

自己限定が不可視である真理としての神について「次元」を論じるならば，それは自己限定以前の状態である「非自己限定（lā ta‘ayyun, Tr. lâ ta‘ayyün）」，すなわち「本質的彼性の次元」である。

被造物の立場から，この状態（神が絶対不可視である状態）を，次元と表裏一体の関係にある「世界」として捉えるならば（換言すれば，神が本質的彼性の次元にいる時に被造物がどのような状態にあるかといえば），被造物はこの次元に帰属しないということになる。ブルセヴィーは，被造物が語られる状態になるためには，「至聖流出（al-faiḍ al-aqdas, Tr. feyz-i akdes）」[(6)]が必要であると述べる。至聖流出の後，被造物に対比される神の次元は，もはや本質的彼性ではなく，「知的次元（ḥaḍra al-‘ilm, Tr. hazret-i ilmiye）」である。また，この次元における被造物の世界は，「有無中道の実在の世界（‘ālam al-a‘yān al-thābita, Tr. âlem-i âyân-i sâbite）」である[(7)]。有無中道の実在としてある被造物それ自体は[(8)]，自己限定の前の状態であり，あたかも後に立派な木になる種の中に潜在している木のようなものである，と説明されている。

また，ブルセヴィーによると，被造物には２種類の存在のあり方があるという。１つは「有無中道態（thubūt, Tr. sübût）」であり，もう１つは「存在（wujūd, Tr. vüjûd）」である。前者は，「現れ（ẓuhūr, Tr. zuhûr）」の特徴を有していない存在であり，存在の有無，価値的な善悪が中間状態にあるという状態である。つまり，事物は，存在可能でもなければ，不可能でもない。同時にその存在は良くもなければ，悪くもないのである。後者の「存在」は，有無中道態であったものが存在可能として決まり，そして良いか，悪いかのうちの１つが定まった通りに顕現するということである。この２つの概念の違いを，ブルセヴィーは次のような喩えを用いて説明する。人が何かを話す際，その内容が頭の中にある状態が有無中道態であり，それを言葉として発した時に存在となる[(9)]。

この次元における事物は，どのようなあり方をしているのだろうか。この問に対してブルセヴィーは，有無中道態でもなく存在でもない，と答える。万物が被造物と言い得るためには，至聖流出が必要である。したがって，ブルセヴィーは，この次元の世界に関してジュルジャーニーが用いる「有無中道の実在の世界」という呼称を批判している。ブルセヴィーによれば，絶対

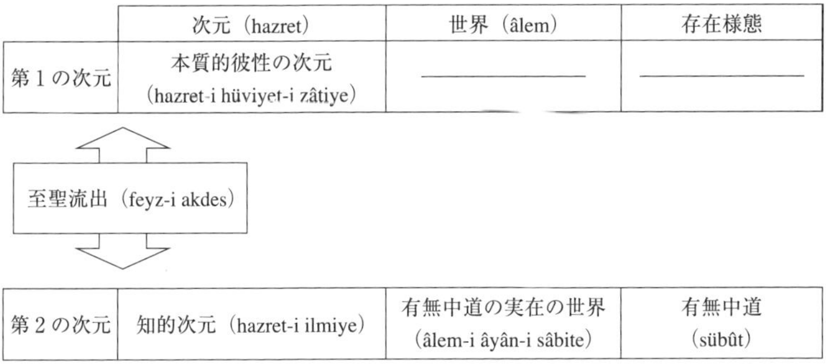

図１　ブルセヴィーによる次元の配列法の代案：第１と第２の次元

的不可視はアッラーの本質を表す次元であるため，ここには有無中道の実在の世界は存在しない。有無中道の実在の世界はこの次元ではなく，後述する第３の次元，「相対的不可視の次元（ḥaḍra al-ghaib al-muẓāf, Tr. hazret-i gayb-ı muzâf）」にあり[10]，そこで被造物が有無中道という特徴を獲得するのである。以上のことは上のように図に表すことができる。

図１は，ジュルジャーニーの配列法に対してブルセヴィーが示した代案を図式化したものである。両者を比較すると，第１の次元の呼称として，ジュルジャーニーが「絶対的不可視の次元（ḥaḍra al-ghaib al-muṭlaq）」を用いているのに対し，ブルセヴィーはそれを「本質的彼性の次元（hazret-i hüviyet-i zâtiye）」と呼んでいる。ブルセヴィーが第２の次元とする「知的次元」は，ジュルジャーニーの見解では独立の次元ではないようである。ジュルジャーニーは，第１の次元の世界については，「（第１の次元の）世界は，（第２の次元における）「有無中道の実在の世界」である」と曖昧に記している。すなわち，第１の次元の世界は「知的次元」という別の次元における「有無中道の実在の世界」ということになるが，先述の通り，この次元は独立した次元ではなく，第１の次元に包含されているものである。一方で，ブルセヴィーは，「知的次元」を独立の次元として捉え，自身の配列法においては，第２の次元としている。

・第２の次元：絶対的可視の次元（Ḥaḍra al-Shahāda al-Muṭlaqa, Tr. Hazret-i Şehâdet-i Mutlaka）

この次元は，ジュルジャーニーの配列法では第2の次元とされるが，後述するように，ブルセヴィーは第4の次元としている。この違いは，ジュルジャーニーが不可視と可視の対比において次元を説明するのに対して，ブルセヴィーが諸次元を存在流出過程の順に配列していることに起因する。

「絶対可視の次元」は，文字通り，五感の対象範囲となる事物の次元である。「絶対（muṭlaq, Tr. mutlak）」という語が用いられるのは，この次元を「絶対的不可視の次元」と対比し，両者の「絶対」を対照するためではない。むしろ，「絶対的」という語で限定される「可視」が，同じく「絶対的」で限定される「不可視」と同じ位置にあるということを意味する。つまり，絶対不可視の次元が可視になれないように，絶対可視の次元も不可視とはなり得ないということを意味するのだと言う［Bursevî 1720: 141b］。

この次元の別名としては，「感覚の次元（ḥaḍra al-ḥiss, Tr. hazret-i his）」，「人性の次元（ḥaḍra al-nāsūt, Tr. hazret-i nâsûtiye）」等が挙げられている。被造物の立場から見れば，この次元の世界は，「所有の世界（ʻālam al-mulk, Tr. âlem-i mülk）」であり，事物のここでの状態は，「複合的諸形相（al-ṣuwar al-murakkaba, Tr. suver-i mürekkebe）」である。

「形相（ṣuwar ＞ sg. ṣūra, Tr. sûret）」は，２つに分けられる。１つは，「王座の形相（ṣūra al-ʻarsh, Tr. sûret-i arş）」，「台座の形相（ṣūra al-kursī, Tr. sûret-i kursî）」等を含む「本性的形相（al-ṣuwar al-ṭabʻiyya, Tr. suver-i tabiye）」である。もう１つは，「諸天の形相（ṣuwar al-samāwāt, Tr. suver-i semâvât）」，「３つの産む者の形相（ṣuwar al-muwallidāt al-thalātha, Tr. suver-i müvellidât-ı selâse）」を含む「要素（四元素）的形相（al-ṣuwar al-ʻunṣūriyya, Tr. suver-i unsûriye）」である［Bursevî 1720: 141b］。ブルセヴィーの説明によると，前者は霊魂と関係があり，透明である。また，後者は，前者の現れであり，不透明であると説明される。すなわち，彼の考えによれば，諸天は不透明な物質ということになる［Bursevî 1720: 141b–142b］。

この次元までは不可視であった存在が，ここで可視となってわけであるが，ブルセヴィーは，不可視がどのようにして可視になったのかを説明するために，以下の２つの概念を提示する。

第１の概念は，事物が存在するようになるために必要な「運動（ḥaraka, Tr. hareket）」である。[11] ブルセヴィーは，運動のあるところには必ず「動かし手（muḥarrik, Tr. muharrik）」もあることを前提として，事物を動かすのは人間であり，人間を動かすのは神の「顕現の神秘（sirr al-tajallī, Tr. sırr-ı tecelli）」であると言う。[12]

第２の概念は，「媒介（wāsiṭa Tr. vâsıta）」である。[13] すなわち，ブルセヴィーは，絶対可視の次元が成立するために，絶対不可視の次元と絶対可視の次元の間に何らかの媒介があり，それは「人的霊魂（al-rūḥ al-nāsūtī Tr. rûh-i nâsûtî）」であると指摘する。[14]

ここでのブルセヴィーの記述は，次のようにまとめることができる。つまり，この次元の本質は，人間の本質に類似している。人間の「本質（māhiya, Tr. mâhiyet）」には，「肉体（al-haikal al-jithmānī, Tr. heykel-i cismânî）」,「霊魂（al-amr al-rūḥānī, Tr. emr-i rûhânî）」,「統合性（al-ḥaqīqa al-jāmi'a, Tr. hakikat-i câmiye）」[15] の３つの側面がある［Bursevî 1720: 143a］。そして，人間の魂が肉体を通して働くのと同様に，この次元の存在を通して神が働くのである。さらにここでブルセヴィーは，そうであるならば神は万物に宿っていること（ḥulūl）になるのではないか，という問いを立てる。これに対する答えとして，彼は，人間の霊魂には２つの側面があり，その１つは肉体に付属する「動物的霊魂（al-nafs al-ḥaywāniyya, Tr. nefs-i hayvâniye）」であり，もう１つの側面が「理性的霊魂（al-nafs al-nāṭiqa, Tr. nefs-i nâtıka）」であるのと同様に，万物にも２つの霊魂があって，１つが万物に内在し，もう１つが超越的であると述べる。ここで言う超越的霊魂が，人間の場合における「神的霊魂（lāhūt, Tr. lâhût）」にあたるのである［Bursevî 1720: 142b–143a］。

ここまでを，ブルセヴィーがしばしば用いる「可視」と「不可視」という対立概念を用いてまとめてみよう。まず，絶対可視の次元に至るまでは，神は（万物にとって不可視でありながら自分自身にとって）可視であって，万物は（その個体性がないので）不可視である。この次元より下の次元では，神は（万物にとって）不可視となり，万物が可視になるのである。

・**第3の次元：絶対的不可視の次元に近い相対的不可視の次元（Ḥaḍra al-Ghaib al-Muẓāf mā yakūn aqrab min al-Ghaib al-Muṭlaq）**

上で述べたように，この次元は，ブルセヴィーの考えによれば第2の次元であるが，ここではジュルジャーニーの説明に則って第3の次元として説明する。[(16)] ブルセヴィーは，第1の次元においては不可視が絶対的と形容されるのに対して，ここで相対的という語が付されるのは，この次元に不可視と可視を結合させる特徴があることを示すからと述べる。すなわち，この次元は，上位の次元に比べれば「可視」であるが，下位の次元からみると「不可視」であるため，相対的に不可視ということになる［Bursevî 1720: 137b］。一方で，第1の次元以外の全ての次元が，それより下の次元にとって多かれ少なかれ「不可視」であるという事実に気がついているブルセヴィーは，「相対（muẓāf, Tr. muzâf）」という語についてまた別の意味を見出し，この次元の特徴を探る。すなわち，「相対」とは，何かを何かに付することによって生じる，一方は他方がなければ成立しないといった，ある種の相互関係であるというのだ［Bursevî 1720: 143b］。この定義から，この次元においては，神が何かを媒介として使用することになるとともに，媒介とされるその事柄が神との関係によって不可視になるという意味が読み取られる。[(17)] したがって，この次元は，可視の次元と不可視の次元の間で，中間的な役割を果たしていることになる［Bursevî 1720: 141a］。

上述の特徴のため，この次元は2つに分けられることとなる。その1つがここで第3の次元として取り上げられている「絶対的不可視の次元に近い相対的不可視の次元（ḥaḍra al-ghaib al-muẓāf mā yakūn aqrab min al-ghaib al-muṭlaq）」であり，もう1つは，第4の次元として後に述べられる「絶対的可視の次元に近い相対的不可視の次元（ḥaḍra al-ghaib al-muẓāf mā yakūn aqrab min al-shāda al-muṭlaqa）」である。[(18)] これを表したのが，**図2**である。

この次元の世界は，「純粋な諸霊魂の世界（‘ālam al-arwāḥ al-jabarūtiyya wa al-malakūtiyya）」，あるいは「霊魂と知性の世界（‘ālam al-‘uqūl wa al-nufūs）」である。[(19)] 被造物のこの次元での様態は，「諸霊魂（arwāḥ ＞ sg. rūḥ, Tr. ervâh）」である。霊魂は，2つの群に分けられる。第1の群は，「被当惑的高位の諸霊魂（ervâh-ı âliye-i müheyyeme）」であり，[(20)] これらの諸霊魂は世

第1の次元	第2の次元	第3の次元
絶対的不可視	絶対的不可視に近い	絶対的可視に近い
	相対的不可視の次元	

図2　相対的不可視の次元

	第1の代案	第2の代案	第3の代案	第4の代案	第5の代案
第3の次元	霊魂の次元（hazret-i rûhiye）	超所有性（マラクート，melekût）	行為（ef'âl）	第2の聖的自己限定（ta'ayyun-i sânî-i makdesî）	諸霊魂の段階（mertebe-i ervâh）

図3　第3の次元に関する代案の呼称

界や人間の存在を知らず，ひたすらアッラーを眺めつづける。第2の群は，物質世界と関係のある諸霊魂である。[21] この種の諸霊魂は，全世界における全ての行為の起点であり，これなしにはどんな行為もありえない［Bursevî 1720: 144a–146b］。

次に，ブルセヴィーが代案として提示する配列法について考察したい。ブルセヴィーは，ジュルジャーニーや他のスーフィーたち（ブルセヴィーは特定の名は挙げていない）が，第3の次元について「超強制性の世界（'ālam al-jabarūt, Tr. âlem-i ceberût）」という呼称を採用していることを批判し，5つの代案となる配列法を挙げる。それらの代案を図で表すと，**図3**のようになる。[22]

・第4の次元：絶対的可視の次元に近い相対的不可視の次元（Ḥaḍra al-ghaib al-muẓāf mā yakūn aqrab min al-Shahāda al-Muṭlaqa）

存在過程でいうと第3の次元にあたるこの次元は，相対的次元の第2の部分である。ジュルジャーニーの区分では，五次元の中の第4の次元にあたる。

この次元の世界の呼称として挙げられるのは，「幻想の世界（'ālam al-mithâl）」，「マラクートの世界（'ālam al-malakūt）」である。この世界での被造物の様態は，「想像的形相（al-ṣuwar al-mithāliyya, Tr. suver-i misâliye）」などである［Bursevî 1720: 146b］。1つ前の次元の世界（諸霊魂の世界）において単純な形相であった被造物は，1つ次元を降下することで「複合体化

(murakkab, Tr. mürekkep)」して，「存在物（wujūd, Tr. vücud)」になる。諸世界の中でのこの世界の役割は，霊魂の世界と物質の世界の間を媒介する中間的な役割であって，異質な両世界を結び付ける架け橋となる。存在物は，上の世界から感覚の世界に移動する前に，この世界を経なければならないのである。このような機能を持つため，この世界は，霊魂の世界と物質の世界という2つの世界の特質がともに内在することになる。すなわち，この世界は，物質的な側面と，霊魂的な側面の両方を有している。具体的に言えば，これは，夢で見られる世界である［Bursevî 1720: 146b-147a］。したがって，存在は，そこで「現れ」の機能を持つのである［Bursevî 1720: 140b］。夢で見た内容は，現実の世界と関係を持つ。つまり，夢で見られた事柄は，現実世界のある事物の形相である。それは現実世界で見られる姿そのままである場合もあれば，異なる現れ方をする場合もある。例えば，クルアーンで言及されているように，預言者ユースフ（旧約聖書のヨセフ）は，夢で太陽，月と12の星を見たが，現実世界におけるその現れ方は，太陽がユースフの父，月は彼の母，12の星は12人の兄弟に対応するものであった［Bursevî 1720: 147a］。

・第5の次元：統合の次元（al-Ḥaḍra al-Jāmiʻa, Tr. Hazret-i Câmie）

最後の次元は，上述の4つの次元の全てを含む最後の次元である。全ての次元を包含するということは，2通りに解釈されている。1つ目の解釈は，「統合」を比喩的に読み取り，人間が全ての存在を知において知ることによって統合するという説である。第2の解釈は，この言葉を存在論的にみて，人間は全世界の模像であり，その肉体的な側面においてすら全世界の似姿をなしているとの説である。ブルセヴィーはどちらの説も正しいとしているが[(23)]，後者をより好んでいるようである。彼は，スーフィーたちの著作から人間のこのような特徴を表すいくつかの記述を引用している[(24)]。

『存在の五次元の書』には，「人間の世界（ʻālam al-insān, Tr. âlem-i insân)」がこの次元の世界であると記されている。一方で，この次元における被造物の様態については，特定の用語は挙げられていない。しかし，ブルセヴィーの記述の内容から1つの概念を想定するとすれば，それは「人間（al-insān, Tr. insân)」であると言える。

以上，ジュルジャーニーによる五次元説を基礎にしつつ，ブルセヴィーの挙げる５つの次元，４つの世界について述べてきた。各次元に関するブルセヴィーの解釈は，ジュルジャーニーの段階説と同じ呼称を用いているものもあれば，異なる呼称を用いている箇所もあった。彼は，これらの次元における存在の様態，存在の単位についても，様々な用語を使って説明を加えている。それを示したのが，**図 4** である。

この図をもとに，ブルセヴィーとジュルジャーニーの段階説を比較してみると，両者の間に様々な違いがあることが分かる。その中で最も根本的な相違点は，存在の諸次元説を説明する際，ジュルジャーニーが諸次元を不可視と可視という観点から見ているのに対し，ブルセヴィーは，諸次元をそこに体現する存在から捉えて，それぞれの次元における事物の存在化の過程に基づいて配列しているという点であろう。

例えば，第１の次元について，ジュルジャーニーが，この次元の持つ「誰にも分からない」という特徴から「絶対的不可視の次元」という呼称を好んで用いるのに対し，ブルセヴィーは「本質的彼性」という呼称を選択している。同じく，第３の次元に関して，ジュルジャーニーが「絶対的不可視の次元に近い相対的不可視の次元」を選んでいるのに対して，ブルセヴィーは「霊魂の次元（hazret-i rûhiye）」を使用している。

しかし，ブルセヴィーの記述にも様々な問題点がある。第１は，説明上の問題であって，とりわけ次元の数字と呼称に関して問題が多い。

ブルセヴィーは，この著作に『存在の五次元説の書』という題名を付けているにもかかわらず，特に配列法の代案について述べる際に，各次元の呼称として，様々なものを挙げている。ここで，それらブルセヴィーの挙げている次元の呼称をまとめてみよう。以下，各次元の割り当てはジュルジャーニーの方法に従いながら，ブルセヴィーがジュルジャーニーのテキストに注釈を付ける際に，ある特定の段階の次元を説明するために使用している術語を列挙する。ただし，必ずしもある特定の次元をその術語が指しているわけではない。

まず，ブルセヴィーは，第１の次元について，「本質的彼性の次元」の他に，「否定的一性（ehadiyet）」，「肯定的一性（vâhidiyet）」，「真実在の真実在

		第1	第2
次元	ジュルジャーニー	絶対的不可視の次元（ḥaḍra al-ghaib al-muṭlaq）	絶対的可視の次元（ḥaḍra al-shahāda al-muṭlaqa）
	ブルセヴィー	本質的彼性の次元（hazret-i hüviyet-i zâtiye）	知的次元（hazret-i ilmiye）
世界	ジュルジャーニー	有無中道の実在の世界（ʻālam al-aʻyān al-thābita）	所有の世界（ʻālam al-mulk）
	ブルセヴィー		純粋な諸霊魂（âlem-i ervâh-ı ceberûtiye ve melekûtiye）
被造物の在り方（様態）	ブルセヴィー		諸霊魂（ervâh）
存在の段階			有無中道（sübût）

図4　ブルセヴィーとジュルジ

（hakîkatü'l-hakâik）」,「神的（lâhûtî）」,「不可知にして不可視（gayb-ı meçhûl）」,「本質（zât）」といった呼称も挙げている。第2の次元については,「知的次元」の他に,「絶対的可視の次元（hazret-i şehâdet-i mutlaka）」,「感覚の次元（hazret-i his）」,「人性の次元（hazret-i nâsûtiye）」,「所有の世界（âlem-i mülk）」,「超強制性（ceberût）」,「属性（sıfât）」,「第1の流出的自己限定（taʻayyun-i evvel-i feyyâzî）」,「至高な筆の次元（mertebe-i kalem-i âlâ）」などと呼んでいる。第3の次元に関しては,「霊魂の次元」に加えて,「超所有性（マラクート，melekût）」,「行為（efâl）」,「第2の聖的な自己限定（taayyün-i sânî-i makdesî）」,「諸霊魂の次元（mertebe-i ervâh）」といった用語も使用している。第4の次元である「人性の次元」については,「所有性（mülk）」,「第3の可視的な自己限定（taʻayyun-i sâlis-i şehadî）」といった名も挙げられている。第5の次元については,「統合の次元（hazret-i câmie）」等を用いている。[25]

第 3	第 4	第 5
絶対的不可視の次元に近い相対的不可視の次元（ḥaḍra al-ghaib al-muẓāf mā yakūn aqrab min al-ghaib al-muṭlaq）	絶対的可視の次元に近い相対的不可視の次元（ḥaḍra al-ghaib al-muẓāf mā yakūn aqrab min al-shahāda al-muṭlaqa）	統合の次元（al-ḥaḍra al-Jāmi‘a）
霊魂の次元（hazret-i rûhiye）	感覚の次元（hazret-i his）	人性の次元（hazret-i nâsûtiye）
純粋な諸霊魂の世界（諸霊魂と知性の世界）（‘ālam al-arwāḥ al-jabarūtiyya wa al-malakūtiyya（‘ālam al-‘uqūl wa al-nufūs））	絶対的な幻想（‘ālam al-mithāl）；マラクートの世界（‘ālam al-malakūt）	人間の世界（‘ālam al-insān）
絶対的な想像の世界（âlem-i misâl-i mutlak）；絶対的な幻想の世界（âlem-i hayâl-i mutlak）	所有の世界（âlem-i mülk）	統合する人間（âlem-i insân-ı câmie）
想像的形相（suver-i misâliye）	複合的な諸形相（suver-i mürekkebe）	物体（eşya）
存在（vücûd）	現れ（zuhûr）	

ャーニーによる次元説の用語

上で紹介した各次元の呼称から，ブルセヴィーの考えは，数字による区分や範疇に分けることによって発展してきたいくつかの先行する次元説に由来していることが分かる。その起源を探るためには，ブルセヴィーに至るまでのイブン・アラビー学派[(26)]の信奉者たちの著作を調べる必要がある。筆者は，同学派の最も重要な学者とされるコネヴィー（クーナウィー，Sadreddîn el-Konevî, Ar. Ṣadr al-Dīn al-Qūnawī, 1274 年没），ファルガーニー（Sa‘’d al-Dīn Sa‘īd Farghânî, 1300 年没），カイセリー（カイサリー，Şerefüddin Dâvûd ibn Maḥmûd el-Kayserî, Ar. Dāwūd al-QaiṢarī, 1350 年没），ジャンディー（Mu‘ayyid al-Dīn al-Jandī, 1350 年没），カーシャーニー，ボスネヴィー（Abdullâh Bosnevî, Ar. ‘Abd Allāh al-Busnawī, 1644 年没）による次元説に対象を絞って，考察を行った[(27)]。これらを比較検討してみると，ジュルジャーニーによる次元説は，コネヴィーの説から大きな影響を受けていることが分かる。例えば，コネヴィーは，次元説を不可視と可視の観点から見て，次元の呼称として，ジュルジャーニーが用いているのとほぼ同一の用語をすでに使用している。それに対してブルセヴィーは，第1の次元の「本質的彼性」と第2の次元の「知的次元」について，先行する6人とは異なる独特の呼称を用いている。一方，第3の次元に用いている呼称は，ジャンディー，カイセリー，ボスネヴィーと同様である。第4の次元については，ブルセヴィーを含めた全員が一致して，感覚の範囲に入る世界としており，「可視」や「現れ」などの呼称を使用する。ただし，ブルセヴィーが実際に選んでいるのは「知覚（ḥiss, Tr. his）」という語である。

ここで挙げた様々な呼称は，各解釈者によって様々な数の段階に区分されている[(28)]。このように段階の数が解釈者によって異なっているのは，それぞれの思想によって存在の数にも違いがあることによると考えられる。例えば，存在の次元を2つとする学者にとっては，神とそれ以外の2つ以外に何も考えられないために，次元の数も2つとなる。ジュルジャーニーが，次元の数を5とする理由は，存在が1つでありながら，各次元において不可視か可視かという点から考えると5つの様態がありうるからであるという。つまり，まず「絶対的不可視」と「絶対的可視」を分け，その間に「相対的不可視」を入れる。このとき，「相対的不可視」は「絶対的不可視」と「絶対的可視」に隣接しているため，必然的に「絶対的不可視に近い側の相対的不可視」と「絶対的可視に近い側の相対的不可視」に分かれることとなる。そしてこれらを統合する「統合の次元」を加えれば，次元の数が5となるわけである。

ブルセヴィーの段階説は，基本的に4つの存在，すなわち神，霊魂，無生物（jamādāt ＞ sg. jāmid, Tr. cemâdât），人間を前提とする。第1の次元と第2の次元は，神の次元である。天使および我々の世界にある事物が持つ霊魂の次元は，第3の次元である。そして第4の次元は無生物の次元であり，最後の第5の次元が人間の次元となる。

次に，ブルセヴィーの記述における第2の問題点を取り上げよう。それは，彼が，神と存在との関係をどのように捉えているのか，ということである。ブルセヴィーは，神と存在との関係を，存在論と認識論のいずれの観点から見ているのか，と換言することもできよう。以下の2箇所の引用部から，ブルセヴィーの観点を考察する。

	第1の区分	第2の区分	第3の区分	第4の区分	第5の区分	第6の区分
第1の次元	本質的彼性の次元（hazret-i hüviyet-i zâtiye）	神性（lâhût）	本質（zât）			否定的一性（ehadiyet）
第2の次元	知の次元（hazret-i ilmiye）	超強制性（ceberût）	属性（sıfât）	第1の流出的自己限定（ta'ayyun-i evvel-i feyyâzî）	至高な筆の段階（mertebe-i kalem-i âlâ）	
第3の次元	霊魂の次元（hazret-i rûhiye）	超所有制（マラクート，melekût）	行為（ef'âl）	第2の神聖自己限定（ta'ayyun-i sânî-i makdesî）	諸霊魂の段階（mertebe-i ervâh）	
第4の次元	人性の次元（hazret-i nâsûtiye）	所有性（mülk）		第3の可視的な自己限定（ta'ayyun-i sâlis-i şehâdî）		
第5の次元						

図5　ブルセヴィーによって引用されている次元の呼称とその配列方法

人間と無生物は，同じ書物の本文と解釈のような関係にあるものであり，前者は「内的写し（al-nuskha al-anfusīyya, Tr. nüsha-i enfüsî）」，後者は「外的写し（al-nuskha al-āfāqiyya, Tr. nüsha-i âfâkî）」と呼ばれている。[Bursevî 1720: 148a]

真の存在は，真実在の存在である。それは，太陽の光が地面（鏡）に写っているからといって，地面を指して太陽であるということが不合理であるのと同様のことである。[Bursevî 1720: 149a]

これらの記述からは，以下の疑問が思い浮かぶ。まず，1つ目の引用にお

	第一次元	第二次元
コネヴィー＊[1]	全ての現物を包括する知的不可視の次元（al-ḥaḍra al-ghaibiyya al-‘ilmiyya al-muḥīṭa bi kull mā ẓahar）	不可視と統合の間にある次元（ḥaḍra baina ḥaḍra al-jam‘ wa ḥaḍra al-ghaibiyya）
ジャンディー＊[2]	意味（ma‘nā）	諸霊魂（arwāḥ）
カイセリー＊[3]	包括的不可視の次元（ḥaḍra al-ghaib al-mushtamil）	諸霊魂の次元（ḥaḍra al-arwāḥ）
カーシャーニー＊[4]	絶対的に一なる本質（dhāt al-aḥadiyya）	第一中間世界（‘ālam al-barzakhiyya al-ūlā）
ボスネヴィー＊[5]	絶対的不可視の次元（ḥaḍra al-ghaib al-muṭlaq）	絶対的祖型の次元（ḥaḍra al-mithāl al-muṭlaq）
ジュルジャーニー	絶対的不可視の次元（ḥaḍra al-ghaib al-muṭlaq）	絶対的可視の次元（ḥaḍra al-shahāda al-muṭlaqa）
ブルセヴィー	本質的彼性の次元（hazret-i hüviyet-i zâtiye）	知的次元（hazret-i ilmiye）

図6　イブン・アラビー学

（注）＊1 el-Konevî ［1970: 99］。＊2 Chittick ［1982: 107-128］。＊3 el-Kayserî ［n.d.: (al-insān al-kāmil, Tr. insân-ı kâmil)」も挙げている［Bosnevî 1836: 68］。

ける，人間の肉体と世界の間における類似性は存在論的なものなのか，それとも認識論的なものなのか。次に，２つ目の引用部は，神以外の存在を否定しているかのように見えるが，これは存在論的な説明であるのか，それとも認識論的な説明であるのか。これらの問題に関して，ブルセヴィーは基本的に，これは「開示」によってのみ分かるとだけ述べ，あまり深入りしていない。なお，彼は「倫理的・実践的解釈」と呼びうる独特の見解を有しているが，それについて次節において詳細に扱おう。

以下，ブルセヴィーによる存在の五次元に対する呼称の割り当て，およびイブン・アラビー学派の学者たちによる段階説を一覧にした図を付しておく。

この**図5**において重要なのは，次の２点である。１点目は，それぞれの概念の区分である。区分というのは，それぞれの概念にみられる共通性によっ

第三次元	第四次元	第五次元
現れ・可視の次元（ḥaḍra al-ẓuhūr wa al-shahāda）	現れ・可視の次元と統合の次元の間にある次元（ḥaḍra baina ḥaḍra al-ẓuhūr wa al-shahāda wa ḥaḍra al-jam‘）	統合の次元（ḥaḍra al-jam‘）
祖型（mithāl）	可視（shahāda）	物体（ajsām）
祖型の次元（martaba al-mithāl al-muqayyad）	可視・感覚の次元（ḥaḍra al-shahāda wa al-ḥiss）	人間の次元（ḥaḍra al-insān）
超強制世界（‘ālam al-jabarūt）	マラクートの世界（‘ālam al-malakūt）	所有世界（‘ālam al-mulk）
被限定的祖型の次元・眠りの世界（ḥaḍra al-mithāl al-muqayyad, ‘ālam al-manām）	感覚・可視の次元（ḥaḍra al-ḥiss wa al-shahāda）	完全・統合的人間の次元（ḥaḍra al-insān al-kamālī al-jam‘iyya al-jāmi‘a）
絶対的不可視の次元に近い相対的不可視の次元（ḥaḍra al-ghaib al-muẓāf mā yakūn aqrab min al-ghaib al-muṭlaq）	絶対的可視の次元に近い相対的不可視の次元（ḥaḍra al-ghaib al-muẓāf mā yakūn aqrab min al-shahāda al-muṭlaqa）	統合の次元（al-ḥaḍra al-jāmi‘a）
霊魂の次元（hazret-i rûhiye）	感覚の次元（hazret-i his）	人性の次元（hazret-i nâsûtiye）

派の学者たちによる次元説

117]。＊4　東長［1986: 48-64］。＊5　ボスネヴィーは，第6の次元として「完全人間の次元

て作られたものである。例えば，第1の区分は，「次元（hazret）」という概念が使われているという特徴を持つ。また，第5の区分のそれぞれの概念の間には，「段階（mertebe）」という概念が使われているという共通性が見られる。

2点目は，左端の欄に記した次元の順序である。その順番は，筆者によるものではなく，ブルセヴィーの次元説において，各概念が語られる次元に基づいて整理されたものである。例えば，「本質（zât）」という概念は，ブルセヴィーの説明によると，第1の次元にあてはまるということである。

また，**図6**は，ブルセヴィーによって挙げられた各概念が，彼以外の主要なイブン・アラビー学派の信奉者が挙げる概念とどのように対応しているかを示したものである。

3　ブルセヴィーの存在思想にみられる「倫理的・実践的解釈」

ブルセヴィーは『存在の五次元の書』において，「存在の五次元説」を新たな角度から解釈している。彼独特のこの解釈を，ここでは「倫理的・実践的解釈」と呼ぶ。

ブルセヴィーは，次元説をイスラーム倫理の観点から解釈すると同時に，単なるスーフィー思想としてではなく，イスラーム的宗教実践に指針を与えるものと考える。これをより敷衍して述べるならば，スーフィーが神秘的な体験の後に得た真理を，自らが生きる社会の言葉を用いて，日常的な習慣にも触れながら一般の人々に説明し，それを宗教生活においても適用しようとするのである。

以下，ブルセヴィーの存在思想に見られる「倫理的・実践的解釈」を，「倫理的」と「実践的」という2つの側面に分けて，詳しく述べよう。

第1に，「倫理的」という側面であるが，これは，『存在の五次元の書』における高度なスーフィー思想を，一般庶民が理解できるように，日常的な生活における様々な要素に還元して説明するという解釈方法に関わるものである。彼のこの「存在の五次元説」の捉え方は，スーフィー思想を哲学的な観点から解釈する捉え方，あるいはクルアーンの章句とハディースの記述を証拠として用いる伝統的な捉え方とは異なる。例えば，**1**で言及した王と宰相の比喩などは，非常に興味深い。

ブルセヴィーが比喩を用いて説明しようとしているのは，全ての存在は，神の属性とどのように関わるかによって相異なる様々な次元にある，ということである。彼は，これを独自の方法で解説する。すなわち，形而上学的な世界と関わる「存在の五次元説」のような高度な思想を，現実の世界に類比させることで，一般庶民の理解を得ることを重視するのである。さらに，彼は，解釈を行うに際して，複雑な哲学的説明を避け，ある種の実用的な効用を獲得することを目指している。例えば，比喩による説明に続けて，次のような記述がしばしばなされる。

> ［存在はこのように無（‘adam, Tr. adem）であるため］無を逃れるために，神における「不死不滅（baqā bi Allāh, Tr. bekâ bi’l-lah）」を目指せ。こうすれば，最上の階位を獲得することができる。そしてそこに到達すれば，汝にとっては，もはや不可視がなくなり，全てが可視になるのである。［Bursevî 1720: 140a］

この引用箇所において，ブルセヴィーは，神と存在の関係を倫理的に捉えていると言える。すなわち，彼は神と存在の関係についての段階説を説く際に，実際に存在するか，あるいはそういった認識が事実であるかを問わず，それに対して何をすれば良いかということの方を重視するのである。もう1つの例としては，以下の記述が挙げられる。

> 手紙の挨拶文においては，相手に対して，「おんまえに対して挨拶がなされる（huzurlarına selâm olunur）」と書くのが慣習である。これは，御前のお方（huzurun sahibi）に挨拶をするという意味になる。［Bursevî 1720: 136a］

ここでは，ブルセヴィーは，手紙の遣り取りにおいてトルコ人が慣れ親しんでいた習慣を借用しながら，スーフィー思想を解釈している。この箇所は，以下のように説明することができる。

まず，「次元」の原語と同根の語である huzur という語が，ここでは「おんまえ」の意味で使われている(29)。トルコ人の習慣では，手紙の宛名を書く箇所に，受取人の名前の代わりにこの「おんまえ」という言葉が書かれる。この「おんまえ」という言葉が成立するためには，差出人と受取人との間の立場・地位の差が必要となる。このうち，下の立場の者は，上の立場の者への敬意を表すため，手紙のなかで自らの存在を暗示させる名前や代名詞を使わない。上の立場の者の身分の高さに対する敬意から，彼の名前を明記することなく，ただ暗に示すにとどめるのである。「おんまえ」という概念には，こういった意味が込められている。すなわち，場所や空間を意味する言葉を用いることで，間接的に，その場所や空間を占めている人物を指し示すのである。

この例においても，ブルセヴィーは，スーフィー思想を一般庶民の日常的な習慣を用いて解釈している。上述の引用部にあるような，手紙の遣り取りの際に受取人に対して表明するのと同様の尊敬の念を，神に対しても持つべきである，とブルセヴィーは主張するのである。

次に，ブルセヴィーによる次元説の解釈の第2の特徴である「実践的」という側面に触れよう。この側面は，スーフィー思想の宗教生活への適用に関わっている。ブルセヴィーは，スーフィー思想を倫理的に説明すると同時に，そこで得た倫理を，宗教生活に結び付けて説明し，教団のシャイフとして弟子を指導する際にも用いている。

例えば，ブルセヴィーは，「神は自分自身のようなもう1人の神を創造することができるか」という神学的な質問を取り上げる。そして，この問題に対して，唯一神の知にはそのようなことはありえないため，アッラー以外の神は存在しえないと答えている［Bursevî 1720: 141a］。つまり，各次元が上の次元の映しであるというのが次元説の基本的な前提の1つであるが，唯一神は他の神を創造するという意志を持たないため，神の知には，そのようなことは潜在的にありえない。したがって，神の知において存在しないものは，実現しないということになる。

ここまで述べてきたブルセヴィーの『存在の五次元説の書』における宇宙論の「倫理的・実践的解釈」に関する考察をまとめるならば，次のようなことが言えるだろう。まず，ブルセヴィーは，神秘的な体験によって得られた宇宙論の信憑性を疑わない。しかし，彼はその宇宙論を自分の体験を語る形のみでは説明せず，実用的な形で人々に説いている。すなわち，一般の人々にも理解できるような比喩を用いながら，宇宙論と実践とをつなぐ，ある種の倫理的な規定・格率を作り出しているのである。

本章では，ブルセヴィーによる「存在の五次元説」を考察してきた。その結果，ブルセヴィーは「存在の五次元説」を3つのレベルで捉えていることが分かった。第1は存在論的レベルである。このレベルでは，ブルセヴィーは創造主と被造物を存在論的に区別している。彼によれば，存在は神の本質と属性の現れでありながら，個別的に存在しているのである。第2は倫理的レベルである。ブルセヴィーは，自身の思想を一般の人々にも理解させるために，様々な比喩を使って説明する。また，その場合は，「存在の五次元説」を倫理的に解釈している。倫理的な解釈が行われる際に，様々な道徳や倫理的な規定が引き出されるのである。第３は，実践的なレベルである。ここでは第２のレベルで引き出された倫理的な規定が，具体的な実践へと結び付けられる。これは，例えば，王の御前に居並ぶ臣下たちが王に対して行う礼のようなものである。ここでは「うぬぼれてはならない」という倫理的な規定が，実際の行動に結び付けられている。一般的に，学者たちは，「存在の五次元説」を存在論的レベルでしか語らない。そのような中で，ブルセヴィーはあえて倫理的なレベルの解釈や実践的なレベルでの解釈を行っているのである。

次章以降は，本論のもう１つのテーマである，タフスィールにおける「倫理的・実践的解釈」を探究していく。

第3章

クルアーン解釈

――スーフィーによるクルアーン解釈に着目して――

1　はじめに

前章においては，本論文の1つ目の目的であるブルセヴィーの存在思想についての考察を行った。ここからは，2つ目の目的であるタフスィールに関する考察に入る。まずは，ブルセヴィーのタフスィールとその方法がどのようなものであったかを明らかにするために，クルアーンとタフスィール全般について考察しよう。

アッラーの言葉であるクルアーンが，イスラーム教徒にとって大きな重要性を有していることは，あらためて指摘するまでもないだろう。クルアーンは，そのテキストの唯一性において象徴的に示されているように，全イスラーム教徒の宗教生活を統一している。同時に，ウラマーによって主に担われているその解釈を通して，信徒の宗教生活の多様性を維持しているのである。

政教分離体制をとるトルコ共和国の場合，「スーフィー的なイスラーム（tasavvufî islam）」という表現がしばしば用いられることからも分かるように，イスラームとスーフィズムは，切り離して考えることのできないものとなっている。とはいえ，現代トルコにおいて公的にはタリーカが閉鎖されているため，ここで言う「スーフィズム」が指しているのは，教団組織としての側面ではなく，文学あるいは思想としてのスーフィズムである。現代トルコにおけるこの分野の最も盛んな活動の１つは，スーフィズムに関するオスマン語およびアラビア語著作の現代トルコ語への翻訳であり，スーフィーによるクルアーン解釈に関する著作も大量に出版されている。このことから，少なくとも現代トルコにおいては，イスラーム学の重要な部分を，スーフィズムとクルアーン解釈が支えていると言える。このことは同時に，スーフィーによるクルアーン解釈に関する研究の重要性も示していると言えるだろう。

スーフィーによるクルアーン解釈は古くから存在するが，その方法や用いられる文献が一般のタフスィール学において容認されているものと異なっているために，イブン・タイミーヤのようなウラマーによって批判されてきた。また，スーフィーによるタフスィールは，欧米研究者の間でも研究されており，特にゴルトツィーハーのようなクルアーンの研究者の興味を引いた。彼らは，ムスリムの一部の学者と同様に，スーフィーによるクルアーン解釈が一般に認められている方法や文献によるものとは大きく異なっている点に注目して，スーフィーによるクルアーン解釈の外来性を主張した。一方で，マスィニヨンやニュヴィヤ（P. Nwyia）のように，スーフィーたちのクルアーン解釈をイスラームが生み出したものとして考察する研究者も存在している。現在，個々のスーフィーのクルアーン解釈とその方法に関する研究が進められているが，これらの研究では，スーフィーたちの解釈を理解する上で重要な要素となる，スーフィー自身の視点が考慮されていないと言える。

本章においては，スーフィーたちの目的がマーリファであることを確認し，それを出発点として，スーフィーによる神論とクルアーン解釈との関係の解明が試みられる。まず**2**において，テキストが１つしか存在しないにもかかわらず，そこから無数の解釈が生み出されるというクルアーンの二面性を取り上げる。**3**では，タフスィールの歴史とその様々な種類および解釈方法について概観する。**4**では，タフスィールの中の１ジャンルであるスーフィーによるクルアーン解釈を取り上げ，彼らの神秘主義的タフスィールの様々な種類を整理する。**5**においては，スーフィーによるクルアーン解釈を扱った従来の研究が触れてこなかった，スーフィーの目的としてのマーリファとスーフィーによるタフスィールとの関係を取り上げる。

2　クルアーン
——テキストの不変性と意味の無限性——

イスラームの聖典であるクルアーン[(1)]は，その信仰者であるムスリムおよびイスラーム社会と緊密に結び付いている。その結び付きの強さは，一方がなければ他方も存在しない，というほどのものである。クルアーンは，ムスリムにとって，唯一神たるアッラーの言葉が記されている唯一の聖典である。信仰を持つムスリムは，神に対して祈りを捧げる際，あるいは宗教生活の規律を定める際に，このクルアーンに頼っている。それのみならず，クルアーンは，クルアーンの言葉を書き表す書道，書物としてのクルアーンの製本法と装丁・装飾法，クルアーンの文句を唱える際の音調法といったクルアーン諸芸術の発展により，ムスリムの日常的な楽しみの１つともなっている。

ムスリムの学者や研究者の定義によれば，クルアーンは，預言者ムハンマドにアラビア語で啓示されたアッラーの言葉であり，多数の信頼できる者たちによって伝承され，編纂された啓典である。クルアーンは，礼拝の際の朗誦などといった日々の宗教生活に密接に結び付いた側面と同時に，この啓典そのものが預言者ムハンマドの手によって実現された奇跡である，という側面も持つ。

また，上に挙げたクルアーンの定義は，以下の２つの要素を含んでいると言える。１点目は，クルアーンがアッラーの言葉であるという要素である。２点目は，編纂された啓典という要素である。すなわち，クルアーンは，全知全能のアッラーの言葉であるために超越性を持つのと同時に，他方においては，ムスリム万人が手にして読むことのできる書物であるという親近性を有しているのである。クルアーンの超越性は，そのテキストとしての様態に表れている。ムスリムは，人間のような知識と能力が限られている存在には，全知全能のアッラーの意思を全体的に把握することが不可能であるという信仰を持つ。それゆえ，クルアーンのテキストをアッラーから下された時のまま保ち続けるということが，その信仰のあり方を表していると言えるのである。一方，クルアーンの親近性は，この不変のテキストに対する解釈に表れている。クルアーンの親近性が，ムスリムをクルアーン解釈に導いている，と言い換えることもできる。

ムスリムの学者たちがクルアーンの解釈を行う際にしばしば主張するのは，クルアーンの意味の多様性である[(2)]。このことは，クルアーンそのものにおいても指摘されている。例えば，以下に挙げるいくつかの章句が，この点に関わるものである。

> また，大地の暗闇の中の一粒の穀物でも，生気があるのか，または枯れているのか，明瞭な天の書の中にないものはないのである（6:59）。

> ……啓典の中には一事でも，我が疎かにしたものはない……（6:38）。

> ……我は一切を，明瞭な記録簿に数え上げている（36:12）。

> どのようなものでも，我にその（無尽の）蓄えのないものはない。（必要に応じた）一定の分量以外は下さないだけである（15:21）。

> 仮に地上の全ての木がペンであって，また海（が墨で），その外に7つの海をそれに差し添えても，アッラーの御言葉は（書き）尽くすことは出来ない。本当にアッラーは，偉力ならびなく英明であらせられる（31:27）。

> ……それで我は，すべての事物を解き明かす啓典をあなたに下し，信者への導きと慈悲，そして吉報としたのである（16:89）。

上記の引用部のうち，「明瞭な天の書（kitāb mubīn）」（6:59）という語について様々な解釈があるが，これはクルアーンが人間に下される前の状態を意味する言葉で，すなわち，アッラーの知を示す概念であると考えられる。この天の書には存在に関わる全てが記録されていることが第36章第12節から，そのうち必要な分量が人間に下されたということが第15章第21節から分かる。それ以外の章句（6:38; 31:27; 16:89）の内容を合わせて考えると，アッラーの知には，あるいはアッラーからクルアーンという形で人間のもとに送られた啓示には，人間の知が届き得る一切の情報が含まれている，ということになるだろう。

クルアーンはどのようにして無限の情報を含んでいるのか，という点に関する明白な言及はクルアーンそのものになく，ハディースに見られるものである。例えば，クルアーンの意味の無限性を示すものとして，しばしば以下のハディースが挙げられる。

> アッラーの預言者（ムハンマド）は，次のように言った。「クルアーンは，７つの字の上に下された。それぞれの字には，外的な意味（ẓahr）および内的な意味（baṭn）がある。それぞれの字には，境（ḥadd）があり，それぞれの境の向こうには，更なる意味を獲得できる領域（muṭṭala‘）がある[(3)]」。

「７つの字[(4)]」に関しては，ムスリムのクルアーン学者の間でも様々な意見があるが，それらは以下の２つの観点にまとめることができる。第１の観点は，クルアーンのテキストの読み方に関するものであり，第２の観点はクルアーンの内容に関するものである。

まず，テキストの読み方に関してである。クルアーンには単語の読み方の違い[(5)]によって異なる意味でとることの可能な記述がいくつか存在する。これらは後世の解釈によって生じたものではなく，預言者ムハンマドによって複数の読み方があることが認められた上で伝承されてきたものである。また，現在普及しているクルアーンのテキストにおいても，複数の読み方のそれぞれが書き記されている。

クルアーンの内容に関していえば，クルアーンの中には７つの知がある，という議論が存在する。その７つとは，「創造に関する知（‘ilm al-inshā’ wa al-ījād）」，「唯一性に関する知（‘ilm al-tawḥīd wa al-tanzīh）」，「アッラーの属性に関する知（‘ilm ṣifāt Allāh）」，「行為の属性に関する知（‘ilm ṣifāt al-af‘āl）」，「寛恕と誅罰の属性に関する知（‘ilm ṣifāt al-‘afw wa al-‘adhāb）」，

「死後の復活と裁きに関する知（‘ilm al-ḥashr wa al-ḥisāb）」，「預言者性に関する知（‘ilm al-nubuwwā）」である［‘Ināya 1996: I, 209-220］。

クルアーンの意味の無限性と関わるのは，先述のハディースにおける「外的な意味」，「内的な意味」，「境」，「更なる意味を獲得できる領域」という諸概念である[6]。「外的な意味」，「内的な意味」については，第4章において詳述するが，ひとまずこのハディースから言えることは，次の通りである。まず，クルアーンの章句には，それに触れる者の立場によって異なるレベルの意味がある。その中には，内的な意味もあれば，外的な意味もある。さらに，一部の人にとっては，クルアーンの意味の理解において乗り越えられない境がある。また別の人間によって，さらなる意味が獲得されることもある。このような様々なレベルにおける意味の獲得を目指しているのがクルアーン解釈学なのである。

クルアーンは，その章句の中に若干意味の難解な箇所があるとはいえ[7]，概して明解な啓典と考えられており[8]，ムスリムにとって，宗教義務や日常生活などに関する様々な規定を作成する際に依拠すべき第1の法源とされている[9]。

クルアーンの有する明解さという性質と，法規定の源であるという性質は，イスラーム世界におけるクルアーンの位置付けを知るための出発点となろう。そして，この啓典に記された種々の事柄に関する章句の意味を明らかにして，そこから様々な知恵を得るための行為に関わるのが，タフスィール，あるいはターウィールなのである。

この2つの概念の意味の違いについては，イスラーム学者たちによって様々な説が提示されている[10]。ここではタフスィールとターウィールの違いには立ち入らず，これら2つは同義的であるという一般的に認められている見解に基づいて，議論を進める。以降，「タフスィール」は，タフスィールとターウィールの両方を包含する言葉として用いられる。この点に関しては，タフスィールの日本語訳である「クルアーン解釈」も同様である。

3　クルアーン解釈学（タフスィール）
――通史，解釈の種類と諸方法――

タフスィールとは，クルアーンの章句の意味を明らかにして，その言葉に隠れている宗教義務に関する規定，信仰箇条（‘aqīda），叡智（ḥikma, Tr. hikmet）を発見する営みであると定義される［Muṣṭafā 1996: 688］。

タフスィールの起源や誕生の時期については，タフスィールをクルアーン理解と考えるか，クルアーン解釈学と考えるかによって捉え方が異なる。クルアーン理解としてのタフスィール，これは広義のタフスィールとも言えるが，その起源は預言者ムハンマドの時代（西暦7世紀）にまで遡る。一方，狭義のタフスィール，すなわちクルアーン解釈学としてのタフスィールは，10世紀に誕生したものである。この時代に完成したタバリーの解釈書『クルアーン解釈の釈義集成（*Jāmi‘ al-Bayān fī Ta’wīl al-Qur’ān*）』は，原文全巻が完全に残っている最初のクルアーン解釈書とみなされている。

クルアーン解釈学としてのタフスィールが登場する10世紀より前の期間は，預言者の教友たち（al-ṣaḥāba）と彼らに続く世代の時代である。彼らは，預言者によって説かれたイスラームの教義を後世に伝えるという点において，重要な役割を果たしたとされている。それゆえ，10世紀以前の時代もまた，クルアーン理解としてのタフスィールについて語る際のみならず，クルアーン解釈学としてのタフスィールについて語る際にも無視することのできないものである。

イスラーム諸学では，初期イスラームについて語る際，年代による区分ではなく世代による区分を行うのが通例となっている。初期のイスラーム諸学において，学問の連続性という観点から最も重要とされたものが「伝承」である。「真正な伝承（al-riwāya al-ṣaḥīḥa）」が成立するためには，後の世代が前の世代と直接対面して見聞することが必須と考えられていた。ある学問がイスラーム諸学のうちの一分野であると認められるためには，何よりも預言者ムハンマドの時代とのつながりが必要とされたのである。

初期イスラームの世代区分は，以上のような発想に基づいている。具体的には，預言者の世代（al-ʻaṣr al-nabawī），預言者の教友の世代（ʻaṣr al-ṣaḥaba），タービウーンの世代（ʻaṣr al-tābiʻīn）と続いていく[11]。その後には，集録期（tadwīn）がくる。編纂された資料へのアプローチの違いによって，集録期以降を更に細かく区分することもある。

タフスィールの発展史を考える際の時代区分も，他のイスラーム諸学と同様に，年代よりも世代を単位にして行われるのが伝統である。以下，預言者ムハンマドの時代からタフスィールが学問として成立したとされる西暦10世紀までの時代区分法を確認しよう。なお，ここでは，現代のアラブ世界で広く参照されているザハビー（Muḥammad Ḥusayn al-Dhahabī, 1977年没）の『タフスィールと解釈者たち（*al-Tafsīr wa al-Mufassirūn*）』における区分法を採用している。

さて，預言者ムハンマドは，自身をクルアーンが啓示された者であり，それゆえにクルアーンに最も近しい者であると教友たちに説明していた。彼はクルアーンにおける全ての章句の意味を理解しており，それを伝えることを預言者としての自身の義務としていた。教友たちも，23年間にわたって継続的に，その時々の自分たちの生活に応じて下されたクルアーンの内容を理解することに大きな問題を抱えていなかった。また，分からない点がある場合は，預言者本人に尋ねることができた。その場合，アッラーからさらなる説明を伴った啓示が預言者に下されることもあったし，そうでない場合も，彼らは預言者の言行の中に回答を見出したのであった[12]。

預言者によるクルアーン解釈は，クルアーンの様々な箇所にある同じ事柄に関する複数の章句を援用することで，意味が不明瞭な章句を解釈したり（クルアーンを通してのクルアーン解釈），礼拝の方法のようにクルアーンにおいて理念が示されている事柄を実践に移したり（預言者の言行を通してのクルアーン解釈），宗教義務に関わる章句の内容を追加あるいは消去（naskh, Tr. nesh）したりする，といった形をとっている［al-Dhahabī 1985: I, 55-57］。

預言者の死後，イスラーム世界の拡大に伴って非アラブ世界のイスラーム化が始まると，クルアーン解釈は以前にもまして必要とされた。この時代，預言者に代わってクルアーン解釈の担い手となったのは，教友たちであった[13]。

タフスィール文献において教友によるものとされているクルアーン解釈の事例を見ると，タフスィールに携わったのは，教友たちの中でもごく一部であったことが分かる。[14] 解釈者である教友たちは，「クルアーンの啓示経緯(asbāb al-nuzūl, Tr. esbâb-ı nüzûl)」を知悉しているという点で，またアラビア語能力や個人的な才能という点で，他の教友より優れている者たちであった。教友によるタフスィールは，多くの場合，意味の難解なクルアーンの章句に関するハディースを伝え，これに関するハディースが存在しない場合には，自分たちの見解を付け加えるという形をとっている。[15] クルアーンの章句に関する彼らの見解は，ハディースに次ぐ重要性を持った伝承とされている。しかし，教友時代におけるタフスィールは，クルアーンの一部を対象とした短い説明の形をとっており，また，教友の見解としてハディースとともに口頭での伝承によって受け継がれたもので，一学問として成立したものではなかった。

教友の後を継いだ世代は，タービウーンと呼ばれる。[16] この世代のタフスィール学における役割は，クルアーンの章句のうち，預言者や教友たちによって説明がされていない事柄に関する解釈を行うことであった［al-Dhahabī 1985: I, 101］。先行世代の解釈を補うことによって，タービウーン時代にクルアーン全体の解釈がなされたと考えられている。[17] また，教友世代においては個人的な見解であったタフスィールが，この世代においては学派化した。それぞれの学派は，特定の教友のクルアーンに関する見解に基づいて成立しており，それぞれの教友の弟子たちによって構成されていた。例えば，マッカ学派はイブン・アッバースを祖とし，彼の解釈を重んじていた。マッカ学派以外の重要な学派としては，マディーナ学派とイラクのクーファ学派がある。[18]

タービウーン時代のタフスィールの特徴としては，教友世代のタフスィールにおいては伝承が主として使用されたことに対し，この世代では理性に基づく合理的な見解がなされるようになったことも挙げられる。[19] 特にクーファ学派は，合理的な見解を示す点に特徴があった。また，この世代の解釈者には，クルアーンの啓示の経緯とハディースに基づいた教友たちの見解を伝えつつ，伝承が存在しない事柄に関しては自らの意見を示すという方式をとった者もいる。そのため，伝承と合理的解釈が同時に行われたことを，この時期の特徴として見ることもできる。また，タービウーン世代にはクルアーン解釈を主な目的とする著作が登場したと言われているが[20]，これらの作品は，クルアーンの一部の章句とそれに関連する預言者の言葉についての著作である。それゆえ，これらはタフスィール書ではなく，ハディース書として扱われていた。

タービウーン世代の後の時代は，「タービウーンに次ぐ世代」という呼称が用いられることもあるが，一般に「集録期」という言葉が使われ，世代を単位とする方法がとられなくなる[21]。集録期におけるタフスィールは，タバリーの解釈書『クルアーン解釈の釈義集成』の登場までは，ハディース学に属するものとして扱われる。そして，タバリーのこの解釈書以降，タフスィールが独立の学問分野として成立したとされるのが通説である。しかし，ハディース学から独立したとはいえ，しばらくは「伝承者の鎖（isnād, Tr. isnad)」と「本文（matn, Tr. metin)」から構成されるという，ハディース学の著作と同様の形をとっていた。その後，タフスィールの著作には，伝承者の鎖が記載されなくなり，さらに伝承とともに著述家個人の見解が加わるようになっていった。この著述の形態は，現代にまで続くタフスィールの基本スタイルとなった。

以上がタフスィールの成立史の概略である。また，学問分野として成立した 10 世紀以降のタフスィールについては，これをさらに古典期と近現代に時代を区分する見解もある。この場合，2 つの時代を分けるのは，アールースィー（Shihāb al-Dīn Maḥmūd al-Ālūsī, 1847 年没）の『タフスィールにおける意味の真髄（*Rūḥ al-Ma‘ānī fī Tafsīr al-Qur’ān*)』であるとされる。この解釈書までの時代が古典期であり，それ以降が近現代のタフスィールとなる［小杉 1994: 90］。

次に，タフスィールの種類による区分であるが，これについては様々な区分法が存在する[22]。ここでは，ザハビーの『タフスィールと解釈者たち』における区分を再編した小杉泰による区分を採用したい。彼はタフスィールの種類を区分するために，形態上の区分，様態上の区分，方法論による区分という 3 つの区分を採用する。

まず，形態上の区分は，解釈書のテキストに関するものである。解釈書がクルアーン全体を対象にしているか，クルアーンの一部を対象にするかという点で分類がなされる。この観点に基づくと，タフスィールには，全体的（通巻的），一部的（部分選択的），語釈的の３つの形態があるという。

次に，様態上の区分である。これは，各作品における解釈が逐語的か概括的かの違いによってなされる分類である。この観点に基づく分類グループとしては，逐次型，概括型，主題型の３種類があると小杉は述べる。これらはそれぞれ，「逐次タフスィール（tafsīr taḥlīlī）」，「概括タフスィール（tafsīr ijmālī）」，「主題別タフスィール（tafsīr mawḍū'ī）」とも呼ばれる。

第３の区分法は，タフスィールを方法論の違いによって分類するものである。それぞれの分類グループは，クルアーン解釈書に見られるある特定の傾向を意味していたり，ある学派の教義に基づくものであることを示している。主な分類グループとしては，①伝承（ma'thūr）によるタフスィール，②正当な見解（ra'y）によるタフスィール，③不当な見解によるタフスィール，④スーフィズムのタフスィール，⑤哲学者のタフスィール，⑥法学者のタフスィール，⑦科学的タフスィール，⑧近代のタフスィールが挙げられている。

ここで，これらタフスィールの方法論の内容について触れておこう。これらのうち，④スーフィズムのタフスィールの方法論に関しては次節において詳しく述べるので，ここではそれ以外の７種類のタフスィールの方法論について，簡単に説明する。

まず，①伝承によるタフスィールは，タフスィールの本来の方法であり，クルアーンの中のある箇所について，さらなる説明のためにクルアーンの他の章句を援用すること，また預言者の言行や解釈者に先んずる世代（教友とそれに次ぐ世代）の見解を援用することを意味する。預言者の解釈と教友世代の解釈のほとんどが，このような方法によるタフスィールである。特に伝承に関わるタフスィールの作品としては，タバリーの解釈書の他に，イスマーイール・イブン・カスィール（Ismā'īl ibn Kathīr, 1301 年没）の『偉大なるクルアーンのタフスィール（*Tafsīr al-Qur'an al-'Aẓīm*）』や，スユーティー（Abū al-Faḍl 'Abd al-Raḥmān ibn Abū Bakr Jalāl al-Dīn al-Suyūṭī, 1505 年没）の『伝承タフスィールの珠玉選（*al-Durr al-Manthūr fī al-Tafsīr al-Ma'thūr*）』等がある。

しかし，タフスィールに援用することのできる預言者ムハンマドからの直接の伝承は，量的には少ない。そのため，解釈者自身の時代を対象とした，解釈者自身の個人の資質に基づく解釈が現れた。それが②の正当な見解によるタフスィールである。この方法は，「理性に基づく解釈（al-tafsīr al-‘aqlī）」とも呼ばれる。ラーズィー（Abū ‘Abd Allāh Muḥammad ibn ‘Umar al-Ḥusain Fakhr al-Dīn al-Rāzī, 1209 年没）の『大タフスィール（*al-Tafsīr al-Kabīr*）』[23]や，バイダーウィー（Naṣṣr al-Dīn Abū al-Khair ‘Abd Allāh ibn ‘Umar ibn Muḥammad al-Qāḍī al-Baiḍāwī, 1286 年没）の『クルアーンの光とタフスィールの秘密（*Anwār al-Tanzīl wa Asrār al-Ta’wīl*）』が，この方法論に基づく有名なタフスィール書として知られている。

③の不当な見解によるタフスィールというのは，スンナ派の分派とされているムウタズィラ学派，あるいはハワーリジュ派やシーア派（12 イマーム派，イスマーイール派，ザイド派）等の教義に基づく解釈書に対する呼称である。これが正統な見解による解釈と異なるとされるのは，シーア派による伝承のような，スンナ派が正統とする伝承以外の資料を使用することや，スンナ派多数の一般的な見解であるクルアーンの非創造物説に対して，クルアーン創造物説を唱えるムウタズィラ学派の見解のような，伝承よりも理性（‘aql）を優先させる方法を採用していることなどが理由となっている。シーア派の解釈書は，その分派によっても多様であるが，特に 12 イマーム派に属したとされているタバルスィー（al-Faḍl ibn Ḥasan al-Ṭabarsī, 1134 年没）の『クルアーン諸学における明証の集結（*Majma‘ al-Bayān fī ‘Ulūm al-Qur’ān*）』，ザイド派に属したシャウカーニー（Muḥammad ibn ‘Alī al-Shawkānī, 1834 年没）の『全能の征服（*Fatḥ al-Qadīr*）』，イスマーイール派の解釈を含む『内面の秘密の書（*Kitāb Asrār al-Bāṭiniyya*）』などが重要なタフスィール書として挙げられる。ただし，11 世紀の人とされるムハンマド・イブン・マーリク・アル＝ヤマーニー（Muḥammad ibn Mālik al-Yamānī）に帰される『内面の秘密の書』は，完結したタフスィールではなく，そのような解釈の危険性を周知するために書かれた本である。ムウタズィラ学派の解釈書としては，ザマフシャリー（Jār Allāh Abū al-Qāsim Maḥmūd ibn ‘Umar al-Zamakhsharī, 1144 年没）の『啓示の真義を顕示するもの（*al-Kashshāf ‘an*

Haqāʼiq al-Tanzīl)』が有名である。ハワーリジュ派のタフスィール書としては，ムハンマド・イブン・ユースフ・アトゥファイシュ（Muḥammad ibn Yūsuf Aṭfaish, 1913年没）の『来世のための糧袋（*Himyān al-Zād ilā Dār al-Maʻād*)』がある。

⑤哲学者のタフスィールは，アッバース朝時代に行われたギリシア哲学やキリスト教神学のアラビア語への翻訳活動の後に登場したとされている。哲学とイスラームを融合しようとしたムスリムの哲学者たちが，その実現のために，クルアーンの中の哲学に適合する事柄を解釈したり，クルアーンの章句を哲学的思考を通して解釈したりしたのであった。これらは，ガザーリーやラーズィーといった学者たちによって強く批判された。哲学者のタフスィール書としては，ヨーロッパにおいてはAlpharabiousとして知られるファーラービー（al-Fārābī, 950年没）に帰される『叡智の台座（*Fuṣūṣ al-Ḥikmah*)』[24]，Avicennaことイブン・スィーナー（Ibn Sīnā, 1037年没）の『イブン・スィーナーの書簡集（*Rasāʼil Ibn Sīnā*)』の他，10世紀頃バスラで活動した「純正同胞団（*Ikhwān al-Ṣafā*)」による『イフワーン・アッ＝サファー書簡集（*Rasāʼil Ikhwān al-Ṣafā*)』が有名である。

⑥法学者のタフスィールは，ハナフィー，マーリク，シャーフィイー，ハンバルのスンナ派の4大法学派，シーア派の法学派である12イマーム派法学とザイド派法学のいずれかの法学派の理論・見解に基づいてクルアーンの章句を解釈する行為を指す。この種のタフスィールは，クルアーンが神によって定められた法源であるということを前提に，クルアーンの章句を様々な領域・側面へ適用するための見解である。例えば，礼拝のような宗教上の規範に関する見解，他者との関係においてあらわれる民法や家族法の分野に関する見解，国際関係法等の分野のような人間社会の実際的な側面に適応するための見解などを多く含んでいる。ここでは，スンナ派とシーア派それぞれの代表的な法学派に属する解釈者とその著作のみを挙げよう。スンナ派では，ハナフィー学派に属したとされているジャッサース（Abū Bakr al-Rāzī al-Jaṣṣāṣ, 981年没）の『クルアーンにおける法規定（*Aḥkām al-Qurʼān*)』や，法学者イブン・アラビー（al-Qāḍi Abū Bakr Muḥammad ibn ʻAbd Allāh ibn ʻArabī, 1148年没）[25]の『クルアーンにおける法規定（*Aḥkām al-Qurʼān*)』が

有名である。シーア派では，12イマーム派の法学者であるタバルスィーの『クルアーン諸学における明証の集結（*Majma‘ al-Bayān fī ‘Ulūm al-Qur’ān*）』とザイド派のユースフ・アッ＝サッラーイー（Yusūf al-Thallā’ī, 1428年没）による『熟成した果実と確実かつ明白な法判断（*al-Thamārāt al-Yāni‘a wa al-Aḥkām al-Wāḍiḥa al-Qāṭi‘a*）』が広く知られている解釈書である。

近代タフスィールの1つの傾向でもある⑦科学的タフスィールは，12世紀の碩学ガザーリーの時代に遡ることができる。このジャンルのタフスィールは，クルアーンは全知全能のアッラーの言葉であるため，全ての学を含む聖典になるはずであるという判断を前提に，クルアーンの章句，特に天文に関する章句に見られる科学的な側面を重視して，クルアーンの学術性と奇跡を重んじる方法であると言える。一方で，クルアーンの本来の役割は人々を正道に導き宗教生活を規律することであると主張する学者たちは，この方法を批判をしている。科学的タフスィールは，科学と理性を通してクルアーンを解釈するため，理性に基づく解釈，すなわち②の正統な見解による解釈として扱われることもある。クルアーン全体を科学的に解釈するタフスィール書は存在しないが，クルアーンの一部の章句に関して，ガザーリーによる『クルアーンの諸宝石（*Jawāhir al-Qur’ān*）』の他に，近代の解釈者の1人であるムハンマド・イブン・アフマド・アル＝イスカンダラーニー（Muḥammad ibn Aḥmad al-Iskandarānī, 1888年没）の『鉱物・植物・動物・天体に関するクルアーンにおける秘密の開示（*Kashf al-Asrār al-Nūrānīyya fī mā Yata‘allaq bi al-Ajrām al-Samāwīyya wa al-Arḍīyya wa al-Ḥayawānāt wa al-Nabātāt wa al-Jawāhir al-Ma‘danīyya*）』などといった解釈書が著されている。

最後に，⑧近代のタフスィールである。近代と近代以前とを区別する特徴として，ザハビーは，タフスィールにおけるユダヤ教やキリスト教の伝統から借用された外来的な解釈（isrā’īlīyyāt）の排除，文学的な表現への関心，科学的タフスィールの傾向，イスラーム社会の改革を目指すタフスィールの作成などを挙げている。アブドゥ（Muḥammad ‘Abduh, 1905年没）とリダー（Rashīd Riḍā, 1935年没）による『マナール派タフスィール（*Tafsīr al-Manār*）』，サイイド・クトゥブ（Sayyid Quṭb, 1966年没）の『クルアーンの影において（*Fī Ẓilāl al-Qur’ān*）』などがクルアーンの社会性・文学性などを主張する著作として知られている。小杉は，ザハビーの見解に加えて，主題を選択し，それに関連する章句のみを互いに結び付けながら解釈する「主題型（al-tafsīr al-mawḍūʻī）」の方法論を近代タフスィールのさらなる特徴として挙げている［小杉 1994: 101］。主題型の方法論を用いる著作は，特定の主題ごとに書かれるため，その主題の数だけ増加していくこととなり，現代でも次々と新しいタフスィール書が出版されている。そういった作品の代表としては，ムハンマド・アル＝ガザーリー（Muḥammad al-Ghazālī, 1996 年没）の『クルアーンの諸章の主題型タフスィール（*Naḥw Tafsīr Mawḍūʻī li-Suwar al-Qur'ān al-Karīm*）』を挙げることができる。

以上，タフスィールの様々なジャンルについて述べた。次節では，残りの1ジャンルである④スーフィズムのタフスィールについて考察を行いたい。

4　スーフィズムのタフスィール

スーフィズムのタフスィールは，**2**で引用したハディースで言及されている「外的な意味」と「内的な意味」のうち，後者に焦点を当て，その内容を明らかにすることを目指すクルアーン解釈のジャンルである。この「内的な意味」と「外的な意味」の対立は，ウラマーやスーフィーたちの間で長い論争を引き起こしてきた。スーフィズムのタフスィールを考察する前に，まずはそれを理解する上での重要な概念である「外的な意味」と「内的な意味」について述べておこう。なお，以降，前者を「ザーヒル（ẓāhir）」，後者を「バーティン（bāṭin）」と呼ぶ。

ザーヒルとバーティンは，イスラーム諸学の中では古くから論じられている二分法的な概念である(26)。どちらの概念も，アッラーの美名の１つとして，もしくはその属性として言及される限りは特別な意味を持たないが，タフスィールの方法論（それはスーフィーの方法論である）として理解する際には，大論争が起こる。スーフィーたちがバーティンな意味として従来の解釈書にはなかったような新しい見解を提言すると，この方法論に対して非スーフィーのウラマーたちは，「私（が伝えたもの）に嘘をつける者は火獄における居場所を用意しなさい」［al-Bukhārī, 1980: I, *ʻilm* 38, 106-110］というハディースを引用して強く批判する。スーフィーによるタフスィールの方法論をめぐる批判としては，イブン・タイミーヤの例が特に有名である。彼は，スーフィーのこうしたクルアーン解釈は，イスラーム社会において不信仰と不道徳への道を開くものであり，社会の腐敗の原因であると批判した［Homerin 1999: 231-235］。

これらの批判に対し，スーフィーたちも，自らの解釈の妥当性を証明するために，クルアーンの章句とハディースを援用した(27)。このような際に引用されるハディースにおいては，クルアーンにはザーヒルとバーティンがあるとはっきり言及されているが，これらの実際の意味については様々な説がある。

ある説によれば，クルアーンのザーヒルとはその章句であり，バーティンがその解釈である。別の説によれば，当該のハディースで言及されるザーヒルとバーティンという語は，クルアーンで言及されているイスラームに先行する諸々のウンマと預言者たちの社会に関わるものである。それらで言及される歴史的な出来事がクルアーンのザーヒルであり，そこから得られる教訓などがクルアーンのバーティンとされる。

これらの説に対して，スーフィーは，クルアーンのザーヒルとは，学者（ahl al-‘ilm）が理解できる外的な側面であり，バーティンはスーフィー（ahl al-ḥaqq）のみが理解できる秘密であると主張した［al-Dhahabī 1985: II, 340］。

ザハビーは，スーフィーによる妥当な解釈の例を挙げながら，イブン・タイミーヤのようにスーフィーたちの解釈方法を全面的に排除しないまでも，彼らの方法にはイスマーイール派の秘教的解釈の影響が見られると主張している［al-Dhahabī 1985: II, 333］。

ザハビーは，スーフィズムを「理論的なスーフィズム」と「実践的なスーフィズム」として2つに分ける。前者の特徴を神秘的な体験ではなく，研究と調査に基づく知的な傾向であると定義し，後者を禁欲主義と清貧な生き方であると定義している。両者ともにクルアーン解釈への影響があると述べる彼は，スーフィズムとクルアーン解釈の関係について，前者のスーフィーたちによるタフスィールを「スーフィーの理論的なタフスィール（al-tafsīr al-ṣūfī al-naẓarī）」という呼称で呼び，後者によるタフスィールを「スーフィーの啓発的・示唆的なタフスィール（al-tafsīr al-ṣūfī al-fayḍī al-ishārī）」と呼んでいる。以下，この２つのタフスィールに関するザハビーの見解を概観する。

１．スーフィーの理論的なタフスィール

ザハビーは，スーフィーの理論的なタフスィール（以降，「ナザリー・タフスィール」と呼ぶ）を，スーフィズムにおける存在論などの思想において説かれる論理を実証するためのタフスィールと定義する［al-Dhahabī 1985: II, 326］。しかし，クルアーンは，論理の実証のためではなく人々を導くための聖典であるから，このようなタフスィールは，正しい意味でのクルアーンの解釈にはならないと述べている。彼によれば，この種のスーフィー的ナザリー・タフスィールの過ちの１つは，クルアーンの文章から読み取れない意味の探求である。彼はナザリー・タフスィールの先駆者としてイブン・アラビーの名を挙げているが，ハッラージュ（Ḥusayn ibn Manṣūr al-Ḥallāj, 922年没）とバスターミー（Abū Yazīd al-Basṭāmī, 874/79年没）も，この種のタフスィールを好むスーフィーであるとの評価を下している(28)。またザハビーはナザリー・タフスィールの方法論の外来性を主張する。彼によると，そもそもこのタフスィールの手法を創始したのは哲学者たちとイスマーイール派の信奉者である。

イブン・アラビーのようなスーフィーたちは，この方法を用いることを躊躇しなかった。例えば，イブン・アラビーの作とされている『イブン・アラビーのタフスィール（*Tafsīr Ibn ʻArabī*）(29)』には，この方法に基づいて行われている解釈が数多く存在する。

例えば，彼はクルアーン第55章の第19節と第20節，すなわち「かれは２つの海を一緒に合流させられる。（だが）両者の間には，中間があり一方が他方を制圧することはない（55:19–20）」について，次のようにタフスィールを行う。

> 「２つの海」は，物体的な海と霊魂的な海であり，人間の存在において「合流させられる」のである。「両者の間には，中間があり」というのは，物体的でもなく霊魂的でもない動物的な霊魂のことである。すなわち，その中間のゆえに人間の物体性と霊魂性は合流しないのである。

ザハビーは，上述の箇所を引用し，このようなクルアーン解釈の基盤には「存在一性論」があること，イブン・アラビーのクルアーン解釈はそもそも「存在一性論」をクルアーンの章句を通して証明するためのものであることを主張している。またザハビーはこういった類の解釈者は自分の思想の実証のためにクルアーン解釈を行い，クルアーン解釈に何らの寄与もしないと指摘した上で，ナザリー・タフスィールが悪質なタフスィールであり，イスラームの枠内で考えることはできないものであると判断している［al-Dhahabī 1985: II, 329–338］。

2．スーフィーの啓発的・示唆的なタフスィール

ザハビーは，まずこのジャンルのタフスィールとナザリー・タフスィールとの違いを以下の２点にまとめる。第１は，ナザリー・タフスィールは考察による何らかの結論が最初にあって，それをクルアーンの中に求めているのに対して，スーフィーの啓発的かつ示唆的なタフスィール（以下，「イシャーリー・タフスィール」と呼ぶ）は，解釈する際に何も先入観を持たない，解釈者の霊的な階梯に応じた様々なレベルの解釈であるという点である。第２は，ナザリー・タフスィールの解釈者が自らの解釈の他に解釈がないと思い込んでいるのに対して，イシャーリー・タフスィールの解釈者は他の方法や他の解釈者による解釈の可能性を認めているという点である［al-Dhahabi 1985: II, 338–339］。

ザハビーは，イシャーリー・タフスィールには第２代カリフのウマルとイブン・アッバースによる「援助章」に関する解釈(30)のように認められる部分もあれば，クルアーンのいくつかの章の冒頭にある文字だけの章句（al-ḥurūf al-muqaṭṭaʻa）に関する解釈のように認められない部分もあると述べる(31)。また，イシャーリー・タフスィールの条件を以下の４点にまとめている。

第１の条件として挙げられるのは，イシャーリー・タフスィールはクルアーンのアラビア語の文章から読み取ることができる通常の意味に反してはいけないということである。第２の条件は，クルアーンの別の箇所やハディースに，その解釈を支持する章句があるべきだということ。第３は，クルアー

ンやハディースにおいてその意味を不可とする章句があってはならないということ。第4に，イシャーリー・タフスィールだけが当該章句の唯一の解釈であると主張してはいけないということである［al-Dhahabī 1985: II, 362-363］。

5　スーフィーの目的としてのマーリファとスーフィー的解釈の関係

筆者は，スーフィーの目的とは神を知ることであることから，彼らによるクルアーン解釈もまた，神を知ることを目的としていると考える。このことを表すものとして，彼らが頻繁に用いる術語である「マーリファ」と「アーリフ（‘ārif, Tr. ârif）」がある。(32) マーリファは，直観知によってアッラーを知ることであると定義される。(33) もう一方のアーリフは，マーリファを有する者，すなわちアッラーを知る人を意味する言葉である［Cebecioğlu 1997: 117］。マーリファの説明に際しては，クルアーンの章句も引用される。例えば，「撒き散らす風章」の第56節の章句は，「ジンと人間を創ったのはわれに仕えさせるため（51:56）」であるが，スーフィー，非スーフィーを問わず，解釈者たちは，「仕えさせるため」は「知るため」の意味であると説いている［Ibn Kathīr 1983: V, 414; Bursevî 1911 IX, 178］。ここからもマーリファが人類の創造の目的であり，当然のことながらスーフィーの最大の目的であることも分かるのである。

マーリファがアッラーを知ることであるならば，そこにはタウヒード（tawḥīd，神の唯一性）との関係も考えられる。スーフィーたち，中でも「存在一性論」の信奉者のスーフィーたちは，一般に「アッラー以外に神なし」という文言において定式化されているタウヒードには，「存在一性論」において説明されるように「アッラー以外に存在なし（lā mawjūda illā Allāh）」というさらなる段階があり，これこそが最高位のタウヒードであると主張している。彼らは，信仰の対象として神の唯一性を存在論的に捉え，神以外の全ての存在を否定しているが，それはマーリファのためであると説明される。すなわち，彼らは，信仰の対象としてのアッラーを信じることのみに満足せず，神秘体験におけるタウヒードを目指しているのである。

神秘体験におけるタウヒードに至るには2つの方法がある。第1は，「演繹的な推論（al-burhān al-innī, Tr. burhân-ı innî）」と呼ばれている方法である。「結果（ta'thīr）」から「原因（mu'atthir）」に遡っていくこの方法によれば，アッラーを存在物の内に，あるいは存在物を通して知ることができる。

第2の方法は，原因から結果を推論することと定義される「帰納的な推論（al-burhān al-limī, Tr. burhân-ı limî）」である［Bursevî 1720: 140b］。これは，神について，神自身から聴き取るという方法である。スーフィーによるクルアーン解釈は，この方法によって得られた知識の蓄積であると言える。すなわち，クルアーンがアッラーの言葉であるが故に，クルアーンそのものが，アッラーが自ら語る自身の本質に関する知識を直接得られる源となるわけである。

スーフィーたちは，この2つの方法それぞれに関わると考えられるクルアーンの章句も引用している。存在物の内から神を探るという方法に関する章句としては，「われは，わが徴が真理であることが，かれらに明白になるまで，地平線において，またかれら自身の中において（示す）。本当にあなたがたの主は，凡てのことの立証者であられる。そのことだけでも十分ではないか（41:53）」が挙げられる。ブルセヴィーは，この章句を解釈する際に，クルアーンと存在物との関係を指摘する。彼によれば，この章句における「わが徴（āyāt）」はクルアーンを意味し，「地平線（āfāq）」は「大世界（al-'ālam al-kabīr）」である存在を，「彼ら自身の中（anfus）」は，「小世界（al-'ālam al-ṣaghīr）」である人間を指している。アッラーは，クルアーンにおける真理を，人間においても世界においても示しているのである［Bursevî 1911: 281］(34)。

ブルセヴィーの上記の解釈からは，クルアーン，存在物，人間が，そこにアッラーの徴が見出されるという点においては同様であるということが分かる。では，神の言葉であるクルアーンと，神の被造物である存在物は，如何にして同様なのであろうか。

存在物が如何にして現れたかという点については，クルアーンの「蜂蜜章」の第41節がしばしば引用されている(35)。この章句は，スーフィーと非スーフィーのいずれからも，アッラーの創造という「属性」と「行為」の働き方を説明していると認められている。それによれば，全ての存在物は，神の

「有れ（kun）」という言葉によって創造されている。そのために，存在物を意味する言葉として，「有れ」と同じ語根から派生した「カウン（kawn）」もしくは「カーイナート（kā'ināt）」が使われるのである。

以上がこの章句をめぐるスーフィー，非スーフィーに共通の見解であるが，スーフィーたちはさらに議論を進め，同章句に独特なタフスィールを施す。その要点は次のようにまとめることができる。

存在物は，ある観点からみれば被造物であるが，「存在一性論」における重要な前提においてもそうであるように，存在物においては「無からの創造（creatio ex nihilo）」がない。彼らによれば，存在物は，ある時生じたのではなく，神の属性の顕現である。われわれの目に見えるのは，神の属性の外的な顕現であるため，実際には存在していない。実在するもの（al-wujūd al-ḥaqīqī）は，全ての存在の裏に隠れているアッラーのみである。それぞれの存在は，その顕現が拠っているアッラーの属性によって起こる多様な次元に置かれている。その次元の数は無数であるが，一般に存在には「５つの次元」があるとされている。これによれば，例えば，存在物は神の「顕現者（ザーヒル）（al-ẓāhir）」という属性に関わると顕現して目に見え，「内奥者（バーティン）（al-bāṭin）」という属性に関わると見えなくなるという。人間が生きる次元は，ほぼ顕現の属性の範囲に入る。天使などは見えなくても「マラクートの世界（'ālam al-malakūt）」において存在する。要するに，われわれの目に見える存在物は，神の属性の様々なレベルにおける顕現であり，目に見えていても実際には存在しないのである。実際に存在するのは，目に見えなくても，アッラーのみである。

次に，クルアーンの存在のあり方について述べよう。ムスリム学者の通説によれば，クルアーンは，神の言葉（kalām Allah）である。歴史的に見ると，クルアーンは，ヒラーの洞窟で預言者ムハンマドに対して最初の啓示が下されたのを契機に23年間にわたって断続的に神からもたらされた様々な啓示の最終的な帰結であると言える。預言者に下った最初の啓示は，「読め（iqra'）（96:1）」である。一説によれば，そのために同じ語根から派生したクルアーン（qur'ān）という名前が与えられた。クルアーンは，神の言葉であり，「実体（jawhar）」でもなければ，「偶有（'araḍ）」でもないので，被造物ではない［al-Kalābādhī 1966: 23］。[36]

存在物とクルアーンの現れに関する，属性から顕現への過程というスーフィーたちの捉え方には，一貫性が認められる。スーフィーたちは，存在物に関してもクルアーンに関しても，創造物説ではなく顕現説を選択するが，それは，存在物に関して創造物説をとりながらクルアーンについては顕現説をとる非スーフィーのウラマーとも，両者について創造物説をとるムウタズィラ学派とも異なる見方である。まさしく，この点にスーフィーたちの存在論における「本質・属性・行為説」が示されていると言える。この説によれば，存在物は，神の言葉を通して，「本質」から物質的次元である神の「行為」に下る（あるいは流出する）ことによって現れてくる。こうすることにより，本質において五感では知覚できない神の存在が，存在物のように目に見えたり，クルアーンのように耳に聞こえたりするのである。

クルアーン，および存在物に関連して重要な役割を果たす神の属性は「言葉（kalām）」である。神は，クルアーンの章句においても示されているように，何かを望むとき「有れ」と言い，するとそのものが直ちに存在する（16:41）が，それは「存在に関わる神の言葉」と呼ぶことができる。また，神は，クルアーンの大半の内容がそうであるように，しもべに何らかの行為を望むとき，それを命ずる言葉を発すれば対象物が直ちに存在し始める。例えば預言者に対して「読め（96:1）」と言うと，神の戒律を具体的に示すクルアーンという書物がこの世に現れる。これを「戒律に関わる神の言葉」と呼ぶこともできるだろう。

スーフィーたちは，神を知るというその目的のために，その思想において定式化したように，実践においても，神の行為と属性を通してその本質を知る方法をとる。彼らの前には，神の「言葉」という属性の２つの大きな顕現がある。第１は，「存在に関わる神の言葉」の顕現としての存在物である。第２は，「戒律に関わる神の言葉」としてのクルアーンである。

しかし，スーフィーは，この２種類の言葉の顕現を五感と理性を通して認識する時，多様な顕現（kathra）に圧倒されることとなる。例えば，「存在に関わる神の言葉」に関しては，神以外の全てがその多様性を示す。「戒律に関わる神の言葉」に関しては，クルアーンの発話者である神とそのテキストの内容がただ１つであるにもかかわらず，クルアーンに関する様々な解釈が多様性をもって顕れる。唯一の神を知ることを目指すスーフィーにとって，その多様性は望ましいことではない。ゆえに，スーフィーには，自らを通してその多様性を打ち破る以外の方法がなくなる。その場合，頼りになるのはスーフィーの心に開かれた開示である。スーフィーは，開示によって獲得したマーリファをもとに，「存在に関わる神の言葉」に関して五感によって認識した全ての知識を否定するが，それはただ唯一で否定できない「真理（ḥaqq）」たる神に至るまで続く。この否定できない１点こそがスーフィーの目的の達成される場所である。同様に，「戒律に関わる神の言葉」に関してスーフィーは，理性によって行われた様々な解釈に満足しない。それは，開示によって得られた解釈が示す「真の発話者（al-mutakallim al- al-ḥaqīqī）」に至るまで続く。

以上のことから，スーフィーたちの存在論とクルアーン解釈論との間に照応する点があるということが明らかになった。すなわち，スーフィーたちは，彼らの目的であるマーリファを実現するために，存在物とクルアーンにおけるバーティンであるところの神を知ることを目指しているのである。存在論の場合は，存在物における神の様々な現れの裏にある実在がバーティンであり，その多様な現れ方がザーヒルとなる。クルアーン解釈の場合は，宗教生活やその他日常の事柄などに関するクルアーンの解釈はザーヒルとなり，クルアーンの持ち主である神と，神に関する解釈がバーティンとなる。

それでは，以下，第４章において，ブルセヴィーのタフスィールについて整理するとともに，第５章において，その内容を詳細に検討していこう。

第4章 ブルセヴィーのクルアーン解釈

第3章では，クルアーンとタフスィールについて考察した。クルアーンは全ての知を包括する神の知からくる言葉であり，タフスィールはそのクルアーンから生成された独立の学問である。このように，ただ1点のタフスィール書といえども，そこにはクルアーン全体の解釈が含まれているのである。

本章においては，ブルセヴィーのタフスィール書『明証の魂』を詳しく考察する。まず，ブルセヴィーのタフスィールについて研究するに際して，彼の育った社会におけるタフスィールの状況と，彼の思想の産物である著書『明証の魂』の関係を検討することが不可欠となろう。本章の**1**と**2**は，その目的のために割り当てられる。また，タフスィールは知的蓄積を元としつつ，それに新たな知を付加していく学問である。そのため，ブルセヴィーのタフスィールを検討するためには，その記述の起源（引用元）も明らかにされるべきである。**3**では，この課題が検証される。そのうえで，**4**において，ブルセヴィーのタフスィールの形式と方法とを取り上げる。

1　オスマン帝国における解釈学

クルアーン解釈学は，オスマン帝国の宮殿内の重要な行事の1つの「御前研究会（huzûr dersleri）」から，マドラサ（イスラーム学校）における授業，テッケ（スーフィー修道場）やモスクにおける説教に至るまで，広範囲に行われた学問であったとされている[(1)]。この見解は，最近盛んになりつつあるオスマン帝国におけるタフスィール研究の成果の1つである。一方で，個々の解釈者によるタフスィール，特にスーフィーによるタフスィールに関する研究は始まったばかりである。

タフスィールの名著の編纂は，オスマン帝国が建国された13世紀初頭までにはすでに完了していた[(2)]。一方，タフスィールというのは，時間と場所を超えた神の恒常不変な言葉であるクルアーンをもととして，時代と場所の変化に応じた新たな見解が生み出されるダイナミックな思考の営みである。それゆえ，編纂活動の完了が，タフスィール学自体の終結を意味しているとは言えない。実際に，オスマン帝国期においても著名な解釈学者が多数輩出した。彼らの中には，トルコ世界のみならずイスラーム世界全域において普及したタフスィール書の著者もいる。

オスマン帝国の13世紀から16世紀までの期間に執筆されたタフスィール書を研究したデミルは，クルアーン全体を解釈の対象とする通巻的タフスィールとして，10点の著作を挙げている。一方，部分選択的タフスィールとしては，34点の解釈書が紹介されている。また，通巻的タフスィールの注釈を行った解釈書としては5点を，部分選択的タフスィールの解釈書としては，22点の著作が挙げられている。これらの著作はアラビア語で書かれたものであるが，トルコ語で書かれた解釈書としては，6点の著作が挙げられている（ただし，6点とも未完成の作品である）。さらに，書名と著者名は知られるもののその実物はまだ見つかっていない解釈書として，30点の作品が挙げられている［Demir 2006: 109-492］。また，16世紀以降の解釈活動については，モッライブラヒモグルが在イスタンブルの全図書館に保管されている写本のクルアーン解釈書を調査し，112点の著作の名前を挙げている。15点の著作が16世紀以降に書かれ，そのうち5点の著者が現在トルコ共和国領となっている地域の出身者であると指摘されている。また，著者名と書名が不明の多数の解釈書も挙げられている[(3)]。彼はこの112点の各作品について，それに関する研究も列挙している。しかし，トルコ出身の学者によって書かれた著作に関しては，ヴァーニー（Muhammed ibn Bistam el-Vanî, 1685

年没）とエルズルミー（Lutfullah ibn Muhammed el-Erzurumi, 1787 年没）の作品を除けば，それらに関する研究の有無について触れられていない。

上述の研究は，6 世紀にわたって存続し，広大な領域を支配していたオスマン帝国において書かれたタフスィール書全てを扱っているわけではない。しかし，同帝国において，タフスィールが重要な学問であり続けたこと，数多くのタフスィールの著作が遺されていることはうかがうことができる。

オスマン帝国期に書かれたタフスィールの著作は，書かれた時代の違いや著者の違いにもかかわらず，オスマン帝国の学術界と社会にとって重要な施設であったマドラサとテッケの傘下で執筆された，という共通の特徴を持っている[(4)]。異なる種類の教育が行われていたマドラサとテッケは，それぞれが帝国期のタフスィールの大きな 2 つの潮流の源泉であったと言える。

マドラサは，外的（ザーヒル）な解釈の拠点であった。その特徴は，ここで育成された学者たちによって方向付けられた。帝国の最初のマドラサは，オルハン・ガーズィー（Orhan Gâzî，在位 1326–1359）によって 1330 年に創設されたと記録されている。このマドラサの初代学長でもあるカイセリーによる『カーシャーニーの解釈書におけるバスマラの解釈への注釈（*Şerhü'l-Besmele min el-Tevîlâti'l-Kâşâniye*）』は，オスマン帝国期の最初のクルアーン解釈書とされる。この著作は，スーフィー学者のカーシャーニーによる解釈書『クルアーン解釈（*Ta'wīlāt al-Qur'ān*）』におけるバスマラ（クルアーンの各章の冒頭に繰り返して書かれている一句）への注釈である。「善行たる全ての行為の最初はバスマラである」というトルコ語のことわざのごとく，「最初」のマドラサにおいてなされた，クルアーンの「最初」の句を解く「最初」の解釈書という「最初」尽くめである点が興味深い。この作品の後にも，帝国期のマドラサに対して影響力を持ったクルアーン解釈書が書かれていくこととなる[(5)]。

オスマン帝国期において書かれた非スーフィー的なクルアーン解釈の中で最も普及しているのは，トルコ系の学者であるエブッスウード（Ebu's-Su'ûd Muhammed ibn Muhammed ibn Mustafa, 1487 年没）の『アブッスウードの解釈書（*Tafsīr Abī Su'ūd*）』，またの名を『健全なる理性の高貴なるクルアーンの卓越性への導き（*Irshād al-'Aql al-Salīm ilā Mazāyā al-Kitāb al-*

Karīm)』であると言える。アラビア語で書かれたこの作品の影響は，オスマン帝国のマドラサのみならず，イスラーム世界全域に及んだとされている。タフスィールの影響力の強さと普及具合については，それに関する注釈書の有無とその数によって計られることがある。ザハビーの研究によると，バイダーウィーとザマフシャリーの著作に対するものほど多くはないものの，エブッスウードの解釈書に対しても一定数の注釈書があるらしい［al-Dhahabī 1976: I, 347］。オスマン帝国のマドラサで育ったトルコ系の学者の中ではエブッスウードが最上位を占めていると言える。一方，注釈書の数の多さからみれば，オスマン帝国のマドラサや学術界に対する影響が最も大きかったのは，上述のバイダーウィーによる『啓示の諸光と解釈の諸秘密』であると言える。(6) ザマフシャリーの『啓示の諸真理を開示するもの』が，それに次ぐ。両名はオスマン帝国期以前の学者であるという点においては共通しているが，ザマフシャリーについては，バイダーウィーと異なってトルコ系の学者であったと言われている。上述の3点の著作の他に，ラーズィーの『大タフスィール』，またの書名を『不可視の鍵束（*Mafātīḥ al-Ghaib*）』も帝国期の学者たちによって多く引用されている解釈書の1つとして挙げられる。(7)

一方で，内的なタフスィールの拠点を成したのがテッケである。クルアーンとスーフィズムの関係を「初期のスーフィーたちの概念はクルアーンそのものであった」［Massignon 1997: 7-8］とマスィニヨンが指摘したように，オスマン帝国期におけるテッケにおいても，そこで行われたスーフィズムの理念と実践の正当性を証明するために，クルアーンの解釈が欠かせないものであった。(8) テッケ出身のタフスィール学者たちは，「存在一性論」のような高度なスーフィー思想を，クルアーンの章句の内的な解釈を通して証明し，反対者のウラマーたちに対して示そうとした。それと同時に，他方においては，章句の内的な側面を重んじるスーフィー式のクルアーン解釈に満ちた説教を通して，一般のムスリムにスーフィズムの道徳的な側面を説いていた。テッケでの修行に入るのはマドラサでの教育を経た後であることが多いが，そのテッケのイジャーザを獲得したウラマー出身のスーフィーたちによって行われた説教の場は，一般のモスクの場合もあれば，テッケの附属モスク（しばしばテッケの一角に附設された）の場合もあった。それらの説教が，後に説教師によって書籍として編集されることもあった。現在，トルコで受け継がれているスーフィーのタフスィール書のうちの少なからぬ部分が，こうした方法で作られている。例えば，ブルセヴィーの『明証の魂』は，ブルサの大モスクで行われた説教が原型になったという。

帝国期のスーフィーによるクルアーン解釈として最も名高いものは，ブルセヴィーの『明証の魂』である。これについては次節において述べるので，ここではブルセヴィー以外のスーフィーによる解釈書を挙げよう。なお，部分選択的タフスィールを遺しているスーフィーの数は膨大であるため，通巻的タフスィールの著書のみを対象とする。

まず挙げられるのは，スィヴァスィー（Şeyh Şihâbüddin Ebü'l-Senâ Ahmed ibn Mahmud el-Sivasî, 1401 年没）の『タフスィールの諸源（*'Uyūn al-Tafāsīr*）』である。ブルセヴィーによって引用されることもあるこの著作は，帝国期のタフスィールの主流派の活動から独立して行われた，最初のスーフィー的なタフスィールであったとされている［Demir 2006: 113］。この作品の他には，クトゥブッディーン・イズニキーの『クルアーンのタフスィール』，またの名を『クトゥブッディーンのタフスィール』，ヒュサムッディーン・ビトリスィー（Hüsamüddin Alî ibn Abdullah［もしくは Hüseyin］el-Bitlisî, 1494 年頃没）の『啓示と解釈の編集（*Jāmi' al-Tanzīl wa al-Ta'wīl*）』，ナフジヴァーニー（Şeyh Baba Nimetullah ibn Mahmûd el-Nahjivânî, 1514 もしくは 1512 年没）の『神的な諸開示と不可視の鍵束（*al-Fawātiḥ al-Ilāhiyya wa al-Mafātiḥ al-Ghaibiyya*）』(9)，ムハンマド・イブン・バドルッディーン・ムンシー（Muhyîddîn Muhammed ibn Bedreddîn Münşî, 1592 もしくは 1597 年没）の『崇高なタフスィール（*Nāzilāt al-Tanzīl, Tanzīlāt al-Tanzīr, Tr. Tefsîr-i Şerîf*）』(10)，アーサン・カラマーニーの『カラマーニーのタフスィール』などがある。

さて，本節では，マドラサとテッケを拠点とするオスマン帝国期のタフスィールについて，その著名な解釈者と著作の簡単な紹介を行ったが，結論としては次のことが言える。まず，外的な解釈が重んじられたマドラサにおいては，エブッスウードやバイダーウィーのような外的なタフスィールの大著がタフスィールの終着点として認められ，さらなる著作が書かれる場合は，概ねこの２つの大著への注釈として書かれている。内的なタフスィールが優先されたテッケに関しては，その解釈の内容がマドラサより独創的であったと言える。例えば，ナフジワーニーのように，先行するタフスィールを引用せず，独自の解釈のみによる著作を遺したスーフィーの解釈者が登場している。

16 世紀までのマドラサにおけるタフスィールとテッケにおけるそれを合わせても，通巻的タフスィールの著作の数は 10 点を超えない(11)。一方で，それらの著作に関する注釈書と部分選択的タフスィールの著作の数は膨大である。帝国期のタフスィール一般について独創性が欠けているという批判もあるが(12)［Demir 2006: 503-506］，現状は通巻的タフスィールのうちの 2 作品に関する研究がなされているのみである。この 2 作品以外の通巻的タフスィール，さらには部分選択的タフスィールをも含む全ての著作が研究されることで，それぞれの著作の特徴と帝国期のタフスィールの特色が明白になることを期待したい。

2 『明証の魂』

ブルセヴィーの名著『明証の魂』は，大部なクルアーンの解釈書であり，トルコだけではなく，イスラーム世界全域において広く読まれたタフスィール書の 1 つであるとされている(13)。そのためであろうか，『明証の魂』の著述が行われた時代である 18 世紀から現在まで，多くの人によって写本が作成されてきた(14)。また，早くも 19 世紀前半には最初の刊本が出版され，その後もオスマン帝国時代に，3 巻本もしくは 4 巻本として，数回にわたって刊行された(15)。

『明証の魂』の原著はアラビア語で書かれているが，これのトルコ語への翻訳も行われており，いくつかのバージョンがある。第 1 のバージョンは，Erkam Yayınları（EY）によって刊行された。第 2 のバージョンは，Osmanlı Yayınları（OY）の監修で翻訳されているものである。両バージョンを比較すると，EY の翻訳は，平易な文章で書かれている。しかし，全訳であると発表されているにもかかわらず，一般読者に不要であるという理由で翻訳がなされていない部分も多々存在する。OY 版は，一字一句を逐語的に翻訳することを目指しているが，現代トルコ語としては分かりにくい文章も所々見られる。またOY版は，ブルセヴィーが頻繁に引用するペルシア語の詩とアラビア語単語のペルシア語による説明文等まで翻訳されているという特徴を持っている。

『明証の魂』を対象とする研究も，いくつか行われている。トルコ高等教育機関の論文データベースによれば，『明証の魂』について，３点の研究がある。[16]

さて，ブルセヴィーは，『明証の魂』の執筆に至った動機について次のように述べている。

> 我が師匠の指示でブルサの大モスクで説教している際に自分の動機を見つけた。そのとき私は，アナトリアを旅する間に，クルアーンのイムラーン家章（第３章）の一部のタフスィールを書いていた。それに加筆修正して，文章にすることを決めた。できれば，クルアーン全体を解釈（タフスィール）したい。［Bursevî 1911: I, 2］

ここから，彼の執筆動機は，ブルサの大モスクにおける説教活動であると認めることができる。彼は，1096/1685年に始まったこの説教活動中，クルアーン全体の解釈を大衆に示したという。そのため，彼の解釈の中には，普段の説教で使用されるような逸話，比喩や詩等が多く含まれている。[17]

モスクでの説教に基づいて書かれたということは，『明証の魂』の重要な特徴の１つである。なぜならば，ブルセヴィーのこの著作を通して，クルアーン解釈学がアラビア語のできる専門家の学問から，アラビア語のできない大衆によっても理解される学問になったからである。これは，ブルセヴィーのシャイフとしての側面とも関わる。ブルセヴィーは，大衆に宗教に関する知識を教えることを重視するスーフィーたちと同様に，解釈学という高度な学問を大衆に広めようとしたと言える。しかし，著作の大半をトルコ語で書いたブルセヴィーは，『明証の魂』をなぜトルコ語で書かなかったのであろうか。その点については，ブルセヴィー自身は言及していない。筆者は，それは，おそらくブルセヴィーが自分の思想をトルコ語世界だけではなく他の言語圏のイスラーム世界にも広めようとしたからであると考える。同書の執筆完了は，1117/1705-6年であると記されているので，執筆には20年以上がかかったことになる。

『明証の魂』の内容を全体的に見れば，クルアーンの章句内の一部の単語の語源と，章句の文法的な説明等が長々と行われていると言える。それは，タフスィール書においてしばしば繰り返されていることであり，『明証の魂』の1つの特徴ともみなされる。アラビア語で書かれたクルアーンの章句の言語的な説明は，アラビア語圏でないアナトリアにおいては必要であったと言えるが，同時にそれは，非アラブ人であるブルセヴィーが，ウラマーの条件として欠かせないこととされているアラビア語の能力に秀でていたことも示している。また，それは，「学問的に脆弱である」というスーフィーのイメージを覆す特徴でもある。当時のマドラサ出身の学者たちは，スーフィーといえば外的な学問が理解できず，わけの分からない内的な学問のみを重んじる者として評価しているが，そのようなスーフィーではなかったブルセヴィーのタフスィールにおいては，彼のウラマーとしての側面とスーフィーとしての側面が同時に現れ，融和している。この観点から見ると，『明証の魂』を，完全に内的なクルアーン解釈として評価することは難しい。実際にその内容を見れば，上述のようなスーフィー的な解釈もあれば，神学とイスラーム法学のような外的イスラーム諸学と哲学に関する記述も多分に存在しているのが理解できよう。

『明証の魂』の内容のうち，神学の範囲に入る事項としては，ガイブ（不可視）の存在とみなされているジンと悪魔（シャイターン）の本質，ジンの知識の範囲などがある［Bursevî 1911: I, 4-5］。また，「本当に岩のうちには，アッラーを畏れて，崩れ落ちるものもある（2:74）」と「もしもわれがクルアーンを山に下したならば，それはきっと遜って，アッラーを恐れて粉々に砕けるのをみるであろう（59:21）」という章句における，岩と山に帰される「知識」とは如何なるものであろうか，という神学的な議論をも紹介されている。ブルセヴィーは，これに関する各神学派の意見を挙げたあとに，自身の見解を示している。さらに，預言者ムハンマドの孫の暗殺を命じたヤズィード（Yazīd）の信仰の信憑性［Bursevî 1911: I, 179］や預言者性（nubuwwa,

Tr. nübüvvet）の本質［Bursevî 1911: I, 199］といった，神学の諸学派間の議論を記している。

哲学に関して言えば，イスラーム哲学の逍遥学派と照明学派の思想の影響が著作中に見られる。ブルセヴィーは，特に「不可視の世界」と理性について言及した部分において，両学派の学説を引用している［Bursevî 1911: I, 4］。

『明証の魂』は，上述のようなブルセヴィーのウラマーとしての側面だけではなく，彼のシャイフとしての側面をも反映している。作品中には，自らがシャイフを務めたジェルヴェティー教団の教えに沿った師弟関係に関する説明が散在している。例えば，「完全指導者（al-murshid al-kāmil, Tr. mürşid-i kâmil）」の特徴［Bursevî 1911: I, 276］，健全なシャイフの特徴［Bursevî 1911: I, 275］や修行論［Bursevî 1911: I, 94, 143, 169, 201, 253］等のタリーカの教えに関する記述が多く見られるのである。

また，ブルセヴィーのクルアーン解釈の中には，「科学的な解釈」の傾向を見ることもできる(18)。クルアーンの章句の科学的な解釈は，一般的に近代的なタフスィールの傾向の1つとされているが，ブルセヴィーのような前近代の解釈者たちにおいても見ることができるものである。彼の場合は，「科学的解釈」は，特に天文学的な事柄に関する章句に集中している。彼は，当時の天文学の知識水準でもって，水循環，雷，天体の動きについての解釈を行っている［Bursevî 1911: I, 71, 91-92］。

『明証の魂』においては，イスラーム法学についても言及がされている。例えば，次のような記述がしばしば見られる。

> イスラーム法上禁じられている酒のようなものにも決定的な効果があれば，治療のための使用が許される。［Bursevî 1911: I, 278］

このようなイスラーム法学的な判断が，それに関するクルアーンの章句の解釈の中にいくつか見られるが，それらの見解がどの法学派に則ったものであるのか，またブルセヴィー自身の意見なのか他の学者からの引用であるのか，といったことを解明するためにはさらなる研究が必要である。とはいえ，しばしばイブン・ヌジャイム（Ibn Nujaym, 1563 年没）の『諸類似（*al-*

Ashbāh wa al-Naẓā'ir)』やカーディー・ハーン（al-Ḥasan ibn Manṣūr al-Ūzjandī al-Farghānī Qāḍī Khān, 1196 年没）の『カーディー・ハーンのイスラーム法学的な判断集（*Fatāwā-i Qāḍī Khān*)』等の著作が引用されているので，ブルセヴィー自身の意見より，他の法学者の判断が記されていると言える。また，上述の2作品は，ハナフィー学派の見解を含むことで知られているため，『明証の魂』においても，ハナフィー学派の見解が優先されていることが分かる。

ブルセヴィーがクルアーン解釈において用いる学問の中には，ハディースも含まれている。引用されているハディースの中には，スーフィーたちによって広く使われるが，ハディース学者には信憑性が否定されるものもある。それらのハディースは，特にスーフィー思想について言及する際に登場する。ブルセヴィーはスーフィーであるため，これらのハディースを何も疑問を持たずに使っているが，『明証の魂』に見られる全てのハディースがこの種のものではない。実際，『明証の魂』における伝承による解釈の一類型として，ハディースを用いてクルアーンを解釈する際の素材として用いられている箇所も数多く見られる。その場合は，「六真正集」からの引用が多い。また，ハディース自体に関する検討も行われている。ハディースに関する高度な知識を持ち，少なからず著作も遺しているブルセヴィーは，特に同じ事柄について相容れない意味を持つ異なるハディースの解釈を好んでいる。それらのハディースの間に見られる意味上の矛盾を解消しようとする際には，スーフィー的な解釈のほうが重視されている［Bursevî 1911: I, 145-146, 153-154, II, 223］。

『明証の魂』においては，クルアーン以外の聖典からの引用も見ることができる。クルアーンを解釈する際にイスラーム以外の伝統に基づくものを使うことは，「イスラーイーリーヤート（isrā'īliyyāt，セム的一神教の教義に由来する伝言)」と呼ばれている。クルアーン解釈におけるイスラーイーリーヤートの使用に関して学者の意見は賛否両論ある(19)。ブルセヴィーは，クルアーンにおける諸預言者たちの逸話，イスラーム以前の宗教の信者たちの物語について詳細に語ることがあるが，主にその際に，イスラーイーリーヤートを用いている。また，多くの場合は，旧約聖書，福音書などといった情報源を明らかにしている［Bursevî 1911: I, 86-87, 156-157, 291］。

ブルセヴィーは，単にクルアーンを学問的に解釈するのみならず，当時のイスラーム社会，特にアナトリアにおける，彼が宗教的な逸脱とみなした思想や行動等を批判することによって，クルアーンの解釈の実践をも試みている。例えば，彼はアナトリアにおける宗教心の弱体化に注目している［Bursevî 1911: I, 209］。また，モラルの面における衰退にも関心を寄せ，例えば，当時のムスリムの間で見られた，若く見せるために白髪を抜く習慣を忌避行為（makrūh）として批判している［Bursevî 1911: I, 222］。

上述のような特徴から見れば，『明証の魂』は，「クルアーンが全知全能のアッラーの言葉であるため，すべての学を含んでいる」というムスリムの信仰を，タフスィールにおいて実現させようとする試みであると言える。ブルセヴィーは，言語的，科学的，または内的といった特定の方法にのみ従ってクルアーンの解釈を行うことをせず，ムスリムの生活全ての場面において必要と考えられる，あらゆることをクルアーンから掘りおこそうとしている。こういった手法のため，ブルセヴィーのクルアーン解釈を「百科事典的」とみなすこともできる。

3 『明証の魂』における解釈の諸起源

『明証の魂』は，著者のブルセヴィーがスーフィーであったために，スーフィー的なクルアーン解釈として評価されがちである。しかし，その内容は，スーフィー的な解釈のみならず，イスラーム諸学のうちのイスラーム法学，倫理や哲学等に関する様々な分野に関する記述を含んでおり，その内容は実に多様である[20]。その幅広い内容には，ブルセヴィー独自の部分もあれば，他の著作や学者からの引用もある。ブルセヴィーは，ある記述が自身独自の思想であるときは，ほとんどの場合そのことを明記している。また，独自のものでないときには，引用文を他の著者に帰したり，著作名を挙げたりして，たびたびその引用元をも記している[21]。このように『明証の魂』の記述の中には引用元が明記されている箇所もあるのだが，そうでない箇所もあると思われる。よって，ブルセヴィー独自の思想を見分けるためには，『明証の魂』

のどの部分が著者の自作であり，どの部分が他からの引用であるかを明らかにしなければならない。本節においては，検討対象をブルセヴィーが実際に名を挙げている著作と著者に絞って，彼のタフスィールの起源を探る。(22)

全体的に言えば，『明証の魂』の中で最も多く引用されているのは，『ナジュムの解釈（*al-Ta'wīlāt al-Najmīyya* もしくは *Tafsīr al-Najm*）』として知られる，ナジュムッディーン・ダーイェ，あるいはナジュムッディーン・クブラー（Najm al-Dīn Kubrā, 1221 年没。以下，「クブラー」とする）という 2 人の著者に帰される解釈書である。(23)

この著作は，オスマン帝国のスーフィーたちの間に広く普及しており，クブラーの著作として有名であった。しかし，近年，その真の著者はクブラーではないという研究が登場した。オクヤン［Okuyan 2002］は，ナジュムッディーン・ダーイェと彼のクルアーン解釈書について研究し，ブルセヴィーの解釈書においてもしばしば引用されるこの著作が，多くの学者が誤解してきたようにクブラーのものではなく，ナジュムッディーン・ダーイェのものであること，また，その書名も『ナジュムの解釈』ではなく『諸真理の海（*Baḥr al-Ḥaqā'iq*）』であることを指摘した［Okuyan 2002: 109］。

ナジュムッディーン・ダーイェは，生前この作品を完成させることができず，後に増補がなされた。中でも，スィムナーニー（'Alā' al-Dawla al-Simnānī, 1335 年没）による『クルアーンの星（*Najm al-Qur'ān*）』という追補は，有名である。スィムナーニーによる追補版は，第 53 章から構成される。ナジュムッディーン・ダーイェとスィムナーニーによる 2 つの著作から構成されているこの解釈書は，一般に *al-Ta'wīlāt al-Najmiyya* または *al-Tafsīr al-Najmī* というタイトルで呼ばれている。

なぜこの著作が『ナジュムの解釈』という題名で知られているかという点については，いくつかの説がある。1 つ目は，著者がナジュムッディーン・ダーイェであるにせよ，クブラーであるにせよ，この 2 人はともにナジュムッディーンという同じ名を持っているため，後世の人々が彼らの名前の一部であるナジュム（Najm）を取って作品の名とした，という説である。別の説によれば，書名の由来は，ナジュムッディーン・ダーイェによるもともとの著作が，クルアーンの第 53 章のナジュム（星）章までを扱っていたことによる。

いずれにせよ，『諸真理の海』は，ブルセヴィーのクルアーン解釈の源泉としては，最も大きな部分を占めている著作であると言える。『諸真理の海』は，全体的には伝承による解釈としての色合いが濃い作品であるのだが，ブルセヴィーがこの作品から引用するのは，スーフィー的な解釈がなされている箇所に集中している。

上述の著作の他に，『明証の魂』のスーフィー的な解釈の源泉としては，以下に挙げるスーフィー学者とその著作がある。すなわち，トゥスタリーの『偉大なるクルアーンの解釈（*Tafsīr al-Qur'ān al-'Aẓīm*）』，ブルセヴィーのシャイフでもあるオスマン・ファズリーの『稲妻の諸光（*Lâihât-ı Berkiyyât*）』，ウフターデ（Üftade, 1580 年没）の弟子のヒュダーイー（1628 年没）の『出来事（*Vâkıât*）』，クシャイリーの『クシャイリーのスーフィズムの書』，イブン・アラビーに帰される『イブン・アラビーのタフスィール』，『マッカ啓示』，『叡智の台座』，カーシャーニーの『解釈書（*Ta'wīlāt*）』，コネヴィーの『開封（*al-Fukūk*）』，アブー・ライス・サマルカンディー（Abū al-Layth al-Samarqandī, 983 年没）の『用心していないものたちへの警告（*Tanbīh al-Ghāfilīn*）』，モッラー・フェナーリー（Mollâ Şemseddin Muhammed ibn Hamza el-Fenârî, 1431 年没）の『開端章の解釈（*Tefsîrü'l-Fâtiha*）』，ガザーリーの『諸宗教学の復活（*Iḥyā' 'Ulūm al-Dīn*）』，『光の壁龕（*Mishkāt al-Anwār*）』，『崇拝者たちの避難所（*Minhāj al-'Ābidīn*）』，『諸美名の注釈（*Sharḥ al-Asmā' al-Ḥusnā*）』，イマーム・サガーニー（al-Ḥasan ibn Muḥammad al-Ṣaghānī, 1252 年没）の『諸光の昇る所（*Mashāriq al-Anwār*）』。

著者名のみが挙げられ，具体的な著作名が明らかでない場合もある。そういった例としては，ブルセヴィーが所属するタリーカであるジェルヴェティー教団の創立者ウフターデ（1580 年没）が挙げられる。

直接タフスィールとは関係のない様々な詩人の作品も引用される。先述のように，これは『明証の魂』の原型が大衆に対する説教であることに関わっている。ブルセヴィーは，道徳的な解釈を採用するのが適切な章句のタフスィールにおいて，しばしばスーフィーの詩を使用する。最も多く引用されるのは，ルーミー（Mawlānā Jalāl al-Dīn al-Rūmī, 1273 年没）とサーディー

(Sa‘dī Shīrāzī, 1292年頃没）である。

以上で紹介したのは，スーフィーたちによるタフスィール書やその他の分野の著作である。前述したように，『明証の魂』はスーフィー的な解釈のみを含む著作ではないため，非スーフィーの著作からの引用も数多く行われている。以下，それら非スーフィーによる作品を挙げる。

非スーフィーによる著作のうち，ブルセヴィーによって頻繁に引用されるのは，『解釈学捷徑（*al-Taisīr fī al-Tafsīr*)』という名で言及される作品である。(24) この作品は，中央アジアの文化都市ナサフ出身の学者であるウマル・ナサフィー（Najm ad-Dīn Abū Ḥafs ‘Umar ibn Muḥammad al-Nasafī al-Māturīdī, 1142年没）(25) によるタフスィール書である。理性による解釈を主な方法としつつ，伝承に基づく解釈とスーフィー的な解釈をも導入しているウマル・ナサフィーのこの解釈書の中には，クルアーンの章句からとりうる神学的な見解，先行の解釈者の意見が分かれている場合の矛盾の解決，章句の語源学的な説明が大いに含まれている。ブルセヴィーの引用が集中しているのは，特に理性による解釈を述べている箇所であると言える。(26)

その次に多く引用されている2つの解釈書は，バガウィー（Abū Muḥammad Ḥusayn ibn Mas‘ūd ibn Muḥammad al-Farrā’ al-Baghawī, 1122年没）とクルトゥビーによるものである。前者のバガウィーの解釈書は，『バガウィーの解釈書（*Tafsīr al-Baghawī*)』もしくは『啓示の諸徴（*Ma‘ālim al-Tanzīl*)』という書名で知られている，中規模の著作である。バガウィーの解釈書は，ダイーフ（脆弱な）ハディースを含んでいるという理由で少なからぬ学者によって批判された著作であるが，ザハビーは，伝承に基づく多くの解釈書と比べると全体的に優れた解釈書であると評価している［al-Dhahabī 1976: I, 236-237］。ブルセヴィーがバガウィーの著作から引用するのは，特に言語学的な説明と神学的な解釈が行われている箇所に集中している。(27)

後者のクルトゥビーの作品は，『クルトゥビーの解釈書（*Tafsīr al-Qurṭubī*)』もしくは『クルアーンの諸判断集成（*al-Jāmi‘ li-Aḥkām al-Qur’ān*)』という名で知られている大著である。マーリク学派の法学的な解釈書とされている『クルアーンの諸判断集成』では，異なる読み方が存在するクルアーンの章句や，意味が難解な章句の言語学的な説明に関して，先行する法学者たちの見解が伝えられている。ブルセヴィーは，クルトゥビーの特徴である信仰や礼拝に関する宗教法学的な判断のほかに，直接的にはイスラームの信仰や礼拝とは関係のない章句に対する，その意味内容が許す限りにおける道徳的な解釈を引用している。(28) この選択もまた，『明証の魂』が，モスクの説教において用いられたという特徴と関係している。

上に挙げた解釈書ほどではなくても，『明証の魂』においてしばしば引用されている他の非スーフィー的な解釈書としては，ザマフシャリーの『啓示の諸真理を開示するもの』，カワシー（Abū al-ʻAbbās Aḥmad ibn Yūsuf ibn Ḥasan al-Kawashī, 1281 年没）の『訓戒するもののための観察と観察するもののための訓戒（*Tabṣira al-Mutadhakkir wa Tadhkira al-Mutabaṣṣir*）』，またの名を『解釈における観察（*al-Tabṣira fī al-Tafsīr*）』，ワーヒディー（Abū al-Ḥasan ʻAlī ibn Aḥmad al-Wāḥidī, 1076 年没）の『クルアーンの解釈における単純さ（*al-Basīṭ fī Tafsīr al-Qur'ān*）』，バイダーウィーの『啓示の諸光と解釈の諸秘密』，アブー・ライス・サマルカンディーの『諸学問の海』，エブッスウードの『アブッスウードの解釈書』もしくは『健全なる理性の高貴なるクルアーンの卓越性への導き』，ラーズィーの『大タフスィール』，またの名を『不可視の鍵束』，法学者イブン・アラビーの『クルアーンの諸判断（*Aḥkām al-Qur'ān*）』，イブン・ケマル（イブン・カマール）（İbn-i Kemal Ahmed ibn Süleyman el-Rûmî, 1533 年没）の『イブン・カマールの解釈書（*Tafsīr Ibn Kamāl*）』等が挙げられる。

次に，ハディース，イスラーム法学，神学や哲学など，タフスィール以外の分野に関する記述の引用元になっている著作を確認する。ハディースを直接に伝える際，ブルセヴィーは引用元の著作名を書いたり書かなかったりであるが，名を挙げている著作としては「六真正集」の他に，スユーティーの『小編集（*Jāmiʻ al-Ṣaghīr*）』，イブン・メレク（İbn-i Melek Abdüllatîf el-Rûmî, 1418 年没）の『諸光のもとへの注釈（*Sharḥ Mashāriq al-Anwār*）』，ナワウィー（Yaḥyā ibn Sharaf al-Nawawī, 1277 年没）の『博識な人たちの庭園（*Bustān al-ʻĀrifīn*）』，サハーウィー（Shams al-Dīn Muḥammad ibn ʻAbd al-Raḥmān al-Sakhāwī, 1497 年没）の『善意の諸意図（*al-Maqāṣid al-Ḥasana*）』などが挙げられる。

イスラーム法学の著作としては，モッラー・ヒュスレヴ（Mollâ Hüsrev Muhammed ibn Feramuz ibn ʻAlî el-Rûmî, 1480年没）の『最高の法判断の解釈における賢人たちの名言（*Durar al-Ḥukām fi Sharḥ Ghurar al-Aḥkām*）』，イブン・ヌジャイムの『諸類似』，ブルハーヌッディーン・マルギナーニー（Shaykh Burhān al-Dîn al-Farghānī al-Marghinānī, 1197年没）の『指導の書（*al-Hidāya*）』，アリ・デデ（Ali Dede el-Bosnevî, 1598年没）の『叡智の諸封印と諸象徴の解決と諸宝物の発見（*Kitāb Khawātim al-Ḥikam wa Ḥall al-Rumūz wa Kashf al-Kunūz*）』などがある。

マートゥリーディー学派に属したブルセヴィーの，神学に関する記述の典拠としては，マートゥリーディー（Abū Manṣūr Muḥammad ibn Muḥammad al-Māṭurīdī, 944年没）の『一性の書（*Kitāb al-Tawḥīd*）』の他，タフターザーニー（Saʻd al-Dīn Masʻūd ibn ʻUmar al-Taftazānī, 1389/90年没）の『ナサフィーの信条注釈（*Sharḥ al-ʻAqāʼid al-Nasafiyya*）』が重要な著作として挙げられる。

4　『明証の魂』の形式と方法

刊本で5000頁に近い浩瀚な著作である『明証の魂』は，クルアーンの全体にわたって解釈を施す通巻的タフスィールである。使われている言語はアラビア語であるが，所々にペルシア語も混じっている。ペルシア語の箇所は，スーフィーの詩文が多いが，ペルシア語によるスーフィーの解釈書からの引用もある。[29] 文章は，シンプルで読みやすいが，修辞的な表現も少々用いられている。叙述のスタイルは，著者の判断で切り分けたクルアーンの章句の間に，解釈を割り込ませるという形式をとっている。

その内容は，それぞれの章句がマッカ啓示かマディーナ啓示かに関するいくつかの説とその解決，章句の区切り方の違いに関するいくつかの説とその解決，章句に関する言語学的な解説，章句の「クルアーンの啓示経緯（asbāb al-nuzūl, Tr. esbâb-i nüzûl）」，章句からイスラーム法学的な判断を下す例，逸話と比喩等，非常に多彩である。

ブルセヴィー自身は，『明証の魂』全体を通しての解釈の方法については明らかにしていない。しかし，この作品の少なからぬ箇所で繰り返されている，特定の記述様式が確認できる。それは，クルアーンの章句を，「説教的」に解釈しようという試みである。ここで，ブルセヴィーによる説教的な解釈の説明に入る前に，イスラームにおける説教，および説教と解釈との関係について述べておこう。

「説教（waʻḍ, khuṭba）」として定義されるものは，時間と場所を問わず臨時に行われる場合もあるが，一般的には金曜日の礼拝のような特定の時間とモスクのような特定の空間において，ムスリムの説教師により聴衆の前でなされるイスラームの教えの解説である。説教が成立するためには，説教師（wāʻiḍ, khaṭīb），聴衆，説教の内容・材料，説教の場所と時間，の5つの要素が必要である。イスラームの伝統においては，説教師は学問的かつ道徳的に充実した者であるべき，というような説教師に関する規律のほか，イスラームの基盤と理性に矛盾しないものであるべき，というような説教の素材に関する規律など，様々な要素についての規律が厳密に規定されている[(30)]。

説教とイスラームの歴史の間には，興味深い類似性がある。クルアーンは，イスラームの説教であると同時に，説教の源の1つでもある[(31)]。預言者ムハンマドは，最初の説教師でもあると同時に，説教者の最初の模範かつ説教の材料の源でもある[(32)]。教友たちは最初の聴衆であり，マッカとマディーナ，そしてその地のモスクが最初の説教場所である。こうした観点から，イスラームは，預言者ムハンマドの預言者としての23年間の生涯において初めて行われた「説教」であると言える。イスラームと説教を便宜的に劇場になぞらえて換言すれば，イスラームとは，西暦7世紀のアラビア半島で初演された「説教演劇」であり，またそれは，イスラームの歴史のある時点と空間において再演される普遍的な演劇でもある。すなわち，その演劇の役者，上演時期，上演場所，台詞の言葉が変わっても，主題と構成は不変である。したがって，説教を構成している各々の要素には，一定不変の普遍的側面と，時代と場所に応じて変化する局限的側面との2つの面がある。つまり，預言者ムハンマドが一定不変の説教師であり，クルアーンが一定不変の説教であるが，ある時代にムスリムの学者が行う，クルアーンと預言者の言行を基にした説教は，その局限的側面のあらわれであるのだ[(33)]。説教のイスラーム社会における役割は，説教者と聴衆の間の相互的な信頼によって成立する宗教的かつ神秘的な空間において，イスラームの基盤（クルアーンおよびハディース）を，その時代と空間の状況に適した形で解釈するということであるとも言える。

説教は，イスラーム諸学の中の独立した学問としては認められていない。しかし，イスラームの理念を使用するという点において，他の学問とは異なる特別な位置付けがなされている。例えば，法学的な判断を下す際に根拠としてはならないダイーフ（脆弱な）ハディースであっても，説教においては用いても構わないとされている。したがって，説教の内容には，礼拝の方法を説くイスラーム法学的な知識，あるいは信条を説く神学的な知識が持つほどの拘束力はないにしても，一定の価値がある。それは，何らかの行為が義務か否かというより，もっぱら，何らかの行為が良いか悪いかに関するものである。つまり，説教は，倫理的な内容を含んでいるのである。したがって，説教には，イスラームの理念を倫理的に説くという，特別の方法があるということができる。

説教とタフスィールとの関係について述べると，説教においてクルアーンの章句が用いられることは，ごく一般的であるし，また，タフスィール書が説教的な要素を含むというのも，スーフィーたちのタフスィール書において，しばしば見られることである。その例として，12 世紀のスーフィーの解釈者であるマイブディーを取り上げよう。序論で触れたようにマイブディーによる解釈書である『諸秘密の開示』について研究を行ったキーラーは，説教的な素材がマイブディーによる解釈における重要な要素であると言う［Keeler 2006: 316］(34)。つまり，もともと，専門家向けに書かれた書物であるタフスィール書と，学者によって一般の人のために口頭で行われる伝統である説教［Ibn Jawzī 1986: 19］とが，タフスィール書の中で，クルアーン解釈の 1 つの傾向として融合し，成立することになっていると言える(35)。

説教的な解釈を好むブルセヴィーではあるが，直接に説教的な解釈は行わない。明言されてはいないものの，彼は，その解釈において，1 つの叙述の順序を定めている。それは，言語学的な解釈から始めて，次に外的な解釈，また次に内的な解釈を行い，最後に説教的な解釈を施すという流れである。ブルセヴィーは可能な限りこの叙述順に従っており，まず，章句を別の表現で言い換えることから始める。このレベルの解釈においては，章句の難解な言葉の意味を説くことを狙っていると言える。

例えば，洞窟章の 14 節「われはかれらの心を引き立て」という部分の原文は，wa rabaṭnā ‘alā qulūbihim である。ブルセヴィーは，まず，rabaṭnā ‘alā を，qawwaināhum（彼らを強化した）という表現に置き替える［Bursevî 1911: V, 222］。こうすることによって，辞書的な意味が「結んだ」である rabaṭnā ‘alā が，「強化」という解釈的な意味に変化する。

この次に，章句の外的な解釈がくる。このレベルにおいては，章句の内容に関連するイスラーム諸学の観点からの解釈が行われる。章句が神学的な要素を含むならば，神学的な解釈が行われる。法学的な判断に結び付けるのが相応しい章句であれば，法学的な解釈が行われる。ブルセヴィーは単に自分の意見のみを提示するのではなく，かといって他の著作からひたすら引用するにとどまることもなく，様々な意見を比較することを好む。そのため，矛盾する複数の意見があれば，自らの見解をその解決として提案することによって，外的な解釈を徹底的に行うのである。

例えば，上記の章句の場合は，「彼らの心を強化した」という表現の導入によって，外的な解釈も始まる。ブルセヴィーは，彼らの心が何に対して強化されたかということを，自らの理解に基づいて解釈しようとしている。彼らは，自らの信仰に対して自由に生きることができなかったから故郷をあとにしたが，故郷に帰りたいという気持ちと家族への恋しさから辛い思いにとらわれたのであろう，とブルセヴィーは理性でもって考える。その上で，ここで言う「強化」というのは，彼らのそのような気持ちを抑えるためのものであった，と解釈している［Bursevî 1911: V, 222］。

外的な解釈に続くのが，内的な解釈と説教的な解釈である。内的な解釈としては，ナジュムッディーン・ダーイェからの引用が多く見られるが，ブルセヴィーの解釈の特徴は，筆者が説教的な解釈と呼んでいる部分において現れている。

例えば，上述の章句に関して言えば，「心の強化」は，物語の文脈から切り離されて，スーフィズムと結び付けられる。そこに見られる内的なタフスィールは次のようになる。アッラーは，彼らが完全にアッラーに没頭するように，また現世や誘惑に引きずられないように，彼らの心を強化したということになる［Bursevî 1911: V, 222］。

ブルセヴィーは，『明証の魂』の序説や，別の作品において，自身の著作と説教との関係を明らかにしている。彼は，ある霊的な体験によって，クルアーンの内容を演壇にて説教することに導かれたという。ブルセヴィーは，『明証の魂』の執筆にあたった20年間，ブルサの大モスクにおいて説教の形でクルアーンの解釈をしたとされている［Namlı 2001: 179］。

ブルセヴィーは，全ての章句に対して説教的な解釈を行っているわけではない。また，章句のうちの1句のみがそのような解釈を生み出す源となっている箇所もあれば，複数の章句が説教的に取り上げられる箇所もある。この種の解釈が特に集中しているのは，比喩的な表現の多い，物語的な章句であると言える。

この説教的な解釈の特徴の1つは，誰かを相手に語りかけるように行われている，という点である。ブルセヴィーは，モスクにおいて大衆の前で説教を行うがごとく，著作の中でも，読者に対して説教を行っているかのように語る。

例えば，洞窟章の第23節と第24節においては，何か約束するときに「アッラーがお望みになれば（インシャー・アッラー）」という文句の発言が義務とされている。この箇所を説明する際，ブルセヴィーは，まるで実際に説教を行っているかのように，聴衆の注意を引きつけるための冗談話まで持ち出している［Bursevî 1911: V, 235］。また，「アッラーに，私とあなたたちを，そのような正しい人たちの間に加えてくださるように願う」や「貴方！（yā rajul）」などといった表現も，実際の説教の雰囲気を感じさせる叙述の一因となっている［Bursevî 1911: V, 237, 383］。

ブルセヴィーによる説教的な解釈のもう1つの特徴は，倫理的な内容を含むという点である。1つの章句や一連の章句に関連する一定のテーマについて，どのような判断が善いのか，あるいは正しいのかを探究するブルセヴィーは，より良いイスラーム的かつ道徳的な考え方および生き方のモデルを提供しようとしている。

ブルセヴィーの説教的な解釈の基盤である倫理の背景には，彼のスーフィズム観があると言える。スーフィズム思想家であると同時に，スーフィズムの実践者でもある彼は，自らが信奉するイブン・アラビー思想と，自身がその次期シャイフであったジェルヴェティー教団の教理を，クルアーンの解釈を通じて，倫理的な形で説こうとしているのである。

以上の『明証の魂』に関する考察の結果，以下のことが指摘できる。

まず，オスマン帝国期におけるタフスィールには，２つの大きな潮流がある。１つはテッケを舞台としたスーフィーによるタフスィールであり，もう１つはマドラサで生産された外的なタフスィールでる。

『明証の魂』は，著者ブルセヴィーがスーフィーとして知られる人物であるため，基本的には，テッケ起源の著作と言える。しかし，その記述の典拠の分析を通じて判明したように，『明証の魂』は，マドラサにおけるタフスィールの傾向をも豊富に含んでいると言える。その記述は，幅広い分野，数多くの著作からの引用を含んでいるが，これは次の２つの理由によると言える。第１の理由は，ブルセヴィーの説教家としての側面と関わっている。説教は，総合的なものの見方であるため，彼は可能な限り多くの引用を使ったと言える。第２の理由は，ブルセヴィー独自の思想とそうでないものを区別するため，というものである。彼は，先行する学者たちの見解に言及した上で，自身のオリジナリティーを示そうとしている。そのオリジナリティーというのは，**4**において検討したように，タフスィールとスーフィズムの照応性と，その両方に対する倫理的な見方である。

次の節においては，具体的な事例を挙げつつ，彼の「倫理的・実践的解釈」とスーフィズムとタフスィールの照応性を検討する。

第５章

『明証の魂』に見られる「倫理的・実践的解釈」の諸事例

クルアーンの第 18 章にあたる「洞窟章（sūra al-kahf）[(1)]」は，その中で不思議な人物たちに関する物語が述べられているために，ムスリムの学者たち，とりわけスーフィーたちの間でタフスィールの対象として好まれた章の１つである。

本章では，ブルセヴィーの『明証の魂』からクルアーンの「洞窟章」における３つの物語をめぐる解釈を取り上げ，彼のタフスィールの方法を考察する。**1** においては第１の物語である「洞窟の仲間たちの物語」を，**2** においては第２の物語「預言者ムーサーとヒドルの物語」を，**3** においては「２つの角を持つ者（Dhū al-Qarnain）の物語」を検討する。さらに **4** において，オスマン帝国期の２人のスーフィーのタフスィール学者であるナフジヴァーニーとアーサン・カラマーニーによる洞窟章の解釈と，ブルセヴィーの解釈との比較も行う。

1　洞窟の仲間たちの物語

洞窟章で中心的に語られる話題の１つが，章の名前の由来ともなっている「洞窟の仲間たち」の物語である。クルアーンにおける洞窟の仲間たちの物語は，同章の９－26 節で語られているが，それらの節のうち，９－12 節が物語の概観を述べる部分，13－18節が彼らの洞窟の中の状態を述べる部分，19－26節が彼らが眠りから目覚めたあとの出来事を述べる部分と，大きく内容が3つに分けられる。そのため，以下，物語をこの3つに分けて引用し，それぞれの部分に関するブルセヴィーによる解釈を順次考察していく。

まずは，物語の概観にあたる9－12節を引用しよう。

> 洞窟の仲間たちとその碑文（al-raqīm）のことを，あなたは考えないのか。わが印の中でも驚嘆すべきものであったと（18:9）。青年たちが洞窟の中に逃れた時を思え。かれらは（祈って）言った。「主よ，あなたの御許から慈悲を与えられ，わたしたちの事態に正しい道を御授け下さい」（18:10）。われはそれから洞窟の中で幾年もの間，かれらの聴覚を妨げた（18:11）。それからわれは，かれらを呼び起こし，2団のどちらが，よくかれらの（滞在）期間を計算出来るかを知ろうとした（18:12）。

この箇所に関してブルセヴィーは，第9節の「あなたは考えないのか」に含まれている「考えるべきであったが，考えることはなかった」という非難に関して，実際に神に呼びかけられたのは預言者ムハンマドであるが，その本当の目的は彼のウンマに対する呼びかけであったと言う。そして，次に解釈者たちの間でその意味が論争の的となっている「ラキーム（raqīm）」の言語学的な説明に移る。ブルセヴィーはラキームの様々な解釈を列挙した上で，タバリーの見解であるという碑文説を採る[(2)]。「わが印の中でも驚嘆すべきものであったと」という一文に関しては，彼らの物語は驚くべき印であるが，アッラーの他の驚嘆の印と比較するとそれほど大したことではない，という評価をしている［Bursevî 1911: V, 218-219］。

ブルセヴィーは，第10節の「青年たちが洞窟の中に逃れた時を思え」の中の「青年たち（fitya）」に関して，この語は当時のローマ皇帝ディクヤーヌース（Dikyānūs，デキウス）による多神教崇拝の強制令に断固反対したローマ人（Rūm）の若者たちを指すと言い，物語の登場人物について新たな情報を付け加える。「青年」についてしばらく説明した後，ブルセヴィーは「青年」の美徳性を強調して，彼独特の解釈を展開している。彼は，当時存在していた奴隷制度における主人と奴隷の間にあるべき美徳として，主人は自分の奴隷に「奴隷（‘abd，女性の場合は ‘abdah)」やそれに類する言葉で呼びかけてはいけないと言って，「奴隷」の代わりに「青年（fatā，女性の場合は fatāh)」と呼びかけることを提案する(3)。「洞窟」についての解釈では，洞窟の名前として「ジールーン（Jīrūn)」，洞窟のある山の名前として「ナジュルース（Najlūs)」を挙げているが，どこからそれらの情報を得たのかは明らかにしていない［Bursevî 1911: V, 219］。

ブルセヴィーは，タフスィール学者の間で議論の的になっている青年たちの洞窟の中における状態に着目し，それに関する自らの見解を，第 11 節「洞窟の中で幾年もの間，かれらの聴覚を妨げた」における「聴覚を妨げた」の解釈において述べている。ブルセヴィーによれば，彼らは眠りの状態にあった。そして，それは「聴覚」の記載から分かると述べる。なぜならば，聴覚は目覚める時も眠りについている時も，重要な働きをしているからである。すなわち，眠るためには聴覚の機能が一時的に停止しなければならず，目覚めるときも，たいていは耳から入る音によって目覚めるからである［Bursevî 1911: V, 220］。

第 12 節に関しては，ブルセヴィーは，「2 団のどちらが」と「知ろうとした」という 2 つの表現を解釈の対象とする。前者については，その 2 団のうちの 1 つは青年たちであり，もう 1 つは，青年たちが脱出した町の政権を代々受け継いだ支配者たちであると解釈している。それぞれの一団が互いに論争したのは，青年たちが洞窟に滞在している期間についてであった。青年たちは，眠りから目覚めた後に，正確な期間をアッラーだけが知っていると言って，それに関する判断をアッラーに委ねたが，支配者たちは，その期間を予想しようとした。このことを鑑みれば，アッラーが彼らを目覚めさせたのは，この 2 団のうちどちらが正しいかをはっきりさせるためであったということができる。結局，正しかったのは，青年たちによる「アッラーが最もよく知っておられます（18:19)」という言葉であった。後者の「知ろうとした」をめぐっては，「知る」は「試す」を意味し，アッラーが彼らを目覚めさせたのは，彼らを試す者として振る舞うためであったと解釈されている。というのも，無始無終のアッラーは全てを知り尽くしており，新たなことを

「知ろうとする」ことはありえないからである［Bursevî 1911: V, 220］。

ここまでは，章句における難解な単語，登場する人物と当時の社会について，様々な伝承や先行文献の引用を駆使しながら外的に解釈を行っているだけであるが，ブルセヴィーはさらにその内的な意味に関する解釈も行っている。彼が注目するのは，青年たちによる信仰のための脱出および洞窟での隔絶状態と，スーフィーたちの修行法の１つであるハルワ（khalwa, Tr. halvet, 隠遁）との関係である。彼は，自身も大きな影響を受けたナジュムッディーン・ダーイェの『諸真理の海』からの引用をもとに，自身の内的な解釈を以下のように組み立てている。

> （ムハンマドよ，）汝のウンマにも，洞窟の仲間たちに類似する人たちが存在している。彼らの洞窟は，瞑想のために独居しているハルワの家であり，彼らのラキーム(4)は，愛のラキームで装飾されている。彼らは我（アッラー）を愛し，我も彼らを愛している。そして，彼らの心は，私の許からくる学問で飾られている。……洞窟の仲間たちは，ディクヤーヌースとの対面することを避けて洞窟に避難したが，彼ら（汝のウンマにおけるハルワの仲間たち）は，我との対面を求めてハルワの家に独居した。……ハルワの仲間たちの目的は，悪を命じる魂と存在の洞窟の暗さ（ẓulumāt ghār al-wujūd）から脱出して，我の美（jamāl）と栄光（jalāl）に到達（wuṣūl）することである。……「かれらの聴覚を妨げた」は，ハルワする者たちの聴覚を，彼らの心に入り込んで邪魔をする人々の言葉から妨げたということを示唆している。……「２団のどちらが」というのは，洞窟の仲間たちか，ハルワの仲間たちのどちらかが，洞窟かハルワの家における滞在期間を計算出来るかを知ろうとしたということである。［Bursevî 1911: V, 220-221］

ここで注記しておく点が１つある。上述の「外的解釈」では「２団のどちらが」のうちの「２団」は洞窟の仲間たちと彼らが逃げ出した町の支配者とされていたのに対して，ここでは洞窟の仲間たちとハルワの家の人々と解釈されている。これはブルセヴィーが矛盾しているのではなく，「外的解釈」

と「内的解釈」では異なる意味を取り得るということを示している。

物語の詳細は，この後の章句において明らかにされている。彼らが洞窟にいたる過程と洞窟の中での状態を語る 13－18 節は以下のようになっている。

> われはかれらの物語の真実をあなたに語ろう。かれらは主を信じる青年たちであったから，われはなお一層かれらを導いた（18:13)。われはかれらの心を引き立て，かれらが起き上がった時に言った。「わたしたちの主は，天と地の主である。わたしたちは，かれを差し置いて如何なる神にも祈らない。（もしそうしたら）本当に無法なことを口にすることになる（18:14)。これらわが同族の人びとは，かれを差し置いて神々を立てた。どうしてそれら（神々）は，かれらに対して１つの明白な権威ももたらさないのであろうか。アッラーについて偽りを捏造するよりも甚だしい不義を犯す者があろうか」(18:15)。「そうだ，あなたがたがかれらから，またアッラー以外にかれらが崇拝する者からそれて，洞窟に逃れれば，主はあなたがたの上に慈悲を現わされ，あなたがたのために，事態を安穏に処理なされよう」(18:16)。あなたは太陽が昇る時（光線がかれらの所に差し込まないように）洞窟から右の方にそれて，沈む時は洞窟の中の広場にいたかれらを過ぎて左の方にそれて去るのを，見たことであろう。これはアッラーの印である。アッラーが導かれる者は，（正しく）導かれた者である。だが迷うに任せられた者には，あなたは正しく導く保護者の１人も，見出せ得ないのである（18:17)。あなたは，かれらが眠っているのに，目を覚していると思ったであろう。われは，かれらを左右に寝返りをさせた。またかれらの犬は両足を洞窟の入口に伸していた。もしあなたがかれらの所に来たならば，きっと恐れおののき走って逃げ出したことであろう（18:18)。

第 13 節における「物語の真実を語る」という表現には，語り部の多くが，物語を伝える際に自分たちに都合の良い部分だけを語ったり，嘘を加えたりして，真実を話さないということが示唆されている，とブルセヴィーは言う［Bursevî 1911: V, 221］。ブルセヴィーが言及しているのは，イスラームの宗教上特別な日にモスクや公の場で人々を感動させる話をするクッサース（quṣṣāṣ）と呼ばれる者たちのことであるが，彼らはムスリムの学者によっても批判される人々である。

青年たちの信仰と彼らが生きた時代に関する詳しい解釈が行われるのもこの第13節である。「かれらは主を信じる青年であったから，われはなお一層かれらを導いた」という部分で，ブルセヴィーは，彼らの宗教と信仰に至る過程を分けようとする。彼は，クルアーンによって正しい信仰として認められているその宗教に，彼らがいかにして入信したかという問いを提示する。その答えは，アッラーからの直接の霊感（ilhām, Tr. ilhâm）によって行われた，というものである［Bursevî 1911: V, 221］(5)。

> 彼らは，アッラーによって引きつけられ，彼によって育てられた人たちであった。彼らが（アッラーの直接の指導によって信仰したという）ことは，例外として認めることができる。同じようなことは，預言者の「私は，神によって養育されたが，彼は，私の養育を良くした」というハディースにおいても示唆されている。ある集団が預言者や使徒の媒介なく神によって指導されることは，アッラーの力によることである。また，神がある集団をシャイフの媒介なく自らに近づけてワリーの位に上げさせるのも彼の力によることである。しかし，アッラーが僕を指導する普通の仕方は，預言者や使徒たちか彼らの代理人であるウラマーとシャイフたちの媒介による。［Bursevî 1911: V, 224］

ブルセヴィーは，洞窟の仲間たちが生きた時代に関して様々な見解(6)を列挙するが，通説として認めるのは，イエスの後の時代に生きていたという説である［Bursevî 1911: V, 221］。この説によれば，彼らはキリスト教徒であったということになる。

続く第14節において，ブルセヴィーが注目するのは「われはかれらの心を引き立て，かれらが起き上った時に言った」という箇所における「起き上がる」という表現である。ブルセヴィーは，この表現を信仰のために権力に対して立ち上がることと理解している。さらに「最も良きジハードは，残酷な権力者に対して真実を言うことである」というハディースを引用して，当時の王によって多神教への入信を強いられたことについて「……わたしたちの主は，天と地の主である。わたしたちは，かれを差し置いて如何なる神にも祈らない（18:14）」と言って立ち上がった青年たちの態度をほめている［Bursevî 1911: V, 222］。ブルセヴィーは，また第16節の「あなたがたがかれらから，またアッラー以外にかれらが崇拝する者からそれて，洞窟に逃れれば……」に言及しながら，ある場所で信仰の通りに生きることが苦しくなった際には，そこを離れることが必要であると主張する［Bursevî 1911: V, 223］。

ブルセヴィーは，第16節からさらにハルワの必要性を読み取り，次のように述べる。

> アッラー以外の神に祈ることを拒否し，自らの民と仲間たちや悪党の兄弟たちなどから離れたことを後悔する人（tā'ib）には，アッラー以外の全てから身を引き，アッラーのみに頼って彼に避難することが求められる。［Bursevî 1911: V, 223］

第17節は，洞窟の地理的な状態と青年たちの様子について語っている。ブルセヴィーは，洞窟の中の状態を，入り口は北向きであり，日光が当たらなかったから涼しかったと言う。だがこの状態が続いたのは，ディクヤーヌースが洞窟の入り口を封鎖する前までであった［Bursevî 1911: V, 224-225］。

第18節に関して，ブルセヴィーは2つの興味深い解釈を提示している。第1は，ズィクル（唱念，dhikr）でよく使用される文言「神なし，アッラーのみが存在する（Lā ilāha illā Allāh）(7)」に関連付けられた解釈である。ブルセヴィーは，ズィクルにおいて，前半の否定の部分を唱える時に頭を左に向け，後半の肯定の部分の時に右に向けるのはこの章句の「われは，かれらを左右に寝返りさせた」に由来していると言う。また，彼は，同節のこの箇所から，青年たちが洞窟の中でアッラーによって左右に動かされることに何の反応も示すことなく従ったように，ムリード（弟子）もシャイフの指示に死体のように従うべきである，という意味をスーフィーたちが読み取っていることにも言及している［Bursevî 1911: V: 225］。

第2の解釈は，筆者の言うところの「説教的な解釈」と関わってくる。彼がその解釈を施している箇所は「またかれらの犬は両足を洞窟の入口に伸していた」である。一見したところ，洞窟の仲間たちについてきた犬の洞窟の入り口の前の状況を伝える表現のように思えるが，ブルセヴィーは，ここから興味深い解釈を展開している。

> 伝承によれば，この犬は，天国に入る10の動物たちの中の1つである。……イブン・アッバースは，「信頼できる犬は，裏切る隣人より好まれる」と言ったと伝えられている。ハサン・アル＝バスリーは，犬には，スーフィーがもつべき10の良い性質があると述べる。第1に，犬はいつもお腹がすいている状態であるが，良き者（サーリフ）にも空腹が必要である。第2に，犬には定住する場所がないが，定住しないことは全てをアッラーに任す人（ムタワッキル）たちの特徴の1つである。犬は，夜少ししか寝ないが，夜を徹することはムヒッブ（愛する者）の印である。犬が死ぬと何も遺さないが，それは禁欲主義者の性質の1つである。
> [Bursevî 1911: V, 226-227]

件の節の犬に関する文章を読めば，犬が肯定的に捉えられているということが分かるが，ブルセヴィーにとっては，犬に関する事柄がそれ以上の重要性を持っていたようである。他のテーマの場合，せいぜい4，5行の解釈がされるだけだが，犬に関しては，2頁近い説明がされている。ブルセヴィーは，犬に関して穏健的な立場をとっていると言える(8)。なぜならば，一部のイスラーム法学者たちは犬を不浄とみなすからである(9)。よって，犬を不浄と判断する法学者等がこの箇所の文言を取り上げる際には，自身の判断に矛盾しない形で解釈を行わなければならないのである。例えば，イブン・カスィール（Ibn Kathīr, 1373年没）は，「犬は，洞窟の入り口の外側に座っていた。なぜならば，犬がいる家には天使が入らないからである」と言っている。ブルセヴィーは，この犬を不浄とされている犬とは異なる犬として扱う解釈も伝えているが(10)，結論としては，この犬は特別なものではなく一般的な犬であったと解釈している。

ブルセヴィーは，なぜこれほど犬を詳しく取りあげているのであろうか。その理由の1つとして，このクルアーンの章句がブルセヴィーの存在論とクルアーン解釈の方法を示すために重要であったということが考えられる。それは次のように説明することができよう。

まず，イブン・アラビー学派のスーフィーとしてのブルセヴィーの存在論との関係を考察する。なお，彼の存在論は，スーフィズムにおける善悪論にまで広がる射程を持つが[(11)]，そこには立ち入らないことにする。さて，ブルセヴィーの存在論の観点から見た犬の解釈は，犬に付されてきたイスラーム法学的な不浄という側面より，善悪とは関係ない純粋な存在物としての側面を強調している。このような解釈は，ブルセヴィーの存在観を表すと同時に，彼のタフスィールの方法についてもヒントを与えてくれる。筆者が主張してきたように，存在論に関してもクルアーンの解釈に関しても，ブルセヴィーの目的は，全てのスーフィーたちと同様に，マーリファである。では，犬の解釈からいかにしてマーリファが得られるのであろうか。

ブルセヴィーは，イブン・アラビー学派に属するスーフィーであるため，イブン・アラビーの思想を受け継いでいる。一方で，彼は思想家であると同時に，スーフィズムの修行を実践するスーフィーでもある。彼は，著作の中でしばしば，その実践の結果獲得した自身の神秘的な体験について言及している。すなわち，彼はある学派に属する単なる思想家ではなく，自らの体験を思想化して伝えるスーフィーでもあるのだ。したがって，クルアーンを扱う際にも，これらの体験をもとに解釈を行い，自身の霊的な体験を確証し得る章句を探すわけである。しかし，これは，単に都合の良い章句を自分の思想の妥当性のために使うということではない。むしろ，存在とクルアーンという2つの異なる領域から得られた事柄を照らし合わせようとしているのである。というのも，存在とクルアーンは両方とも，神に至るための印であるため，2つの領域で見出されたことは共通するはずだからである。

さて，ここで再び，犬の解釈とマーリファとの関係に議論を戻そう。ブルセヴィーは，存在を考察する際に獲得された真理を，犬の解釈において確証しようとしている。まず，存在における真理というのは，イブン・アラビー学派の主張の1つであり，彼の著作『存在の五次元説の書』においても言及されている「存在一性論」である。これによれば，われわれによって知覚されている万物は，様々なかたちで現れているにもかかわらず，唯一の存在によるものである。その唯一の存在というのは，神である。すなわち，全ての存在は，神の現れなのである。また，それら様々な顕現は相対的な存在であって，真の絶対的存在は神のみである。ブルセヴィーは，その修行に際して，様々な現れ方をする相対的な存在を考察し，その背景にある真の存在を体験したはずである。それは，存在という側面で見た際の神についての知識のマーリファであると言える。それでは，犬を解釈する際，その真の存在を如何にして見つけるのだろうか。

これは逆説的に以下のように説明できる。仮にブルセヴィーを非スーフィーの法学者と考えてみよう。その場合，彼は，犬は不浄であるという固定観念を追認するような解釈をしたはずである。しかし，彼は実際にはスーフィーであるため，存在に関する既成観念をもとに解釈を行い，犬を善悪から離れた純粋な存在とする。ところが犬は不浄とみなされるため，その正反対の解釈をして，犬の良い面を探ろうとするのである。そうすることによって，存在において体験したところのものに，クルアーンの解釈においても到達するのである。存在の領域において「顕現」の果たす役割が，クルアーン解釈においては外的な解釈・外的な意味によって果たされている。あたかも，ブルセヴィーは，様々な顕現の向こうにある真実在に，クルアーンにおいて複数の外的な意味と解釈の裏側で再会するかのごとくである。存在の場合に真実在であったものが，クルアーンの場合は，クルアーンという言葉を発する真の発話者になるのである。要するに，犬の解釈によって，「真実在（al-wujūd al-ḥaqīqī）」と「真の意味あるいは内在的意味（al-maʻnā al-ḥaqīqī）」との融合が確証されるのである。

これこそが，ブルセヴィーによる存在とクルアーンへの倫理的な解釈であり，同時にそれはスーフィーの知の照応性を意味してもいる。他方，ブルセヴィーの解釈にはもう1つの側面がある。それは自分の解釈を何らかの形で実践するということである。例えば，犬に関する解釈のところで，彼は犬の持つ10の良い性質を列挙し，各ムスリムはそれらを身に着けるべきだと言い，犬についての肯定的な見解をスーフィー的な宗教生活に適用しようとする［Bursevî 1911: V, 227］。犬の性質がムスリムにも必要であると指摘されているわけだが，ここで本当に適用されているのは，犬の性質ではなく，事物を善と悪とに関係なく純粋な存在として見る，というスーフィー的な存在観である。

洞窟の仲間たちの物語のうち，青年たちが目を覚ました後の物語は，洞窟章 19－26 節の部分である。以下，引用しよう。

> こんな（状態の所）に，われはかれらを（眠りから）覚して，互いに問わさせた。1 人が言った。「あなたがたは（ここに）どれくらい滞在したのですか。」するとかれらは，「わたしたちは 1 日か，1 日足らずの滞在です」と（答えて）言った。（しばらくしてまた）言った。「アッラーはあなたがたが滞留したことを最もよく知っておられます。さあ，この銭を持って 1 人を町にやり，そこで最も清い食べ物を持っている者を見つけて，そこから食料をあなたがたに持って来させよう。かれには慎重に振る舞わせて，あなたがたのことを誰にも気付かせてはならない (18:19)。もしかれらが，あなたがたのことを知ることになれば，必ず石撃ちにするか，あなたがたをかれらの教えに戻らせよう。そうなったらあなたがたは永久に栄えないであろう」(18:20)。このようにして，われはかれらの消息を明るみに出した。それはアッラーの約束が真実であり，また（最後の審判の）時については，疑いのないことを知らせるためである。すると人びとはかれらの事件について互いに論じ，（1 人が）言った。「かれらの上に建物を建てよう。主は，かれら（の真意）を最もよく知っておられます。」かれらを牛耳っている者たちが言った。「わたしたちは，かれらの上にマスジドを建立することにしよう」(18:21)。（ある者は）言う。「（かれらは）3 人で，4 番目は犬です。」（外の者は）単なる推測で，「かれらは 5 人で，6 番目は犬です。」と言う。（またある者は）言う。「かれらは 7 人で，8 番目は犬です。」言ってやるがいい。「わたしの主はその数を最もよく知っておられる。かれら（の真相）を知る者はごく少数に過ぎない。」それで外部に見えることの議論の外は，かれらに関し論争してはならない。またかれらについて，

誰にも問いかけてはならない（18:22）。何事でも，「わたしは明日それをするのです」と断言してはならない（18:23）。「アッラーが御好みになられるなら。」と付け加えずには。あなたが忘れた時は主を念じて，「わたしの主は，これよりも正しい道に近付くよう御導き下さるでしょう。」と言え（18:24）。さて，かれらが洞窟に滞留したのは，300と9年であった（18:25）。言ってやるがいい。「かれらが，どれ程長く滞留したか，アッラーが最もよく知っておられる。かれに，天と地の幽玄界は属する。何とかれはよく御存知であられ，またよく御聞きになることよ。かれら（言い争っている人びと）には，（結局）かれの外にはどんな保護者もなく，また何ものも，かれの大権に参与しないのである」（18:26）。

ブルセヴィーは，青年たちが目を覚ました後の出来事を解釈するとき，彼らが目を覚ました後の話し合いから，洞窟に入った時間帯を推測しようとする。青年たちは，自分たちの睡眠期間を1日かそれより少ない時間かと思っているので，洞窟に入ったのは，少なくとも午前中だったという。なぜならば，午後に洞窟に入ったのなら，目覚めた時はすでに夜になっていただろうし，そうであれば仲間の1人を市場に送ろうと提案されることはないからである。さらにブルセヴィーは，クルアーン中で会話をしたと伝えられている青年たちの名前や市場のある町の名前(12)まで詳しく説明し，「倫理的な解釈」とも言うべき特殊な解釈をするために，第19節の「この銭を持って1人を町にやり，そこで最も清い食べ物を持っている者を見つけて，そこから食料をあなたがたに持って来させよう」という文言に注意を促す。彼は，この文言はアッラーのために洞窟に避難しても，食料をアッラーに任せることなく，自分で食料を見つけるべきと言おうとしていると考え，さらに，食物を求めることは，タワックル（tawakkul，全てをアッラーに任せること）と相反するものではなく，これこそがタワックルであると主張する。なぜならば，真のタワックルとは，本当に全てを神に任せるのではなく，媒介を通してアッラーを信頼することだからである［Bursevî 1911: V, 229］。

第19節と第20節の解釈では，無理やり自分たちの信仰を奪われることを恐れる青年たちの慎重な振る舞いに関して，彼らの時代と自分の時代との類似性をブルセヴィーは指摘する。彼らが洞窟に避難する原因となった君主ディクヤーヌースのごとき人物は，いつの時代にも存在するので，信仰，生命や魂への危険性を感じるならば，家屋に避難せよと彼は言う[13]。なぜならば，社会が悪い方向に向かえば向かうほど，個人も悪い方向に向かうからである。だから，悪い状態になった社会から身を引く必要が生じるのである。社会から何の影響も受けないと言い張る人は，自分で自分をだましているにすぎない，とブルセヴィーは言う。

このように，ブルセヴィーは洞窟の仲間たちの時代に生きていたディクヤーヌースという暴君およびその社会と，自分の時代の社会を対比しているわけであるが，ブルセヴィーの時代の社会でディクヤーヌースに対応するのは，社会の宗教観および道徳の腐敗であると考えられる。そういった状態の社会へのブルセヴィーの対策は，社会の悪しき習慣を捨てて，家で隠遁することである。要するに，ブルセヴィーは，洞窟の仲間たちの物語において実在した人物（青年たちが逃れようとした町の王ディクヤーヌース）を社会において宗教的生活を侵害する悪習と理解して，青年たちの洞窟への避難を，その悪習に対する個人的な抵抗と解釈するのである。彼のこの解釈のもう1つの特徴は，青年たちの抵抗を，スーフィズムの実践の1つであるハルワに比定しつつも，それを特定の修行法としてではなく，ある種の精神的な状態として勧めている点にある。したがって，彼は，物語とハルワを倫理的なレベルで解釈していると言える[14]。

第21節の解釈においては，ブルセヴィーは，青年たちが目を覚ます過程とそのときに生じた事件に注目する。彼が伝えている逸話によれば，青年たちが目を覚ました時の王タンドゥルース（Tandurūs）は正しい信仰を持つ者であったが，大衆のほうは，特に死後の復活を信じなかった。タンドゥルースがこのことで悩んでいたので，神は死後の復活を証明するために，彼の在位中に青年たちの目を覚まさせた。それを目撃した大衆は，正しい信仰を持つようになった。その後，青年たちは再び眠りにつき，そのまま目覚めることなく死んだ。大衆は，彼らのために黄金の棺を用意し，その上に廟を建てることを望んだ。しかし，青年たちが黄金を嫌がっている夢をタンドゥルースは見ていたため，黄金の代わりに金属の棺が作られ，廟の代わりに礼拝場が建てられることとなった［Bursevî 1911: V, 232］。ここでブルセヴィーは墓廟に話題をかえて，墓への派手な装飾を批判している。

第22節では青年たちの数が話題になっているが，ブルセヴィーの解釈もまた青年たちの人数を問題にしている。この章句そのものは話し手を明らかにしていないが，ブルセヴィーは，キリスト教徒たちが，青年たちの数を5人として6番目を犬とし，ユダヤ教徒たちが青年たちの数を3人として犬を4番目にしたと解釈する。そして，7人と1匹の犬とするのが正しいとして，ムスリムたちがそれを主張していると言う。また，この節からの倫理的な解釈として，何かについて論争する際，議論される事柄に関する知識が明白でない限り，論争すること自体が道徳に反する行為であるという格率・道徳律が引き出されている［Bursevî 1911: V, 232］。

第23節と第24節は[(15)]，倫理的な解釈に割り当てられていると言える。それは，アラビア語でイスティスナー（istithnā'）と呼ばれる，「インシャー・アッラー（in shā'a Allāh）」という文句である。これは，「(未来に) 何かをする」という時に唱えなければならないとされている。ブルセヴィーは，イスティスナーに関して，冗談話まで交えて[(16)]詳しく解釈し，その重要性を訴えかける。例えば，イスティスナーをつけなければならないのはなぜかというと，将来すると確言したことを様々な事情で実現できなくなる場合も出てくるからである。イスティスナーを付け加えておけば（インシャー・アッラーと言っておけば），嘘をついたことにならない［Bursevî 1911: V, 234-235］。

第25節は，彼らの本当の睡眠時間を「300と9年」であったと伝えている。ブルセヴィーは，この文言について，9年が付け加えられているのは，太陰暦を使用する人々のためであると言う。すなわち，西暦を使っていた当時の人々の暦で考えれば，睡眠期間は300年間であるが，太陰暦に換算すれば309年間になるわけである。

第26節の解釈では，ブルセヴィーの存在思想が反映されている。彼が注目するのは，「何とかれはよく御存知であられ，またよく御聞きになることよ」という箇所における「知」と「聞くこと」である。ブルセヴィーはこの2つの表現を起点として神の属性の説明に入り，カイセリーを引用しながら，存在がどのようにして存在したのかを説明する。

> 神の「聞くこと（sam‘）」（という属性）は，「統合の中の統合の次元（maqām jam‘ al-jam‘）」において，神の「知（‘ilm）」（という属性）が「本質的な言葉（al-kalām al-dhātī）」に関わることによって起こる顕現である。「視ること（baṣar）」（という属性）は，神の「知」が「諸本質（ḥaqā’iq）」に「観照（shuhūd）」の方法で関わることによって起こる顕現である。神の「言葉（kalām）」（という属性）は，不可視にあるものを現すために，神の「意志（irāda）」と「力（qudra）」が関わることによって起こる顕現である。クルアーンでは「神が何かを望まれ，「有れ」と御命じになれば，即ち有る」と言われている。

ここで主張されているのは，存在が神の知の中に常にあるが，存在物になるのは，神の言葉によって，彼の知の中にあり不可視であったものが，可視になるということである。

以上のように，ブルセヴィーのタフスィールに関して考察した結果，次の4点が明らかとなった。

第1は，ブルセヴィーの外的なタフスィールに関するものである。ブルセヴィーは，「洞窟の仲間たちの物語」において，難解な言葉の言語学的な解釈（第9節），人物に関する歴史的な情報についての伝承的な解釈（第10節，第13節）および神学的な解釈（第12節）といった，外的な解釈の様々な方法を用いている。

第2は，内的な解釈に関するものである。ブルセヴィーは，「洞窟の仲間たちの物語」から得られる内的なタフスィールとして，ハルワを挙げている。ナジュムッディーン・ダーイェなど，先行するスーフィーたちの言葉を引用して，洞窟の仲間たちの状況からハルワの必要性とその利点についてのタフスィールを行っている（第12節，第16節）。

第3は，「倫理的・実践的解釈」に関するものである。彼は，第14節において「犬」を「倫理的・実践的」に捉えている。第19節と20節においても，歴史的な人物の倫理的な解釈が見られる。また，第 26 節において，存在思想のタフスィールにおける照応性も見られる。

第 4 は，宇宙論とタフスィールの照応である。第 14 節において，倫理的に解釈している「犬」について，ブルセヴィーは存在思想を適用して解釈している。この点は，スーフィズムとタフスィールの照応を示すものと評価しうる。

2　預言者ムーサーとヒドルの物語

この物語は，主人公の預言者ムーサー（Mūsā），1 人の若者（fatā），ヒドルの 3 人[(17)]による旅とその途中で起こる不可解な体験が軸となる。クルアーンの章句では，洞窟章の 60 - 82 節に該当し，その内容から 3 つの部分に分けることができる。第 1 の部分（60 - 65 節）は，預言者ムーサーおよび彼に同行した 1 人の若者がアッラーの僕の 1 人と面会するための旅を描く。第 2 の部分（66 - 78 節）は，預言者ムーサーと「僕」（ヒドル）の旅を主題とする。第 3 の部分（79 - 82 節）は，預言者ムーサーと「僕」（ヒドル）の旅で起こった事件の解明に関する部分である。第 1 の部分の章句は，次のようである。

> ムーサーがその若者にこう言った時を思え。「わたしは 2 つの海が会う所に行き着くまでは，何年かかっても，（旅を）止めないであろう。」(18:60)。しかしかれらが，2 つ（の海）の出会った地点にたどり着いた時，かれらの魚（のこと）を忘れていたので，それは海に道をとって，すっと逃げ失せてしまった (18:61)。かれら両人が（そこを）過ぎ去った時，かれ（ムーサー）は若者に言った。「わたしたちの朝食を出しなさい。わたしたちは，この旅で本当に疲れ果てた。」(18:62)。かれは（答えて）言った。「あなたは御分りでしょうか。わたしたちが岩の上で休んだ時，わたしはすっかりその魚（のこと）を忘れていました。これについて（あなたに）告げることを忘れさせたのは，悪魔に違いありません。それは，海に道をとって逃げました。不思議なこともあるもので

す。」(18:63)。かれ（ムーサー）は言った。「それこそは，わたしたちが探し求めていたものだ。」そこでかれらはもと来た道を引き返した(18:64)。それからかれは（岩のところに戻って来て)，われの１人の僕に会った。われは（あらかじめ）かれに，わが許から慈悲を施し，また直接に知識を授け教えておいたのである（18:65)。

ブルセヴィーは，第１の部分の解釈冒頭において，旅の理由と預言者ムーサーおよび若者の素性の問題を論じる。彼らの旅は，預言者ムーサーが神に知識を帰することに失敗したことに起因するという以下の伝承を引用している。

預言者ムーサーが古代エジプト滅亡後のエジプトを征服した時，アッラーは，預言者ムーサーに，その勝利はアッラーの恵みのお陰であることを教えよと命じた。預言者ムーサーは，きわめて雄弁な説教を行った。それに誰もが感動した。イスラーイールの息子たち（ユダヤ教徒）の１人の学者が，「ムーサーよ，最も物知りの者は誰か」と尋ねた。ムーサーは，「私」と答えた。彼は，知をアッラーに帰さなかったことにご満足されなかった。そして，アッラーは，彼に「われには，２つの海が合流するところで，汝より物知りの僕がおる」と仰せられた［Bursevî 1911: V, 262-263］。

ブルセヴィーは，ここで言われるムーサーは，預言者であるムーサー・イブン・イムラーン（Mūsā ibn ‘Imrān）ではなく，ムーサー・イブン・ミーシャー・イブン・ユースフ（Mūsā ibn Mīshā ibn Yūsuf）であるという異説も挙げている。しかしブルセヴィーはその異説はユダヤ教徒の解釈であるとし，彼らの主張の動機は，奇跡を起こしてアッラーと会話した預言者ムーサーが自分より下位の者から何かを学ぶなどということは相応しくないと考えたことにあると断ずる。ブルセヴィーはその説に反論して２つの議論を提示している。１つは，どんな物知りでも，知らないことがあるという反論であり，２つ目は，全面的に優れた者には，一面において優秀でない時もあるという反論である［Bursevî 1911: V, 263］。後者を言い換えるならば，啓示を受けた預言者ムーサーは，啓示以外の事柄を必ずしも知っている必要がない。知らないことがあり，それを自分より下の者から教わっても，彼の預言者としての品位を何ら損なうものではないということになる。

第 61 節のうち，比較的詳しく解釈されるもう 1 つの箇所は，「2 つの海が会う所」という文言である。ブルセヴィーは，外的解釈の観点からこの文言を取り上げ，2 つの海は，インド洋（Baḥr al-Fārs）と地中海（Baḥr al-Rūm）であると指摘している。この文言中の「会う」という部分を，似たような表現のある第 55 章第 19 節(18)を参照しながら，「合流」と理解する。さらに，その次の節(19)で，この 2 つの海の間に「障壁」があると言われていることも考慮に入れ，この 2 つの海は，ある場所において合流するが，完全に混ざっていないと考える。完全に混ざらないのは，2 つの海の水が異なる性質を持っているためか，その間にある地峡のようなものが妨げているためであると指摘している［Bursevî 1911: V, 263］。

また，ブルセヴィーは「2 つの海が会う所」について，内的解釈も行っている。

> 2 つの海は，預言者ムーサーとヒドルである。彼らの知識の多さは，海水の多さに喩えられている。預言者ムーサーは，外的な知および内的な知の海であるが，外的な知，いわゆるシャリーアのほうが圧倒的に多い。ヒドルも両方の知を含む知の海であるが，彼の場合は，内的な知，いわゆるハキーカのほうが優れている。［Bursevî 1911: V, 263］

第 61 節では，不思議な事件が起こる。それは，預言者ムーサーと同行者の若者が携えていた魚が海に落ちて逃げたことである。ブルセヴィーのこの節の解釈の中心になるのは，魚に関する部分である。ブルセヴィーはまず，魚が如何にして海の中で道を見出したのかということに注目して，魚が海に落ちた時，アッラーは，海に落ちた魚のためにある種の海中隧道を作り，魚がその道を通って逃げたと解釈する。

魚に関するもうひとつの議論は，魚の復活が 2 つの海が出会う場所の印であったにもかかわらず，第 62 節において記されているように，なぜ青年がそれを忘れたのかということである。ブルセヴィーは，それに対して，２つの引用に加えて[20]，自らの見解も提示する。その見解は，ブルセヴィーの外的解釈の典型例でもある。彼の見解が，預言者ムーサーのこの旅の動機と関わっていることにまず留意しておきたい。その見解とは以下のようなものである。アッラーは，彼の同行者に，旅の終点を指す印であった魚のことを忘れさせた。そうすることによって，アッラーは，自らの知を誇った預言者ムーサーに，人間に知を授けるのはアッラー自身であることを教えたのである［Bursevî 1911: V, 265］。

第 63－65 節の解釈では，預言者ムーサーと若者が（ヒドルとの）待ち合わせの場所，つまり２つの海が出会う場所を通過してしまったこと，そしてそのことに気づいて逆戻りしたことに関して外的解釈を行った後に，この旅から得られる倫理的な教訓に注目している。この部分からブルセヴィーが引き出す倫理的な解釈は，師弟関係に関するものである。彼は，師弟の道徳論に関する物語の様々な要素を比喩的に解釈することによって，タフスィールを展開している。

> 真理に導く完全な師匠（シャイフ）に仕えることを決意した正しき弟子は，同行者として聖なる導き（tawfīq）を，道の糧として現世的な欲望という塩で味付けられた「心の魚」を携えることが必要である。弟子の目的地である「２つの海の出会う場所」は，師匠と弟子の間で成立する近しさ（walāya）である。弟子は，近しさがなければ，師匠の語らい（ṣuḥba）に到達することができない。近しさに出会う場所には，「生命の泉（‘ain al-ḥayā）」がある。その泉の一滴で弟子の心の魚が再生し，近しさという海で道をとっていく。……弟子は，師匠に仕えずに礼拝だけに専念することでアッラーに至ることができると思い込むものだが，師匠の媒介なくしてアッラーと合一することは不可能である。師匠との近しさは弟子にとって魂の糧のようなものである。師匠との近しさを通り過ぎてしまうこともあるが，預言者ムーサーと若者のように，近しさにもどらなければならない。［Bursevî 1911: V, 266-267］

預言者ムーサーと青年の旅を，僕の１人から知を授かるための知を求める旅として理解することが，ブルセヴィーの解釈の要である。彼は，預言者ムーサーと若者を弟子，僕の１人を師匠として設定し，物語における様々な要素と出来事を師弟関係から解釈しようとする。例えば，物語における「２つの海の出会う場所」は，師匠と弟子の相互信頼によって作り上げられる「近しさ」を喩えていると解釈する。預言者ムーサーと若者が待ち合わせの場所に到達しなければ，旅の後半において起こる様々な不思議な事件もその背景にある知の獲得もありえなかっただろうということから，シャイフから知を受け取るためには，まずこの近しさを作りあげて保つことが不可欠である。その信頼が崩れたりすることもあるが，物語で待ち合わせの場所を過ぎてしまった２人が元の場所に戻ったように，失われた近しさを作り直すことが重要である。なぜならば，弟子の心の新鮮さは，「近しさ」にある生命の泉によるものだからである。それは，物語における魚の再生で喩えられているのである。生命の泉とは，魚が落ちた海のことであり，魚が弟子の心に相当する。(21)

第１の部分の最後の節である第 65 節に関する解釈は，「われの１人の僕（‘abd min ‘ibādinā）」と「直接な知識（al-‘ilm al-ladunnī）」という２つの表現に集中している。

また，ブルセヴィーはヒドルについての外的解釈と内的解釈を施し，ヒドルの身体(22)，彼の名前とその由来(23)，両親の身体(24)，生涯(25)，彼を預言者と考える者とワリーと考える者の論争，彼が不死か否かの論争，彼と預言者イルヤース（旧約聖書のエリヤ）との関係について，複数の伝承を挙げながら論じている。(26)その中でも，特にヒドルの預言者性と不死性については，詳しい議論が見られる。

ブルセヴィーによれば，スーフィーたちを含む大半の学者の見解は，ヒドルは預言者ではなく，ワリーであるとするものである。しかし，ムスリム（Muslim ibn al-Ḥajjāj）等のハディース学者たちは，ヒドルの預言者説を主張している。彼らの論点は，「われは（あらかじめ）かれに，わが許から慈悲を施した（18:65）」というクルアーンの章句にある。アッラーの許から下される慈悲は，「かれらは主の慈悲を割り当てるのか（43:32）」においてそうであるように，預言者の職として解釈される。その解釈に対して，慈悲は必ずしも預言者の職として解釈されず，むしろ，ヒドルに授けられたのは，長寿と直接的知識であるとブルセヴィーは主張する［Bursevî 1911: V, 280］。(27)

ヒドルの不死性については，ブルセヴィーは，スーフィーたちが不死説をとる傾向にあると指摘する。なぜならば，イブン・アラビーの『マッカ啓示』，アル＝ハキーム・アッ＝ティルミズィー（al-Ḥakīm al-Tirmidhī, 907/8年没）の『基礎学の稀少（*Nawādir al-Uṣūl*）』，アブー・ターリブ・アル＝マッキーの著作に，これらの著者たちと他の数多くのスーフィーがヒドルと出会い，会話をしたという記述が見られるからである。一方，ブルセヴィーは，特にハディース学者たちの意見を挙げて，外的解釈も行う。そこでは，ブハーリーの次の見解が取り上げられている。「ヒドルとイルヤースが現在も生きているということはありえない。なぜならば，それが不可能であるとするクルアーンの章句もあれば，預言者ムハンマドのハディースもあるからである。クルアーンには「われはあなた以前の誰に対しても，永久に生きる者としたことはない。あなたは死ぬのに，かれらは永久に生きるというのか(21:34)」とあり，ハディースには「我の後には，預言者がいない」とある」。このブハーリーの見解に対してブルセヴィーは，永久に生きることと寿命の長さは別のことであると言う。すなわち，人間が永久に生きることは不可能であるが，長く生きることは可能なのである。アッラーは，特別な人間を世界の終末まで生存させるが，世界の終末の直前に全ての生物が死ぬので，特別な人間も永久に生きることはない。預言者のハディースを持ち出してヒドルとイルヤースの生存を否定する学者たちは，預言者の「我の後に」という表現に気づいていない。預言者ムハンマドの後に他の預言者は送られないが，彼以前の預言者が今も生きているということは否定されていないのである。預言者イーサー（イエス）が，そういった預言者の１人である。彼は，預言者ムハンマド以前の預言者であるが，今も生きている。従って，ヒドルとイルヤースがいまも生存していることはありうるというのである［Bursevî 1911: V, 268-269］。

また，ブルセヴィーは，ヒドルの実在性を認めない内的解釈の例も挙げている。例えば，カーシャーニーは，ヒドルがいつでも現れることを「拡張

(basṭ)」状態，ヒドルが実際には生きていないことを「凝縮（qabḍ)」状態として比喩的に捉え，ヒドルが生きていることを否定する。カーシャーニーによれば，人間（ヒドル）の魂は，ある人の精神状態に応じた形でその人に現れる。すなわち，その人が困難な状態に陥って助けを必要とする際には，人間（ヒドル）の魂が，拡張の状態のヒドルとして（その人に）現れる。ブルセヴィーは，カーシャーニーと同じイブン・アラビー学派に属しながらも，彼の解釈を好んでいないように見える。

> 魂が，人の精神的な状態に適した形での顕現することは，修行者にしばしば起こることである。しかし，覚醒状態・眠っていない状態（yaqaḍa）で現れた全てのビジョンが，夢で起こるような顕現ではない。覚醒状態において現れたことは，実物だったりすることもある。
> ［Bursevî 1911: V, 270］

この文章をパラフレーズすると以下のようになる。スーフィー修行者は起きている状態で物故者と出会ったりする。確かにそうであるが，起きている状態で見るものは眠っている時に見る夢とは異なる。なぜならば，夢に出てくるものは現実には存在しないが，起きた状態で見るものは，単なるビジョンもあるが，実際に存在しているものもあるからである。この起きている状態でヒドルを見た場合，見ているヒドルが実際に存在している可能性があるのである。

ブルセヴィーは，以上のように，ヒドル生存説に関する学者たちの外的解釈を批判しながら，ヒドルとイルヤースに関するスーフィーによる幻覚説をも受け入れない。ブルセヴィーは，外的解釈であっても内的解釈であっても，気に入らないところがあればそれぞれの方法論を駆使して批判する。外的解釈と内的解釈が対立する場合に，必ずしもどちらかを優先するというわけではない。

ブルセヴィーは，知を，「直接な知識」と「獲得される知（al-ʻilm al-kasbī)」の２つに分ける。そして，直知を「アッラーの本質および属性に関する，ほかならぬアッラーの教えによって分かる知である」と定義している。彼は，ジュナイド（Junaid al-Baghdādī, 910 年没）やイブン・アラビーといった著名なスーフィーたちからの引用を交えながら[28]，直知をさらに説明していくが，その特徴は，アッラー以外のものから学んだ場合にはどんな学問の知であれ直知にならないことを強調している点にある［Bursevî 1911: V, 270］。

ブルセヴィーは，知の獲得方法と知の種類の分析を行っている箇所で，直知を獲得される知識と捉えている。ブルセヴィーの分類は，スーフィーの知を「直接な知識」として理解し，それ以外の知を「獲得された知」とするような形式化された見方とは異なっている。ブルセヴィーによる知の分類と直知の説明は，以下の通りである。

> 私たちは，「事柄（amr）」や「真実（ḥaqīqa）」等の何らかの対象を認識したら，「概念表象（taṣawwur）」か「確定判断（taṣdīq）」という「判断（ḥukm）」に至る。それらの判断は，「必然的（ḍarūrī）」か「獲得的（kasbī）」かである。前者の必然的判断では，主体になる私たちの側でいかなる「認識欲（ṭalab）」も「獲得（kasb）」も必要ないが，後者の獲得的判断の場合は，対象に対する認識欲がなければ，それに関する知が獲得されない。「必然的な知（al-‘ilm al-ḍarūrī）」が認識されるところは，人間の理性（‘aql）と魂（nafs）である。例えば，痛感，味覚，1は2の半分であることのような感覚と知識がその範囲の知の例である。獲得的な知（al-‘ilm al-kasbī）の場合は，最初は，理性と魂において反映されず，何らかの媒介が必要である。つまり，主体から対象に向けられる観察と認識欲が必要になる。そのほか，対象と関係なく，主体の側の条件もある。それは，主体の精神的な「準備（tahyi’a）」と「清浄化（taṣfiya）」である。主体の側である程度の準備が整って，清浄というレベルに到達すれば，開示（kashf）という方法が得られる。その方法を通して獲得されるものこそ「直接な知識」である。それは，実在についての知（‘ilm al-ḥaqā’iq）と呼ばれることもある。その知の内容は，アッラーの本質，属性と行為に関する「秘密（asrār）」である。例えば，創造主と被造物の関係，被造物がいかにして創造主によって出現したのか等がその範囲の知である。その最上位の知識を得るためには，「敬虔さ（taqwā）」と「正しい行為（al-‘amal al-ṣāliḥ）」が必要である。

［Bursevî 1911: V, 271］

ブルセヴィーによる直知の解釈は，スーフィズムとそれ以外のイスラーム諸学の間で生じてきた様々な問題への解決案を提供していると考えられる。ブルセヴィーは，直知を持っているのでヒドルの知が預言者ムーサーの知より優れているという直知優位説を避け，それよりも直知が重要であり，なおかつ入手可能であるという側面に注目する。すなわち，スーフィーたちの知は条件が整えば，誰にでも獲得できる知識であることを強調する。そうすることで，ブルセヴィーはスーフィズムの実践的な側面に注目させ，一般の人に直知を獲得させるため，スーフィズムの実践に導くのである。

さて，第2の部分（66－78節）は預言者ムーサーと「僕」（ヒドル）の旅に関する章句である。今回の旅では，預言者ムーサーとヒドルが主人公になっている。前回の旅で預言者ムーサーに同伴していた「若者」については，この時点で帰ったという説もあるが，ブルセヴィーは，ハディースを引用しながら，「若者」が2人に同行したと主張する。3人の旅と，その途中で起こった様々な不可解な事件に関してクルアーンは次のように語っている。

ムーサーはかれに，「あなたに師事させて下さい。あなたが授かっておられる正しい知識を，わたしに御教え下さい。」と言った（18:66）。かれは（答えて）言った。「あなたは，わたしと一緒には到底耐えられないであろう（18:67）。あなたの分らないことに関して，どうしてあなたは耐えられようか。」（18:68）。かれ（ムーサー）は言った。「もしアッラーが御好みになられるなら，わたしがよく忍び，また（どんな）事にも，あなたに背かないことが分りましょう。」（18:69）。かれは言った。「もしあなたがわたしに師事するのなら，わたしがあなたに（何かとりたてて）言うまでは，何事についても，わたしに尋ねてはならない。」（18:70）。そこで2人が出発して，舟に乗り込むと，かれはそれに穴をあけた。そこでかれ（ムーサー）は言った。「あなたがそれに穴を開けるのは，人びとを溺れさすためですか。あなたは本当に嘆かわしいことをなさいました。」（18:71）。かれは言った。「あなたは，わたしと一緒では耐えられないと告げなかったか。」(18:72)。かれ（ムーサー）は言った。「わたしが忘れたことを責めないで下さい。また事を，難しくして悩ませないで下さい。」(18:73)。それから2人は歩き出して，1人の男の子に出会ったが，するとかれはこれを殺してしまった。かれ（ムーサー）は言った。「あなたは，人を殺した訳でもない罪もない人を殺されたのか。本当にあなたは，(且つて聞いたこともない) 惨いことをしたものです。」(18:74)。かれは答えて言った。「あなたは，わたしと一緒には耐えられないと告げなかったか。」(18:75)。かれ（ムーサー）は言った。「今後わたしが，何かについてあなたに尋ねたならば，わたしを道連れにしないで下さい。(既に) あなたはわたしからの御許しの願いを，(凡て) 御受け入れ下さいました。」(18:76)。それから2人は旅を続けて，或る町の住民の所まで来た。そこの村人に食物を求めたが，かれらは2人を歓待することを拒否した。その時2人は，まさに倒れんばかりの壁を見付けて，かれはそれを直してやった。かれ（ムーサー）は言った。「もし望んだならば，それに対してきっと報酬がとれたでしょう」(18:77)。かれは言った。「これでわたしとあなたは御別れである。さて，あなたがよく耐えられなかったことについて説明してみよう。」(18:78)。

ブルセヴィーは，第66節における「あなたに師事させて下さい……わたしに御教え下さい」という表現の，倫理的な側面における解釈から始める。それは預言者ムーサーが，ヒドルに対して丁寧に弟子入りを頼むということである。すなわち，弟子の社会的地位が師匠より上であっても，師事すると決めたら，自らの地位を全て忘れて師匠に従い，師匠を尊敬しなければならないという倫理的な規定が，ここでは示されているのである［Bursevî 1911: V, 273-275］。

ブルセヴィーは，第67節の解釈においても同じテーマを継続させ，様々な著作を引用しながら，取り扱う師弟関係の道徳の幅を広げる。例えば，師匠が弟子の希望通りの行動をしないこともありうること，師匠が弟子の依頼を拒否しても，師匠のそばを離れず，教えを求め続けることが弟子に相応しい反応であること，また，師匠の言行に良くないことが見られても，弟子はそれを無視して無条件で仕えるべきであること，さらに，理由が分からない言動があっても，そのわけを問わずに師弟関係を続けるべきであることなどである［Bursevî 1911: V, 276-277］。

ブルセヴィーは，旅の途中で起こった事件の度に，預言者ムーサーとヒドルの言行から新たな規定を提示する。そして，他の著作も引用しながら師弟関係の道徳に関する議論を展開していくことで，預言者ムーサーとヒドルの旅を師弟関係の観点から解釈するのである。

ヒドルによる最初の不可解な行動は，第 71 節において伝えられている，舟に穴を開けることである。このことから引き出される師弟の規定は，師匠に関するものである。師匠にあたるヒドルが弟子にあたる預言者ムーサーに対して行ったように，師匠は，弟子入りを希望する人をすぐには受け入れず，しばらく弟子候補として扱って，彼の目的意識を試すべきである。また，弟子の預言者ムーサーが「理由を聞かない」と言っていたのに，船に穴を開けた理由を聞いてしまったことを許し，それ以降も同行を認めたことから，弟子の過ちを許すことが，師匠の規定の 1 つとして引き出されている［Bursevî 1911: V, 278］。

第 74 節は，次に起こる不可解な事件を語っている。預言者ムーサーは，理由を問わないという約束を 2 回破り，罪のない幼い子を殺すヒドルの行動に怒りを隠すことができない。ブルセヴィーは，ヒドルと預言者ムーサーの行動は，それぞれ正しいと言う。預言者ムーサーは，外的側面に関わる知を持っており，それによれば無罪の幼い子の殺害は許されない行為であるため，預言者ムーサーの怒りは正しい。一方，ヒドルは内的側面の知を持っていた。第 80 節で説明されているように，ヒドルの持つ知とは，その男の子は成長すると異端者になるという予知であった。ヒドルの内的な知によれば，異端者になるより殺された方がよいので，幼いうちに子どもを殺したという。また，第 82 節の「わたしが勝手に行ったことではなかったのだ」という箇所において記されているように，ヒドルはそれを自分の意志でではなく，授けられた知の必然的な結果として，そうしたのである［Bursevî 1911: V, 278］。

最後の不可解な事件は，第 77 節において取り上げられている。それは，

2人が求めた食事の提供を拒絶した村で，ヒドルが倒壊しそうな壁を無報酬で直したことである。預言者ムーサーが，「もし望んだならば，それに対してきっと報酬がとれたでしょう（18:77）」と言ってその理由を問う――これで3回目である――が，それを最後に2人の旅が終わる。ブルセヴィーが，ここから引き出す「倫理的・実践的解釈」は，預言者ムーサーによる報酬の要求に関して議論するところで取り上げられている。ブルセヴィーは，崇高な指示を受けて果たされた業務に対して，預言者による報酬要求が非道徳的ではないかという問いを立てる。それに対する回答は，預言者が求めた報酬はその壁が直されることによって壁の持ち主が獲得する利益に対してのものであり，指示に対する対価ではない，というものである［Bursevî 1911: V, 283］。

物語の第3の部分（79－82節）は，旅行中に起こった不思議な出来事に対する，ヒドルによる解説にあたる。その章句は以下のとおりである。

> 舟についていうと，それは海で働く或る貧乏人たちの所有であった。わたしがそれを役立たないようにしようとしたのは，かれらの背後に凡ての舟を強奪しようとする1人の王がいたためであった（18:79）。男の子についていえば，かれの両親は信者であったが，わたしたちは，かれの反抗と不信心が，両親に累を及ぼすことを恐れたのである（18:80）。それでわたしたちは，主がかれよりも優れた性質の，純潔でもっと孝行な（息子）を，かれら両人のために授けるよう願ったのである（18:81）。あの壁は町の2人の幼い孤児のもので，その下には，かれらに帰属する財宝が埋めてあり，父親は正しい人物であった。それで主は，かれらが成年に達してから，その財宝を掘り出すことを望まれた。（これは）主からの御恵みである。わたしが勝手に行ったことではなかったのだ。これがあなたの耐えられなかったことの説明である（18:82）。

第1の不可解な事件についてのヒドルの説明は，第79節において明示的に記されている通りであるが，ブルセヴィーは，様々な著作を引用することでさらに詳しい解釈を行い，事件前後の状況や船の持ち主をはじめとする人物に関して詳しい情報を提示している。次にブルセヴィーは船の破壊を取り上げて，内的解釈も試みる。彼はこれを倫理的に捉え，破壊を肯定的に解釈している。崇高な道徳を獲得するため，神との合一を妨げる人間性は破壊されるべきである，という倫理的な規定を引き出すのである。さらに，「倫理的・実践的解釈」を行うためにブルセヴィーが注目するのは，船の持ち主に対するヒドルの二面性である。船の破壊は，持ち主にとって，ヒドルによる船への被害であると同時に，良い船を強奪しようとする王の考えを変える要因にもなったため，そこには二面性がある。ブルセヴィーはその二面性を倫理的に解釈して，人の弱点をはっきりと指摘する正直者は，媚びへつらう者より良いと言う。なぜならば，前者は，耳に痛いことを言っても，最終的にそれが人の利益につながるが，後者の場合は，気に入られるようなことを言って現実を隠しているので，人に損害を与えることもありうるからである［Bursevî 1911: V, 285］。このようにして，ブルセヴィーは，物語におけるヒドルの役割を倫理的に捉えて，人間関係に関する倫理的な規定を引き出していくのである。

第 80 – 81 節で述べられる第 2 の不可解な行動の理由は，それらの章句に記されたとおりである。この箇所の解釈において，ブルセヴィーは幼児の両親の立場に光を当てている。そして，そこから倫理的な解釈として，次のことを引き出している。宗教生活において様々な困難に直面することがしばしばあるが，幼児の両親のように，忍耐強く受け止めることが重要である，と［Bursevî 1911: V, 286］。

第 82 節で述べられる壁を修復した理由も，章句に記されている通りなので繰り返さない。この節は，ブルセヴィーにとって内的解釈を豊富に出せる節のようである。

> アッラーの僕の慈悲の徴の 1 つは，2 人の預言者（ムーサーとヒドル）を，2 人の子供のために働かせることである。また，アッラーは，1 人の正しき人のため，その部族や民族を見守ることがありうる。その人の良さを，子孫にまで伸ばすこともある。さらに，アッラーは，正しい人のために，よき財産を保っておく。シャイフは，弟子の過ちを 3 回まで

許す。［Bursevî 1911: V, 288–289］

ブルセヴィーはこの章句からイスラーム法学の法的判断も出している。法的判断の源になるのは，複数の害があるところでは害の少ないほうが優先されるという点である。預言者ムーサーとヒドルの旅の物語によると，異端か殺害かの選択を迫られた場合，殺害はこの世の命を絶つことであるが，異端はあの世の永遠の幸せを奪い取ることであるため，ヒドルがそうしたように殺害が優先される。ここからブルセヴィーが導く法的判断としては，いざという際は食べてはいけないものの中から害の少ないものが選ばれる，というものがある。例えば，他人の物と腐敗した食材はいずれも食べてはいけないが，必ずどちらか1つを選ばねばならぬ場合は，害の少ない他人の物を先に食べるべきである［Bursevî 1911: V, 289］。

以上のように，預言者ムーサーとヒドルの旅の物語が，①預言者ムーサーおよび彼に同行した1人の「若者」がアッラーの「僕」と面会するための旅（60 – 65 節），②預言者ムーサーと「僕」の旅（66 – 78 節），③預言者ムーサーとヒドルの旅で起こった事件の解明（79 – 82 節）の3つの部分に分けて考察された。以下，これらを通した考察の結果をまとめておこう。

第1に指摘されるのは，ブルセヴィーの解釈方法に関するものである。ブルセヴィーは，外的解釈と内的解釈の両方を駆使する。外的解釈の方法を用いている例としては，第 61 節における「2つの海」という表現について，当時の地理学の知識を使って，その場所を確定しようとしていることが挙げられる。内的解釈の方法を用いている例としては，例えば，第 63 – 65 節における「2つの海の出会う場所」を，シャイフと弟子の出会いとして内的に解釈していることが挙げられる。「魚の再生」が心の新鮮さとして解釈されていることも，その例の1つである。

外的解釈の方法と内的解釈の方法がともに用いられる議論も数多く見られた。何らかの見解を批判する際，ブルセヴィーの反論は，論争相手となる解釈者が用いている方法に従って行われる。つまり，反論相手の解釈方法が外的である場合は，外的解釈方法による批判がなされる。ヒドルが永遠に生きているのか，それともすでに生きていないのかという問題に関する「現に生きていない」という判断に対して，外的な方法を使って反論しているのがその一例である。他方，相手の解釈方法が内的であるときは，内的な方法を使用して反論する。ヒドルの実在性を否定するカーシャーニーの議論を，内的な解釈の観点から批判しているのがその例である。

第２の論点は，ブルセヴィーのスーフィー指導者および実践家としての側面が反映された「倫理的・実践的解釈」についてである。全体的に言えば，物語から引き出される倫理的な格率と規定は，師弟関係や学習における道徳と言える特徴を持っている。学ぶ側と教える側それぞれの道徳を引き出す彼のスタイルは，例えば，第61節と第66－67節の解釈によって引き出された弟子に求められる性質，第63－65節から引き出された知を求めるための旅の重要性および学問のための旅における道徳，第71節から引き出された師匠の美徳などに見られる。また，倫理的なタフスィールとしては，第74節における宗教的な義務に対する報酬の要求の非倫理性，第82節における善悪の二面性などが興味深い。

彼は，倫理的なタフスィールを，悪行においても適用しようとしている。第82節の解釈において，２つの悪のうち１つを選択しなければならない時は，悪の度合いが外的に低い方を選択することが倫理的であると彼は主張している。

実践的解釈の例は，第63－65節の解釈における直知に関する箇所で見られる。彼はそこで，直知は獲得される学問であると主張し，直知への近づきやすさを一般の人々に対して訴えかけている。そのタフスィールは，直知と実践の相互関係を重視しているので，直知の至高性を強調する他のスーフィーの解釈とはかなり異なったものになっている。

3　２つの角を持つ者の物語

本節においては，洞窟章（第18章）におけるもう１つの物語である「２つの角を持つ者（Dhu al-Qarnain）の物語」に関する章句（83－98節）についてのブルセヴィーのタフスィールを考察する。

この物語では，「２つの角を持つ者」（以降は，原語の音写である「ズ・

ル・カルナイン」を用いる）という表現で登場する人物が世界の様々な場所へ旅をし，行く先々で不思議な人々と出会う。その旅は，順に太陽の沈むところ（18:83-88），太陽の昇るところ（18:89-91），２つの山の間（18:92-98）の３箇所をめぐるものである。ここでも，その順に従って物語を３つの部分に分けて考察を進める。

さて，第１の部分は，「太陽の沈むところ」への旅を描く。それに関するクルアーンの章句は，以下の通りである。

> かれらは，ズ・ル・カルナインについてあなたに問うであろう。言ってやるがいい。「わたしはかれに就いて，あなたがたにある物語をしよう」（18:83）。本当にわれは，地上にかれ（の権勢）を打ち建て，また凡ての事を，成就する基になるものを授けた（18:84）。それでかれは，１つの道を辿った（18:85）。かれが太陽の沈む（国）に来ると，それが泥の泉に没するのを認め，その近くに一種族を見付けた。われは（霊感を通して）言った。「ズ・ル・カルナインよ，かれらを懲しめてもよい。また親切にかれらを待遇してもよい」（18:86）。かれは言った。「誰でも不義を行う者には，わたしたちは刑罰を加える。それからかれを主に帰らせ，かれは，厳刑をもってかれ（犯罪者）を懲罰されるであろう（18:87）。また誰でも信仰して，善行に勤しむ者には，良い報奨があろう。またわたしたちは，安易なことを命じるであろう」（18:88）。

第83節へのブルセヴィーのタフスィールは，ズ・ル・カルナインの名前とその正体に関する伝承の検討から始まる。ズ・ル・カルナインは「２つの角を持つ者」という意味だが，その「角」にあたる qarn の意味をめぐっては，見解が対立している。例えば，ターバンの巻き方に由来する呼び名であるという説もあれば，額の左右に受けた傷のためだという説[29]，その支配の範囲が世界の東西に至ったことに由来するという説等がある。ブルセヴィーは自らがどの説を採るかを明かしていない。ズ・ル・カルナインの本名はイスカンダル（Iskandar）だと言われている。ブルセヴィーは，歴史上，イスカンダル・イブン・ファイラクース・アル＝ユーナーニー（Iskandar ibn

Faylaqūs al-Yūnānī）とイスカンダル・アッ＝ルーミー（Iskandar al-Rūmī）の2人のイスカンダルがいたと説明する(30)。クルアーンに記されているのは，前者であると言われている。

ズ・ル・カルナインは，ブルセヴィーの挙げる伝承の大半によれば預言者イブラーヒーム（旧約聖書のアブラハム）の時代まで遡り，全世界を支配した長寿の大王とされている。預言者イブラーヒームは，紀元前2000年頃生きていたとされているので，ズ・ル・カルナインは少なくとも紀元前2000年紀以前の人であると言える。ズ・ル・カルナインに関する伝承で重要なのは，彼が預言者であったか否かをめぐる論争である。ブルセヴィーは明言しないものの，ズ・ル・カルナインが預言者ではなかったという説をとっている。

第84節と第85節についてのタフスィールの要点は，ズ・ル・カルナインの権力がどれほど巨大であったかにある。それについて，ブルセヴィーは，その支配力は天地にある全てのものを操るほど広範なものであった，と解釈している［Bursevî 1911: V, 291］。

第86節についてのタフスィールにおいては，最初の旅の目的地である「太陽の沈むところ」がどこなのかの解明に全力が注がれている。最終的に場所は特定されないが，「取り囲む海（al-baḥr al-muḥīṭ）」に面した「暗闇の地（arḍ al-ẓulma）」として解釈されている［Bursevî 1911: V, 292］。

第86節のタフスィールにおけるもうひとつの重要な論点は，「それが泥の泉に没するのを認め」の部分である。「泥の泉」とは海の暗い場所であるという解釈がなされ，ブルセヴィーは，船上から暗闇の中の海でおきた夕焼けを眺める人には，太陽がまるで暗い泥のなかに沈むように見えるはずである，と主張する［Bursevî 1911: V, 292］。

第86節における「その近くに一種族を見付けた(31)」という表現もブルセヴィーの興味を引いている。彼らは預言者サーリフの民サムードの一派であって，彼に従った正しい人たちである，とブルセヴィーは言う。また，彼らについて，「最初の人間（al-insān al-awwal）」という表現も使われている。その子孫がどこにいるのかということについてブルセヴィーは言及していないが，預言者ムハンマドがその子孫と接触したという伝承を伝えている［Bursevî 1911: V, 293］。

ここまでのブルセヴィーのタフスィールを見れば，伝承的な方法がしばしば使われているのが分かる。また言語学的なタフスィールも少々見られる。スーフィー的なタフスィールは以下の２箇所が確認される。

第１に，ズ・ル・カルナインが広範な権力を有するに至ったのは彼にアッラーの「代理人性（khilāfa）」が与えられたからだとする内的なタフスィールが，ナジュムッディーン・ダーイェのタフスィールから引用されている。第２の箇所は，第86節における「太陽の沈むところ」という表現に付された，「倫理的・実践的解釈」のタフスィールである。以下，引用しよう。

> ズ・ル・カルナインが旅の最初の行き先として西の方角を選んだのは，その旅が「霊的な旅（sulūk）」だったためである。なぜならば，霊的な旅の上昇過程において，西は「物体（ajsām）」を意味し，東は「魂（arwāḥ）」を意味するからである。存在における物体の旅が終わらなければ，霊のレベルや「真理（ḥaqīqa）」に達することはできない。〔Bursevî 1911: V, 292〕

ブルセヴィーのタフスィールでは，存在論とスーフィズム修行との関係が明らかにされている。ブルセヴィーは，本書第２章で検討された宇宙論における次元説を，ズ・ル・カルナインの旅に比定しようとする。すなわち，地理的かつ物体的なものと関わるものである「西」と「東」，精神的な体験における「物体」と「霊」との関係が表裏一体なものと解釈されることによって，被造物および存在論とクルアーンおよびタフスィールが照応することになるのである。また，ブルセヴィーは，存在論を修行と結び付けて説明している。その点は，存在論の実践的な解釈であるといえる。

次に，第87節と第88節における，ズ・ル・カルナインと「太陽の沈む国」の人たちとの会話，彼らに対する態度に関するタフスィールが行われる。それは，章句のさらなる説明の形をとるが，第87節の「かれらを懲しめてもよい。また親切にかれらを待遇してもよい」という表現に関するブルセヴィーのタフスィールは，ズ・ル・カルナインを預言者として認めていないことを思わせるものである。ブルセヴィーは，アッラーの言葉がズ・ル・カルナインへと伝わる方法は，啓示ではなくイルハーム（霊感）であると指摘している［Bursevî 1911: V, 293］。

ズ・ル・カルナインの第2の旅は「太陽の昇るところ」へ向かうものである。関連章句（18:89–91）を以下に掲げておく。

> それからかれは，（外の）1つの道を辿った（18:89）。かれが太陽の昇る（国）に来た時，それが一種族の上に登り，われがそれ（太陽）に対し，かれらのために覆いを設けないのを認めた（18:90）。そのようにして，われはかれが持つものを知り尽くしている（18:91）。

第90節における「太陽の昇る（国）」というのは，太陽が昇るところに人間が到達するのは不可能であるから，その国があったのは地上の定住可能地域だと解釈されている。ブルセヴィーは，太陽がその上に登る一種族を，太陽の光熱から身を覆うすべを何も持たない人々であると解釈し，彼らの体つきに関して，毛の生えていない皮膚，大きな耳など普通の人間の身体と異なる描き方をする様々な伝承を伝えている。また，ブルセヴィーの彼らに関する記述の中にはクルアーンにおける他の章句を用いて解釈するタフスィールも見られる。それによれば，彼らは，預言者サーリフに従ったアードの民の子孫であるという［Bursevî 1911: V, 295］。

第91節に付されたブルセヴィーのタフスィールは，興味深い。まず，ブルセヴィーは，「そのようにして，われはかれが持つものを知り尽くしている」という表現を，ズ・ル・カルナインについての称賛と理解し，ズ・ル・カルナインが有していた称賛に値する特徴を，他のタフスィールの中に見出そうとした。そしてそのような伝承を1つ見つけた。それによれば，ズ・ル・カルナインは，最初は暴君であったが，ある正しい人によって導かれて正当な君主となった。彼は残りの人生を，かつての自分のような暴君との戦いと，神のための施しを行うことで過ごした。

ブルセヴィーは，上述のタフスィールを如何にして発見したかということを，ムフティーの演説の比喩を使って明らかにしている。

ムフティーは，演壇に座ると，その演説の中で，神を信仰すること（tawḥīd），清潔な服装の重要性，清めの義務などについて語るときは，モスクや礼拝，アッラーを思い起こすこと（ズィクル）に言及する。市場に行くことや，トイレのことは取り上げない。［Bursevî 1911: V, 296］

上の引用箇所の前半は，イスラームにおいて認められている良いものや良い行いに関するものである。また後半は，その媒介に関するものである。つまり，モスクに行くためには外出をしないといけない。あるいは，清潔な身装のために，トイレ掃除をしないといけない。このような比喩から，ブルセヴィーのタフスィールの方法も判明する。それは，次のように説明することができよう。

ブルセヴィーによれば，クルアーンの一部の章句はその目的がはっきり分かるのに対して，一部の章句の意図はすぐには分からない。それぞれの章句は，何らかの事件や物語を語るが，そこから何らかの善行への奨励が読み取れない場合もある。なぜならば，クルアーンの内容は，きわめて概括的だからである。時に，結果的に良いことや良いものに言及することもあるが，その良いことを獲得する方法や手段が明言されていないこともある。以上の一般論を，ズ・ル・カルナインの物語に適用するなら，この物語においても，何らかの良い行いが示唆されるはずである。それは，筆者が本書において考察している「倫理的・実践的解釈」に該当する。実際，ブルセヴィーは，ズ・ル・カルナインの物語を倫理的・実践的解釈の観点から再考している。

真のイスカンダル（ズ・ル・カルナイン）は，外的な側面（行動）をアッラーへの奉仕と善行をおこなうことによって強化し，内的な側面（霊魂）を「観照（mushāhada）」と「神的な顕現（al-tajalliyāt al-rubūbiyya）」の「光（anwār）」によって強化した人である。そうすると，悪を命じる霊魂（al-nafs al-ammāra）が死滅し，その影響が心の城から遠ざかる。［Bursevî 1911: V, 296］

ブルセヴィーによる上述のタフスィールを分析すると，クルアーンにおいて実在の人物として登場しているズ・ル・カルナインの物語は，宗教生活において行うことが良いとされている善行の奨励として解釈されている。それが「倫理的・実践的解釈」である。そして，その善行を実際に行うこととスーフィー思想――ここでは修行論であるが――が関連付けられている。それがスーフィズムとタフスィールの照応性である。

第 92 – 98 節は，第 3 の旅である「2 つの山の間」への旅を扱う。その章句は，次のようである。

それからかれは（更に外の）1 つの道を辿った（18:92）。かれが 2 つの山の間に来た時，かれはその麓に凡んど言葉を解しない一種族を見つけた（18:93）。かれらは言った。「ズ・ル・カルナインよ，ヤァジュージュとマァジュージュが，この国で悪を働いています。それでわたしたちは税を納めますから，防壁を築いて下さいませんか」（18:94）。かれは（答えて）言った。「主がわたしに授けられた（力）は，（この種族よりも）優れている。それであなたがたが，力技で助けてくれるならば，わたしはあなたがたとかれらとの間に防壁を築こう（18:95）。鉄の塊りをわたしの所に持って来なさい。」やがて 2 つの山の間の空地が満たされた時，かれは言った。「吹け。それが火になるまで。」（また）かれは言った。「溶けた銅を持って来てその上に注げ」（18:96）。それでかれら（外敵）は，それに登ることも出来ず，またそれに穴を掘ることも出来なかった（18:97）。かれは言った。「これは，わたしの主からの御慈悲である。しかし主の約束がやって来る時，かれはそれを粉々にされよう。わたしの主の御約束は真実である」（18:98）。

第 93 節における，ほとんど言葉を解しない人たちは，古代トルコ人であると言う。ブルセヴィーはトルコ人の起源について 2 つの説を挙げている。第 1 の説は，預言者ヌーフ（旧約聖書のノア）の息子のヤーファス（Yāfath）の子孫であるという説。第 2 の説は，トルコ人の系譜は預言者イブラーヒームの女性奴隷カントゥーラ（Qanṭūra）に遡る，というものである。

第94節に関しては，トルコ人がその被害を訴えた「ヤァジュージュとマァジュージュ」も，トルコ人と同様，預言者ヌーフの息子ヤーファスの子孫であるという起源説を挙げている。彼らについてもブルセヴィーは様々な伝承を伝えており，西の旅において出会った人たちと同じように，異形で超人的な力を持っているさまが描かれている。

第94－98節では，ズ・ル・カルナインがトルコ人と共に，ヤァジュージュとマァジュージュの被害を如何にして防いでいたかということを伝えている。この章句に対しては，外的なタフスィールの方法が用いられている。その内容の詳細には立ち入らないが，ズ・ル・カルナインは，トルコ人の労働力を使って，2つの山の間に溶融状態の金属を入れることによって，何らかの防壁を作った。その防壁によって閉じこめられたヤァジュージュとマァジュージュは，世界の終末の直前までそこを乗り越えることができない［Bursevî 1911: V, 299–300］。ブルセヴィーは，この箇所のタフスィールのほとんどで伝承を用いた外的なタフスィールを行っており，内的なタフスィールを行う場合は，ナジュムッディーン・ダーイェからの引用以外は用いていない。そういった引用は，例えば金属を力と解釈する際に見られる。

本節では，以上のように，ズ・ル・カルナインの物語に関するブルセヴィーのタフスィールを考察した。その結果，本章**1**と**2**の事例に見られたようなタフスィール，いわゆる「倫理的・実践的解釈」が，ここでも見出された。その例として挙げたのは，第86節における「太陽の沈むところ」という表現と第91節における「そのようにして，われはかれが持つものを知り尽くしている」という箇所へのタフスィールである。また，ブルセヴィーによるそれぞれのタフスィールにおいて，スーフィー思想とタフスィールの照応性も確認された。

4　ブルセヴィーとそれ以外のタフスィール学者たちとの比較

1から**3**にかけて，ブルセヴィーがタフスィールにおいて用いた方法を検討した。その中で，「倫理的・実践的」とみなしうる解釈の存在がしばしば確認された。しかし，このような解釈の傾向は，ブルセヴィーのみに見られる特徴なのだろうか。この点を明らかにする必要があるが，それは，あまりにも大きな課題であって，完全に行おうとするならスーフィーによる全ての著作の研究を必要とする。それは単独の研究者の力ではとうてい達成できないものである。そこで，ここでは，オスマン帝国における２人の解釈者（ムファッスィル）のタフスィールに限ってブルセヴィーの解釈法との比較を試みる。

１人目の解釈者は，アーサン・カラマーニー（Nûruddîn Hamza ibn Mahmûd el-Âsam el-Karamânî，1564もしくは1573年没）である。彼は，オスマン帝国期の重要なタリーカの１つであるハルワティー（ハルヴェティー）教団に属したとされている。高名な説教師であったアーサン・カラマーニーは，ムファッスィルとしても名高く，アブー・ライス・サマルカンディーの未完のタフスィール『諸学問の海』を補完するいくつかのタフスィール関連の著作を遺している。それらの中で，最も規模が大きいのは，『カラマーニーのタフスィール』である[(32)]。同著作は，スーフィーによって著されたことより，オスマン帝国期のクルアーン全体のタフスィールを含む大作の１つとして有名である。筆者が今回ブルセヴィーの『明証の魂』と比較するのは，この作品である。

比較対象となるもう１人の解釈者は，ナフジヴァーニーである。現在のアゼルバイジャン出身であるが，後にアナトリアに定住した。彼は，イブン・アラビー学派の信奉者としても有名であり，イブン・アラビーの『叡智の台座』への注釈も著したと伝えられている［Ateş 1974: 225］。バイダーウィーのタフスィール『啓示の諸光と解釈の諸秘密』への注釈書も遺しているが，彼の最も著名な著作は，『神的な諸開示と不可視的な諸鍵』というタフスィール書である[(33)]。本節において比較されるもう１つの著作はこれである。

彼は『神的な諸開示と不可視的な諸鍵』の中で，他の著作を何ひとつ引用しておらず，全てを自らの開示に基づいて著したと言われている[(34)]。本作品の全体的な構成は，作品冒頭に付けられている著者のスーフィー思想[(35)]とクルアーン全体のタフスィールからなる。

ブルセヴィーとこの２人の比較を行うのは，著者およびその著作にいくつかの共通点があるからである。例えば，この３人は，一見すると同じような方法を使ってタフスィールを行っている。彼らはスーフィーであるにもかかわらず，スーフィー的なタフスィールのみでなく，外的なタフスィールも同時に行った。また，３つの作品は全て，オスマン帝国期のトルコ語世界に所属する著者によるものであるし，クルアーン全体のタフスィールを含むという共通点もある。ブルセヴィーと他の２人との関係についてさらに言えば，以下のような共通点が挙げられる。

アーサン・カラマーニーとブルセヴィーの２人がタフスィール書を遺したことはすでに述べたが，２人ともスーフィーの実践家であり，説教師でもあったという点も重要と言える。さらに，アーサン・カラマーニーが所属するハルワティー教団と，ブルセヴィーが所属するジェルヴェティー教団との間には，密接な関係があった。

ナフジヴァーニーとブルセヴィーに関しては，両者がともにスーフィーであるということのほかに，イブン・アラビー学派の信奉者であるという重要な共通点が挙げられる。それは，本書においてブルセヴィーの特徴とされてきた，スーフィー思想とタフスィールの照応性の独自性を検討する際に重要な要素となるだろう。すなわち，スーフィー思想とタフスィールの照応性は，ブルセヴィーのみの特徴であるか，それともブルセヴィーに先立つ世代にも見られる傾向であってブルセヴィーはそれを受け継いだだけなのかを識別するために有用である。

比較の方法であるが，ブルセヴィーの『明証の魂』とアーサン・カラマーニーおよびナフジヴァーニーの著作におけるスーフィー的タフスィールを主な対象として，記述の内容と方法を対照することとする。ブルセヴィーの思想とタフスィールに関しては必要がある場合にのみ上述の引用を再掲するにとどめる。

まず，３人の著作に共通する，スーフィー的なタフスィールのみならず外的なタフスィールも大量に含むという点を鑑み，外的なタフスィールの記述の比較から始めよう。

アーサン・カラマーニーの『クルアーンのタフスィール』には，全体的に言語学的な説明が多く見られる。洞窟章第 12 節の「よくかれらの（滞在）期間を計算出来るかを知ろうとした」という部分に関するタフスィールが，その言語学的解釈の好例である。彼は，日本語では「期間」と「を」として訳出される「li」と「mā」について，それぞれの疑問詞，間接詞，否定詞としての可能性とそれによって生じるさまざまな異なる意味を列挙して，長大な解釈を行っている[(36)]。そのほか，「理性に基づく解釈」，あるいは「見解による解釈」とみなしうるタフスィールも少なからず存在する。その典型的な例は，洞窟の仲間たちの物語における洞窟の地理的な情報に関するタフスィールである。彼は，洞窟章第17節における「太陽が昇る時，洞窟から右の方にそれて，沈む時はかれらを過ぎて左の方にそれて去る[(37)]」という表現を天文学的に解釈して，洞窟の地理的な位置を解明しようとする。洞窟の中の方向は，中の人たちの天体に対応する位置を示す，と彼は言う。

> 洞窟の方向は，天体の方向と反対である。洞窟の中の「上昇の場所（mashriq）」と「埋没の場所（maghrib）」に最も近いのは，蟹座の頭の上昇の場所と埋没の場所の間の直線である。中の人たちの右側が蟹座の埋没の場所の方向にあり，左側がその上昇の場所の方向に当る。したがって，太陽が昇るときは洞窟の右の方向（蟹座で言えば，埋没の場所）に，沈むときは洞窟の左の方向（蟹座で言えば，上昇の場所）にその光が当たるので，洞窟の真ん中にある広場にいた彼らの体にその光線があたらない。[el-Karamânî n.d.: 210b]

同じ章句に関するナフジヴァーニーのタフスィールにおいては，次のような解釈が見られる。

> 光熱量が増加する夏季に太陽が昇るとき，その光熱が彼らに当たらないように，洞窟の右側の方向にそれる，沈むときは，洞窟の左の方向にそれる。[el-Nahjivânî 1325: I, 473-474]

一方，ブルセヴィーの記述は，次のようである。

> 太陽の昇るときの光線は，中にいる人の右側（洞窟の西の方向）にずれ

る。洞窟の入り口は南向きだったので，彼らにその光熱が当たらなくなる。太陽が沈むときの光線は，洞窟の北の方向に（中にいる人の左側）にそれる。［Bursevî 1911: V, 224-225］

以上の例からは次のことが言える。まず，アーサン・カラマーニーは，きわめて学問的な説明を行っている。これはタフスィールの本来のあり方ではあるが，彼のスーフィーとしての側面と相反する。ナフジヴァーニーとブルセヴィーの記述は，実用的解釈として評価される。ナフジヴァーニーとブルセヴィーの間に違いがあるとすれば，ブルセヴィーのタフスィールのほうが，その著作の長さを反映して，多少詳しく，分かりやすいといえる。上述の例で言えば，ナフジヴァーニーが単に洞窟の方向と太陽の関係を挙げているのに対して，ブルセヴィーは，中にいる人の方向と洞窟の方向を分けて，丁寧に説明している。その点に，ブルセヴィーがウラマーよりも庶民向けにタフスィールを行ったという特徴が表れており，それは同時に彼のシャイフおよび説教師としての立場から生じた特徴でもある(38)。

アーサン・カラマーニーの著作におけるスーフィー的な解釈としては，「こんな（状態の所）に，われはかれらを（眠りから）覚した（18:19）」という章句に関して，「スーフィーたちの伝承によれば」という表現で始まる次のようなタフスィールが見られる。

アッラーは，彼らの上にあった重みを持ち上げ，「観照」の酔いから彼らを覚ました。彼らは，初心者だったので，合一の状態において自らの存在を失った。彼らは，「自己所有の状態（tamkīn）」にあったなら，自分たちの感覚を保ち，「あなたを称賛しきれない」と言った預言者ムハンマドのように言えただろう。［el-Karamânî n.d.: 212b］

同じ章句において挙げられている，300 年以上も眠っていたにもかかわらず，それが 1 日よりも短く感じた洞窟の仲間たちについて，スーフィー的なタフスィールとして次のような記述がある。

アッラーの美に魅せられたものたちには時間の感覚がない。アッラーを観照する間は，実際には長くても短く感じられる。[el-Karamânî n.d.: 213b]

アーサン・カラマーニーによる上述のタフスィールの対象である章句について，ブルセヴィーとナフジヴァーニーは純粋に外的解釈を行っている(39)。ブルセヴィーがこの章句について，スーフィー的な内的解釈をしなかった理由は，彼のタフスィールの形式によるものである。本書第4章4で述べたように，ブルセヴィーのタフスィールには，ある種の記述の順序がある。その順序の各段階のタフスィールは，必要であれば行われ，不要であれば省略される。したがって，一部の章句に内的なタフスィールが行われず，外的な解釈のみが付されることもある。上述の例（18:19）に戻って言えば，内的なタフスィールを行うのにふさわしくない箇所と考えたからか，彼は外的なタフスィールのみを行っているのである。

アーサン・カラマーニーには，スーフィー的な解釈を批判する記述も見られる。彼は，「スーフィーたちからの伝承によれば」という表現で数多くのスーフィー的なタフスィールを伝えたり，記したりしているにもかかわらず，スーフィーのタフスィールを，タフスィールの正当な方法として認めていない［el-Karamânî n.d.: 232b］。その例が，別の章句への解釈で見られる。彼は，洞窟章の第14節「かれらは起き上った時に言った。「わたしたちの主は，天と地の主である」」という表現が，一部のスーフィーたちによって，立ったままのズィクルの例証として使われていると言う。その上で，その見解には信憑性がないと主張するのである［el-Karamânî n.d.: 209b］。

アーサン・カラマーニーが，スーフィー的タフスィールを行いながら，スーフィーたちのタフスィールの方法を批判しているのは，自己矛盾とも思える。しかし，上述の例からも分かるように，批判されているのはスーフィズムの修行論に関する部分であり，その批判もアーサン・カラマーニー自身の修行論を擁護するためのものであると言える。ナクシュバンディー教団から大きな影響を受けたと言われるハルワティー教団にアーサン・カラマーニーが属していたことはよく知られている。彼が求めるズィクルの形式は，一部のスーフィーたちのものとは合致しないため，上述のような批判を行ったと言えるかもしれない。さもなければ，彼は自分で自分を批判したことになってしまうが，それは考えられないことである。

上述のように，アーサン・カラマーニーだけがスーフィー的なタフスィールを行っている箇所もあれば，ブルセヴィーとアーサン・カラマーニーの両者がともにスーフィー的な内的タフスィールを行うこともある。例えば，2人とも，洞窟章第21節の内容について，洞窟の仲間たちの復活は死後の復活の証明であるとしている。さらに，2人とも「この章句は，死んでいた心の再生への示唆がある」という内的なタフスィールを施している［el-Karamânî n.d.: 214b; Bursevî 1911: V, 231］。

次に，ナフジヴァーニーのみがスーフィー的なタフスィールを行っている箇所を考察したい。その例として，洞窟章第26節の「また何ものも，彼の大権に参与しないのである」という部分を取り上げる。外的なタフスィールの場合，その意味は「アッラーに並び立つ者はいない」ということである。ところが，ナフジヴァーニーは，この箇所を次のように解釈している。

> 合一を果たした者たちにとっては，彼らは，全ての幕や幻覚や常識などを超えているので，存在においてアッラーのほかに誰も存在しない。また，彼らは，「観照」において，彼のほかに誰も見ない。……アッラーのほかに，「被目撃（mashhad）」がない。［el-Nahjivânî 1907: I, 477］

ナフジヴァーニーによる上述の内的なタフスィールから，彼のタフスィールにおいては「存在一性論」の影響が色濃く浮かんでいることが分かる。また，そのような「存在一性論」の影響がうかがえるタフスィールは限られた章句にしか見られないので，「存在一性論」の解釈において使われてきた用語と似た単語が含まれている章句が，彼のスーフィー的なタフスィールの対象になっていると言える(40)。しかし，その内容は，抽象概念が多く高度な思想であり，一般の人に分かるように説明されているわけではない。

最後に，ブルセヴィーのみが内的な解釈を行っている箇所を考察する。洞窟章の場合，第1に挙げられるのは第18節の「またかれらの犬は両足を洞窟の入口に伸していた」という箇所である。これについては本章**1**で詳細に検討した。その要点はブルセヴィーが犬に対して良い評価を与えているということであった。それは，犬を不浄とみなす法学者たちとは異なる見解である。ブルセヴィーが犬を良きものとみなす背景には，被造物を善悪とは関係のない純粋な存在物として捉える，彼自身の存在論があった。

ブルセヴィーが内的なタフスィールを行った章句について，他の2人のムファッスィルのタフスィールを調べてみると，2人とも外的な解釈を施していることが分かる。特にアーサン・カラマーニーのタフスィールは，ブルセヴィーと正反対の方向性であるため，検討する価値があろう。

この箇所におけるアーサン・カラマーニーの解釈は，法学者的である。犬は見張りとして役に立つので，彼らが犬と同居することは許される，とアーサン・カラマーニーは言う。また，彼は，犬を意味する単語の綴りの異なる読み方を挙げ，この語は犬ではなく犬の飼い主という意味を持つこともありうる，と言って自身の主張を補強する［el-Karamânî n.d.: 211b］。別の箇所では，洞窟の仲間たちの犬がクルアーンで数回にわたって登場することをもって，その犬の長所としている。その犬は，犬であるためではなくて，洞窟の仲間たちのような正しい人たちに仕えたために，何度もクルアーンに登場することとなったのである［el-Karamânî n.d.: 215b］。

ブルセヴィーは，アーサン・カラマーニーによる上述のタフスィールと異なって，犬を倫理的に解釈している。そのような方法は，この章句のみではなく，別の箇所でも多く見られるものである。例えば，本章**1**で詳細に述べられた第20節への解釈を，その典型とすることができる。彼は第20節に関して，無理やり洞窟の仲間たちを奪おうとした君主を社会の道徳的な退廃と理解し，仲間たちの洞窟への避難を家での隠遁と解釈したのだった。ブルセヴィーのこのタフスィールにおける倫理的側面とは，実在した君主を社会の道徳の状態として理解すること，また，それに対する提案である，タリーカの修行論の1つであるハルワを，タリーカとは関係なく個人的な抵抗として解釈することにあると言える。本章**2**において検討された「預言者ムーサーとヒドルの物語」においても，同様の倫理的なタフスィールの例があった。第63－66節の章句をもとに師弟関係の道徳を引き出すタフスィールがそれである。

ブルセヴィーのタフスィールのもう１つの特徴は，上述のような倫理的なタフスィールから実用的な何らかの実践を提案することである。例えば，洞窟の仲間たちの犬における10の良い性格を挙げて，それらの性格をムスリムも身につけるべきであると言う。

本章**2**で検討されたように，預言者ムーサーとヒドルの物語の場合は，第61節と第66－67節における，弟子に必要な性格，第63－65節における知を求めるための旅の重要性および学問のための旅の道徳，第71節における師匠の美徳などが，倫理的なタフスィールの実践としての提案の例として挙げられる。また，倫理的なタフスィールのさらなる例としては，第74節における宗教的な義務に対して報酬を要求することが非倫理的であることの指摘，第82節における善悪の二面性等が挙げられる。さらに，ブルセヴィーの「倫理的・実践的解釈」の典型的な例の１つとして，知の分類におけるスーフィーの知についての思索も書きとめておく価値がある。彼はスーフィーたちの知を「獲得された知」と捉えることによって，スーフィズムの実践的な側面に注目させ，一般の人々もまた直知を獲得できるよう，彼らをスーフィズムの実践に導くのである。

以上，３人のタフスィールの形式と方法について比較した結果として，以下のようなことが言える。

第１は，対象となる読者に関してである。ブルセヴィーとナフジヴァーニーは，一般の人々を対象にタフスィールを行っているように見える。それに対してアーサン・カラマーニーは，きめ細かく言語学的説明を行ったり，天文学などウラマーの間で常識となっていた要素を使ったりしているため，その内容は学者向けであり，一般ムスリムの理解を求めてはいないと考えられる。

第２は，内的タフスィールに関わる点である。３人の内的なタフスィールの例から分かるように，彼らは同じ章句について同じ解釈をすることが少ない。ある１つの章句に関して，しばしば１人の解釈者が他の解釈者とは異なる解釈をしているのである。また時には，３人のうちの誰かがその章句に内的タフスィールを行っていないこともある。このように解釈が異なってくる理由は，内的タフスィールとはスーフィーである解釈者自らの神秘的体験に依存するものであるからである。

第3は，外的タフスィールについてである。外的タフスィールは内的タフスィールの場合と異なり，用いる言葉や表現形式が異なっていても，結果的に3人ともに同じ解釈がなされることが多い。3人とも外的タフスィールを行う場合に，主に「伝承の方法」を用いていることがその理由の1つであろう。

最後に，それぞれのスーフィー解釈者によるタフスィールの特徴を挙げておく。アーサン・カラマーニーによる内的タフスィールの特徴は，修行論の観点からタフスィールが行われていることである。すなわち，修行によってスーフィーが登っていく階梯と，到達した階梯に応じて変わっていく霊魂の状態を，クルアーンの章句を通じて説明するのである。ナフジヴァーニーの内的なタフスィールは，きわめてイブン・アラビー思想的である。「存在一性論」や「目撃一性論（waḥda al-shuhūd）」の用語に類似した言葉が含まれる章句において，その章句を解釈するというより，イブン・アラビー思想の解説が行われている。ブルセヴィーの特徴は，他の2人の特徴を融合するところにある。それは本論でたびたび言及されたスーフィー思想とタフスィールの照応性に関わってくる。ブルセヴィーは自らの体験によって獲得した存在思想をクルアーン解釈に適用する。しかもそれは倫理的な形で行われる。ブルセヴィーはこの点において，クルアーンの章句によって存在思想を解釈したナフジヴァーニーとは異なる。というのも，ブルセヴィーは，犬の例で見られたように，自らの存在思想や宇宙論を直接解釈するより，そこで得た体験を章句の解釈として使用しているからである。さらに，ブルセヴィーは，その解釈から実践も引き出している。そうすることによって，アーサン・カラマーニーのようにスーフィーの修行論を単にクルアーンにおいて解釈するのではなく，自らの体験をクルアーンを通して実践に移していくのである。

結　論

本書では，ブルセヴィーの思想が考察された。筆者はまず，彼の思想を宇宙論とタフスィールの２つに分け，宇宙論については『存在の五次元説の書』を，タフスィールについては『明証の魂』を集中的に論じた。宇宙論とタフスィールという２つの異なる分野に関する２作品を比較しながら考察した結果，以下のことが明らかになった。

第１の結論は，宇宙論の「倫理的・実践的解釈」という分析概念の下で検討を行った第２章４の内容に関するものである。この概念には，「倫理的」「実践的」という２つの修飾語が含まれている。「倫理的」という言葉は，理念の解釈レベルに相当する。すなわち，「倫理的な解釈」というのは，ブルセヴィーの『存在の五次元説の書』において述べられる宇宙論を，倫理的なレベルで解釈するということである。何らかの理念が実践に移される際，つまり，ある人に実践するように要請する場合には，その人がその理念を全面的に理解している必要がある。そのため，ブルセヴィーは，従来行われてきたような存在論的，あるいは認識論的な説明を行った後に，一般読者の側に立つことをも試みる。つまり，自らが味わった神秘的な体験に基づく宇宙論を，一般読者にも理解できるように，日常生活における様々な要素に還元して説明するのである。例えば，「王・宰相・庶民」の比喩や「手紙の挨拶文」の喩えなどがそれにあたる。この見方が，スーフィー思想を哲学的な観点から解釈する捉え方，あるいはクルアーンの章句やハディースを証拠として用いる本来の捉え方と異なっていることは明白である。

また，「実践的解釈」というのは，スーフィー思想の宗教生活への応用に関わるものであり，宇宙論の理念を如何にして実践に移すかが課題となる。ブルセヴィーは『存在の五次元説の書』において，高度なスーフィー思想として取り扱われてきた宇宙論を「存在の五次元説」の形で解釈しているが，その際それを，単に自らの思想の説明のためではなく，他者（読者）の実践のためにも説いたと考えられる。例えば，「王・宰相・庶民」の比喩の後に，神と比較すれば人間は本質的には存在せず，顕現に過ぎないということを倫理的に認めた上で，相手に実践を呼びかけ，滅びを逃れるために，神における不死不滅（baqā'）へ至ることの重要性を指摘する。彼は「こうすれば，最上の階位を獲得することができるのである。そこに到達すれば，汝にとっては，もはや不可視がなくなり，全てが可視になるのである」と言って，さらなる実践を奨励している［Bursevî 1720: 140a］。また，神学的な問いに回答を与える際にも，宇宙論の適用が試みられている。各次元がそれより上の段階を反映していることから，ブルセヴィーは，「神が自分自身のようなもう１人の神を創造することができるか」という神学的な問いに対して，唯一神の知においてそのようなことはあり得ないため，アッラー以外の神は存在し得ないと答えている［Bursevî 1720: 141a］。つまり，唯一神は，他の神を創造するという意志を持たないため，そのような質問には意味すらないと主張するのである。

本書の第２の結論は，『存在の五次元説の書』に見られる「倫理的・実践的解釈」といった解釈方法が，ブルセヴィーのタフスィール書においても繰り広げられているということである。第５章**1**で解説した，「洞窟の仲間たちの犬」や「君主のディクヤーヌースの悪性」等へのタフスィールがその例である。

前者の「洞窟の仲間たちの犬」への「倫理的・実践的解釈」は，洞窟章第18節に関するところで行われている。そこでは，犬を不浄とみなす法学者の見解に反して，犬を称賛する解釈を行っていた。その解釈の背景には，事物を，善や悪といった価値評価と関係がない，純粋な存在物として捉えるスーフィーの存在観がある。これが，ブルセヴィーのタフスィールにおける「倫理的な解釈」の側面である。そして，そこで得られた倫理的な理念，もしくは規定をいかに実践するのかという側面にあたるのが，犬が持つ10の良い性質である。ブルセヴィーは，犬の持ついくつかの性質がムスリムにも必要であると指摘しているが，ここで真に重要なのは，犬の性質そのものではなく，事物を善と悪とに関係なく純粋な存在として見るというスーフィー的な存在観である。これが，ブルセヴィーのタフスィールにおける，「倫理的な理念，もしくは規定の実践」である。

後者の「君主のディクヤーヌースの悪性」への「倫理的・実践的解釈」は，洞窟章の第19節と第20節のタフスィールにおいて行われる。ブルセヴィーは，洞窟の仲間たちの物語において実在した人物（青年たちが逃れた町の王のディクヤーヌース）を社会において宗教的生活を侵害する，悪しき習慣として理解し，青年たちの洞窟への避難を，その悪習に対する個人的な抵抗として解釈している。それは，「倫理的解釈」にあたる。そのような社会に対して，家での隠遁を実践として提案している。ここでは，青年たちの町からの逃亡が実践的解釈の対象となる。ある特定の人物を社会の道徳的な腐敗として理解することにしても，その対策としての家での隠遁を勧めるという実践的な側面においても，その背景にあるのは，スーフィーのハルワという修行である。ここでは，物語における人物たちとともに，スーフィーの修行の1つであるハルワも倫理的かつ実践的に解釈されているということも指摘しておくべきだろう。

第3の結果は，宇宙論とタフスィールの照応に関わる。宇宙とクルアーンの「倫理的・実践的解釈」の背景には，とあるスーフィーの目的がある。スーフィーは，宇宙とクルアーンを観察するとき，目的を持ってそれを行う。その目的とはアッラーを知ること（マーリファ）である。換言すれば，アッラーを知るという目的のもとに宇宙とクルアーンについて瞑想すればするほど，そしてそれによって両者についての理解が深まれば深まるほど，そこで得られた知が2つの領域に同時に通用するようになっていく。このことをさらに説明するならば，以下のようになるだろう。

神を知りたいというスーフィーの前には，その本質を理解するなどとうていできない神，文字から構成されているクルアーン，可視・不可視の存在を含む宇宙という3つの存在がある。にもかかわらず，その3つは，同時に1つの原理に還元できる。なぜならば，スーフィーの思想においては，クルアーンと宇宙は，神の属性の顕現であるとされているからである。それは，神の「言葉」という属性である。事実，クルアーンが「神の言葉」であるということはクルアーンにおいて繰り返されており（2:75; 9:6; 8:15），宇宙が神の「有れ」という命令によって創造されたこともクルアーンに記されている（36:82）。またクルアーンの章句も，宇宙における全ての存在も，ともに「徴」という語で呼ばれている（43:68; 10:6）。要するに，クルアーンと宇宙は，どちらも神の属性の現れであるため，スーフィーにとってはクルアーンと宇宙がアッラーを知るための媒介となるのである。

ここで，アッラーに関する知はいかにして宇宙とクルアーンにおいて照応するか，という問いを投げかけることもできよう。これに対する回答は，第5章**1**において考察した，ブルセヴィーによる犬についての解釈の中に見出すことができる。ブルセヴィーは，スーフィーであるため，犬を善悪から離れた純粋な存在とする。それは，法学者たちの見解とは矛盾するが，スーフィズムにおいては正しい解釈である。なぜならば，スーフィズムによれば，本質的な悪というものは存在しないからである［Afifi 1979: 153］。したがって，犬が清浄であるということは，スーフィズムのタフスィールにおける必然的な結果となる。そうであるならば，存在において彼が体験したところに，クルアーンの章句によっても達成したことになる。スーフィズムの到達目標は神そのものであるため，両者に共通するものが，すなわち神に関する知となるわけである。

スーフィーによるタフスィールにおける「倫理的・実践的解釈」が，ブルセヴィーの思想に見られる特徴である，というのが本書の成果の１つである。これがオスマン帝国期における全てのスーフィー解釈者のタフスィールにおいても見られるかどうかは，今度の課題としたい。

注

▩序論

(1)　アナトリアという地名は，「東」を意味するギリシア語の*Ανατολια*（En. Anatolia）に由来する。この地名が初めて記録に現れるのは7世紀のことである。東ローマ帝国の都コンスタンチノープル（Constantinople）（現トルコ領の都市イスタンブルの旧称）より東側の地域のうち，中央と西部の一部を含む行政単位の呼称としてであった。オスマン帝国期には，イスタンブルより東側の地域のうち，中央と北部の一部を含む州が「アナトリア」と呼称されていた。19世紀には，イスタンブルの東からユーフラテス川に至る，トルコ系住民が多く住むアジア側の地域を意味していたと言われる。

　なお，この地名は，現代トルコ語においてはアナドル（Anadolu）と呼ばれる。この語は，「ana（母）」と「dolu（沢山）」の2語からなる複合名詞と解釈されている。

　現在，地理的な用語としての「アナトリア」は，アジアの南北に位置する半島を指す。北を黒海（the Black Sea, Tr. Karadeniz），西をマルマラ海（the Sea of Marmara, Tr. Marmara Denizi）とエーゲ海（the Aegean Sea, Tr. Ege Denizi），南を地中海（the Mediterranean Sea, Tr. Akdeniz）によって囲まれている。また，政治的には，トルコ共和国の国境が「アナトリア」の境界となっている。

(2)　この2点の著作を特に取り上げることの意義については，次のようなことが言える。『存在の五次元説の書』は，トルコ語を話す一般のムスリムのためにトルコ語で書かれた作品である。またブルセヴィーの最晩年の著作であるため，彼の宇宙論の最終的形態が表れていると言ってよい。一方，『明証の魂』は，20年間にわたって書き続けられた大著である。クルアーン全体を扱ったタフスィール書であるため，彼の思想の全体像がみてとれる著作でもある。なぜならば，クルアーンは，ムスリムの理念上，宗教に関する全てが含まれるとされているためである。必然的に，クルアーンの解釈であるタフスィールもまた，イスラーム全体をカバーしていることになる。タフスィールにおいては，形而上学的な事柄だけが扱われるわけでもないし，倫理的・実践的な事柄だけが扱われるわけでもない。唯一の神を立てるイスラームが包含するあらゆる要素がタフスィールに表れるのである。また，本書はモスクで行われた説教をもとにしているため，ブルセヴィーの実践家としての側面も反映されている。説教は元来，イスラーム諸学を一般向けに解説することを目的とする。そのような説教を豊富に含むために，『明証の魂』はブルセヴィーにおける思想と実践の関係を探る重要な手がかりになるのである。

(3)　この研究を後に拡充したものとしてTahralı［1999］がある。

(4) 1990年代以降，トルコの大学においてスーフィズム講座が設置されたのにともない，特にオスマン・トルコのスーフィズム全体に関する研究が相次いで出版されるようになっている。なかでも，マルマラ大学において行われた一連の研究は重要である。これらのうち4書（Reşat Öngören, *Osmanlılar'da Tasavvuf: Anadolu'da Sufiler, Devlet ve Ulemâ*（*XVI. Yuzyıl*）, İstanbul: İz Yayıncılık, 2000; Necdet Yılmaz, *Osmanlı Toplumunda Tasavvuf: Sufiler Devlet ve Ulemâ*（*XVII. Yuzyıl*）, İstanbul: Osmanlı Araştırmaları Vakfı, 2001; Ramazan Muslu, *Osmanlı Toplumunda Tasavvuf*（*18.yy*）, İstanbul: İnsan Yayınları, 2003; Hür Mahmut Yücer, *Osmanlı Toplumunda Tasavvuf*（*XIX. Yüzyıl*）, İstanbul: İnsan Yayınları, 2003）は，それぞれがオスマン帝国の16世紀から19世紀にかけてのスーフィズムを，1作品につき1世紀ずつ対象としている。また，ウルダー大学神学部（Uludağ Üniversitesi İlahiyat Fakültesi）のスーフィズムの教授であるM.カラ氏によって著された2作品も重要である。そのうちの1冊目（Mustafa Kara, *Metinlerle Osmanlılarda Tasavvuf ve Tarikatlar*, İstanbul: Sır Yayıncılık, 2005）は，13世紀から共和国期までのトルコのスーフィズムについて書かれ，2冊目（Mustafa Kara, *Metinlerle Günümüz Tasavvuf Hareketleri*, İstanbul: Dergâh Yayınları, 2002）は，1839年から2000年にかけてのトルコのスーフィズムを取り扱っている。これらの著作は，トルコのスーフィズム研究における重要な一歩として研究者の間で評価されている。それまでのスーフィズム研究においては，特定のスーフィーの生涯を扱ったり，スーフィーの著作（の一部）を現代トルコ語へ翻訳・翻案したりといった，部分的な研究が多かった。それに対して，以上に挙げた諸作品は，タリーカを中心にトルコのスーフィズムを全体的に捉える数少ない研究となっている。

(5) 「存在一性論」は，イブン・アラビーによって創唱されたスーフィー思想である。その要点は，実存するのはアッラーの本質のみであり，それ以外の全てはアッラーの諸属性の顕れであって，想像上の存在に過ぎない，という考えである。言い換えれば，「アッラー以外に何も存在しない」ということになるが，それは，誰もが理解できることではなく，特別な人が，修行を通じて獲得した「神秘的開示（kashf, Tr. keşf)」においてのみ体験できることであるとされている。

(6) 筆者自身の現時点までの調査に基づく。この中には，共和国期に書かれたタフスィール書は含まれていない。

(7) それらの研究は，いずれもトルコ国内で行われている。しかし，それらは，ニコルソンの方法を導入してスーフィーの1つの概念がクルアーンに起源を有するかどうかの検討と，著作と著者の紹介を行っているに過ぎない。詳細は本書第4章**1**「オスマン帝国における解釈学」を参照。

■第1章

(1) 生まれた時に与えられた名前はイスマーイル（İsmâîl）であるが，トルコ世界とアラブ世界における彼の呼称は様々である。彼はトルコ語世界では「ブルセヴィー」として知られているが，アラブ世界では，イスマーイール・ハッキー（Ismā‘īl Ḥaqqī）と呼ばれるのが通例である。前者は，ブルサ出身を意味する語である。同名人が多くなった場合，他と呼び間違われるのを防ぐため，このように地名に帰された呼び名を作ることはオスマン帝国の学界での慣習であった。実際，彼は，イスマーイール・アンカラヴィー（İsmâîl Ankaravî）とよく混同されたという。ブルサに帰される呼称が用いられた理由は，彼が長い期間ブルサに住み，そこで没したからであるとされている。彼のその他の呼称としては，一時期ウスクダル（Üsküdar）に住んだことからウスクダリー（Üsküdarî）や，一部の著作において自発的に使用したナースィフ（Nâsih，説教者），ジェルヴェティー（Celvetî）等も知られている。

(2) ハックは著述の際に使用する筆名である。

(3) その他，ブルセヴィーの生涯についての記述がある主な文献は以下のとおりである。Şeyhî Mehmed Efendi, *Vekayiu'l-Fudalâ* (rep. Abdulkadir Özcan), İstanbul: Çağrı Yayınları, n.d.; Kazasker Sâlim Efendi, *Tezkire-i Sâlim*, İstanbul: Dersaadet İkdam Matbaası, 1315 (1897-98); Muḥammad Zāhid al-Kawtharī, *Maqālat al-Kawtharī*, Ḥimṣ: Maṭba‘a al-Andalūs, 1388 (1968); İsmail Beliğ, *Nuhbetu'l Âsâr li Zeyl-i Zübdeti'l- Eş‘ar* (rep. Abdülkerim Abdulkadiroğlu), Ankara: Gazi Üniversitesi Yayınları, 1985; Huseyin Râmiz Azizzâde, *Âdâb-i Zurefâ* (rep. Sadık Erdem), Ankara: Atatürk Kültür Merkezi Yayınları, 1994; Mehmed Şemseddin, *Bursa Dergâhları: Yadigâr-ı Şemsî* (rep. Mustafa Kara, Kadir Atlansoy), Bursa: Uludağ Yayınları, 1997; Mehmed Süreyya, *Sicill-i Osmanî*, İstanbul: Tarih Vakfı Yurt Yayınları, 1996; Hayrullah Nedim Efendi, *Terceme-i Hâl: eş-Şeyh İsmail Hakkı Kuddise Sirruhu'l- Bâkî*, Bursa: Hüdâvendigar Vilâyeti Matbaası, 1307 (1889-90); Mehmet Ali Aynî, *İsmail Hakkı'ya Dair Bir Tetkik Hülâsası*, n.p., n.d.; Mehmet Ali Aynî, *Türk Azizleri: İsmail Hakkı Bursalı ve Rûhu'l-Beyân Müellifi*, İstanbul: Marifet Basımevi, 1944; Sakıb Yıldız, "Türk Müfessiri İsmail Hakkı Bursevi'nin Hayatı", *Atatürk Üniversitesi İslâmî İlimler Fakültesi Dergisi*, Erzurum: Atatürk Üniversitesi Basımevi, 1 (1975), pp. 103-126; Ali Namlı, *İsmail Hakkı Bursevi: Hayatı Eserleri Tarikat Anlayışı*, İstanbul: İnsan Yayınları, 2001. これらの著作のうち，ブルセヴィーの思想を比較的重視しているのは，アイニーの著作である。しかし，ブルセヴィーの数多くの著作から該当箇所を抜粋した読書ノートのような構成をとるものであり，彼の特定の思想について掘り下げたものではない。Namlı［2001］の場合は，ブルセヴィーの生涯と著作に紙面の大部分を割いており，残りはタリーカの理論と実践に関するものである。Yıldız［1975］は「今回はブルセヴィーの生涯について述べるが，今度の論文において彼の思想について書く」

としているが，いまだにブルセヴィーの思想に関する論文は公開されていない。上述のような著作の他，ブルセヴィーに関する 20 点を超える論文が出されている。これらの大半は，ブルセヴィーの生涯に関するものであり，その他の論文も，ブルセヴィーの 1 つの著作あるいはその一部を現代トルコ語に翻訳するにとどまっている。

(4) アイドスは，現在のブルガリア東部のブルガス州（Burgas）に属する小規模な町である。ブルガリア語では ajtos，aitos と発音される。この町は，1378 年にムラト 1 世（在位 1360 - 1389）によって征服されてから 1829 年のロシア・トルコ戦争において失われるまでの 5 世紀間，オスマン帝国の支配下にあった。2011 年の統計によれば，ムスリムのトルコ人の人口は 3000 人ぐらいで，人口の 2 割を占めている。地方ムフティー（宗教裁判官，muftī, Tr. müftü）が彼らを代表している［www.citypopulation.de］。

(5) 「年寄」や「長老」を意味するアラビア語の単語であるが，トルコ語も含むその他のイスラーム言語において敬称として広く使用されている。スーフィズムでは，タリーカ（スーフィー教団）の思想を説き，弟子や修道者の指導を行う師匠の意味で使われている。

(6) ブルセヴィーのアイドスでの教師は，オスマン・ファズリーのハリーファであるシャイフ・アフメド・エフェンディー（Şeyh Ahmed Efendi）であった。エディルネにおける師であったアブドゥルバーキー・エフェンディー（Abdülbâki Efendi）も，オスマン・ファズリーの親戚であり，かつ弟子でもあった［Namlı 2001: 37］。

(7) 現地語で Sukobje，Sukopiye とも呼ばれるウスクプは，今日のマケドニア共和国の首都である。1389 年の第 1 次コソヴォ戦争後，オスマン帝国の支配下に入ったウスクプは，1912 年に始まった第 1 次バルカン戦争の後にセルビア領となり，第 2 次世界大戦後には旧ユーゴスラビア領に入った。ウスクプは 500 年間以上オスマン帝国によって支配されたため，トルコ・イスラーム文化の遺産が今も数多く残っており，トルコ人マイノリティーの共同体も存在する。

(8) オスマン・ファズリーの属するダルガーは，外的な諸学問の教育施設であったマドラサのような役割も果たしていた。彼のダルガーに籠もった信奉者たちは，霊的な修行と共に，外的な学問の授業も受けていた［Namlı 2001: 38］。

(9) この期間中，彼が学習したスーフィーの著作として，サーディー・シーラーズィー（Sa'dī Shīrāzī, 691/1292 年没）の『ブースターン（*Būstān*）』と『グリスターン（*Gulistān*）』，ジャーミー（'Abd al-Raḥmān Jāmī, 898/1492 年没）の『バハーリスターン（*Bahāristān*）』，ルーミー（672/1273 年没）の『フィーヒ・マー・フィーヒ（*Fīh mā fīh*）』と『メスネヴィー（*Mathnawī, Tr. Mesnevî*）』等が挙げられる［Aynî n.d.: 15］。

(10) 彼が説教を始めたのは，12 歳の時であった［Namlı 2001: 306］。

(11) イスラーム世界において，イスラーム諸学の中の特定の学問の修了者や，書道のような芸術分野において必要な技術を習得した者，またはスーフィズム修行の達成者などに与えられる修了認定証，かつ教鞭資格証明書のこと。学問や技芸が師弟間で継承された時代には，直接師匠によって弟子に与えられていたが，現代では，機関によって発行される場合もある。

(12) 1087/1676年，24歳のブルセヴィーは，ウスクプの重要なシャイフの1人であったムスタファ・ウッシャーキー（Mustafa Uşşakî, 1090/1679年没）の娘と結婚する［Aynî n.d.: 3］。

(13) ブルセヴィーは，ここでムフティーの職に誘われたこともあったが，拒否してスーフィーの道を進むことを決意した［Namlı 2001: 48］。

(14) ウストゥルムジャは，現在ではマケドニア共和国の主要都市の1つである。首都のウスクプから，東南に約150キロ離れたところにあり，1395年から1923年までオスマン帝国の支配下にあった。トルコ・イスラーム文化の影響を受けたウストゥルムジャには，人口3万4442人中，現在もムスリムのトルコ人が少数ではあるが居住している［http://www.popovashapka.com/macedoniainfo/cities/city_strumica.htm］。

(15) ブルセヴィーの家族にとって，ブルサへの移住は好ましくないことであった。というのも，ルメリ出身でもあった彼の妻は，農産物も水も豊富な故郷から離れることを望まなかったのである。しかし，5年後の1100/1689年に，ルメリはハンガリー軍によって侵略に遭い，ムスリム住民の数多くが殺害され，生き残った住民も家財等を残したまま避難することを余儀なくされた。この時，ブルサへの移住は私にとって恵みであったことが分かった，とブルセヴィーは述べている。そして，ウスクプのムフティーを除き，かつて彼に圧力をかけた人々の多くが，この戦争や，その後の避難中に死亡したといわれている［Aynî n.d.: 22; Namlı 2001: 52］。

(16) ブルセヴィーがこのタフスィール文献を書くことになった動機に関しては，預言者ムハンマドの命令に従ってのことだと言われている。ワッサーフ（H. Vassâf）は，『明証の魂』とブルセヴィーについて，次の話を伝えている。霊魂の呼び出しに興味をもった人々が，ブルセヴィーに，なぜクルアーン解釈において喩え話と物語を多く使用したのかと聞いたところ，彼は「今の人々は，喩え話と物語を好んでいるので，私も言いたいことをこのような媒介を使って語ったのだ」と答えた［Vassâf 2000: 38］。

(17) 外的諸学問を教えないにもかかわらず説教を行っていることの理由を彼は，説教が伝承（naqlī）と開示（kashfī）に基づくのに対し，授業は理性的（'aqlī）で伝承的であるからであるから，と説明している［Namlı 2001: 52-53］。

(18) 第1回目の訪問は1097/1686年に，第2回目の訪問は1098/1687年に，第3回目の訪問は1099/1688年に，第4回目の訪問は1100/1689年に，第5回目の訪問は1101/1690年に，そして最後の訪問である第6回目は，1102/1690年に行われている。

(19)　18 世紀における活発なタリーカの 1 つであるジェルヴェティー教団は，ヒュダーイー（Aziz Mahmûd Hüdâyî，1038/1628 年没）によってアナトリアで創設された。その系譜はトルコ語世界において最も普及したタリーカであるハルヴェティー教団につながるとされている。ブルセヴィーによれば，ジェルヴェティー教団は最初から独自の形で存在し，その精神は，イブラーヒーム・ザーヒド・アル＝ジーラーニー（Ibrāhīm Zāhid al-Jīlānī，700/1300 年没）の時代に生まれ，ヒュダーイーの時代においてタリーカという形に結実したという［Bursevi 1981: 56］。教団の名は，アラビア語の動名詞「ジャルワ（jalwa）」のトルコ語での発音である「ジェルヴェット（celvet）」に由来する。これは，「国や妻子から離れること」，「刀や鏡などのさびをこすり落とすこと」を意味する語である。スーフィズムの用語としては，「ハルワ（khalwa, Tr. halvet）」の対義語で，「皆と一緒にいながら，1 人でいられること（bâ heme ve bî heme）」を指す。一方のハルワは，「誰かと 2 人きりになること」を意味するが，スーフィズムの教えにおいては「神との合一を果たすこと」を指す用語である。「ジェルヴェット」と「ハルワ」は，預言者ムハンマド自身によって実践されたと言われている。伝承によると，預言者ムハンマドは，預言者に目覚める以前にヒラー山の洞窟で瞑想していた際にハルワを行い，後に預言者として布教をするようになった時から，ジェルヴェットをするようになったと言われている。

(20)　ブルセヴィーは，ジェルヴェティー教団のスィルスィラ（系譜）において第 33 代目となる［Yıldız 1975: 114］。

(21)　ムスタファ 2 世は，計 3 回オーストリア遠征を行った。ブルセヴィーが参加した第 1 次と第 2 次遠征は全般的にオスマン帝国軍が優勢であったが，第 3 次遠征においては，オスマン帝国側が敗北した。その結果，1699 年，オスマン帝国の初の領土損失を意味するカルロヴィッツ条約（Karlofça Antlaşmaşı）が結ばれることとなった［Namlı 2001: 72］。

(22)　この襲撃で，貴重な本や財産などを損失せざるをえなかったブルセヴィーは，山賊たちに武器を提供するエジプトの商人たちを強く批判し，次のように訴える。「彼らに武器を売ることは，ハラーム（禁止行為）である。なぜならば，アアラーブ（砂漠の遊牧アラブたち，a‘rāb ＞ sg. ‘arab）の信仰には信頼されないからである。彼らは，エジプトやルームから買った武器を持って，巡礼ルートで待ち伏せをして，多くの巡礼者を殺害し，経済的な被害も与える」［Aynî 1944: 70］。

(23)　ブルセヴィー自身が語るところによると，彼は生涯の中で繰り返しヒドルの来訪を受けている。最初の来訪を受けたのが，この 1 回目の巡礼の帰路においてであった。ブルセヴィーは，その体験を次のように語っている。「山賊たちが巡礼隊を襲った時，神からのインスピレーションに従って，命じられた方向にひたすら歩きながら，体力が落ちる所まで行った。日没後，砂漠の中をふらふら歩き，力を出し切ったところに，ヒドルが現れ，「あなたのために来た」と言って，私を，巡礼隊に合流させた」［Namlı 2001: 78］。

(24) この人物についての詳細は，Kaḥḥāla［1993: I, 85］と Sarkīs［1928: I. 552-553］を参照。

(25) ブルセヴィーがテキルダーに一時移住した理由と時期に関して，研究者たちは様々な説を提示している。アイニー M. A. Aynî は，テキルダーに移住する以前，ブルセヴィーがウスクダルにいたとし，「言葉の徒（kâl ehli）」と支配者との摩擦の結果として流刑されたのだ，と述べている［Aynî 1944: 75］。ワッサーフは，テキルダーに流刑される以前にブルセヴィーがいた場所はイスタンブルであるとする。同氏は，彼の流刑の理由として，説教の中で「存在一性論」を公言したためであると記している［Vassâf 2000: 15］。これに対して，イルドゥズは，テキルダー以前のブルセヴィーの所在地として，ウスクダルではなくブルサを挙げ，彼のテキルダー移住の原因は流刑ではなく「神からの指示（işâret-i ilâhî）」によるものであると主張して，アイニーを批判している［Yıldız 1975: 117, 121-122］。ナムルはイルドゥズ説にほぼ同意し，ブルセヴィーの著作からも引用しながら，テキルダー以前の彼の所在地はウスクダルではなくブルサであり，理由も流刑ではなかったと主張している［Namlı 2001: 108］。

(26) ダルガーにおいて，信奉者の1人であるテキルダー出身のヒクメティー・メフメッド・エフェンディー（Hikmetî Mehmed Efendi, 1752 年没）をハリーファとして指名している［Yıldız 1975: 117］。

(27) ブルセヴィーは当時の宰相であるアリ・パシャ（Ali Paşa, 1711 年没）に書簡を送っており，彼に「優者（zâhirî）」というあだ名をつけて，その活動を支持した［Namlı 2001: 91］。

(28) ブルセヴィーは，以前からダマスカスへの移住を考えていたとされている。特に，1114/1703 年にブルサの大モスクであるウル・ジャーミー（Ulu Câmii）で起こったスーフィー殺害事件の後，ブルサから離れる機会をうかがっていた［Namlı 2001: 91］。

(29) 彼は，これらの説教と講義において，主に自著『明証の魂』を用いたが，授業中に先行する学者たちと自分の意見を伝える際に，先行する学者たちの名前をはっきり言及しなかったという［Yıldız 1975: 119］。

(30) ブルセヴィーと同じくスーフィーの学者であるナーブルスィー（1143/1731 年没）との論争は重要である。論争テーマは，ブルセヴィーによる煙草禁止論とナーブルスィーによる煙草許容論であった。

(31) ブルセヴィーは，3年間のダマスカス滞在中，10 を超える著作を執筆している。これらの他に，アナトリアの様々な場所でハリーファを務めている後継者たちと数多くの書簡を交換している［Namlı 2001: 108］。

(32) これに加えて，ウスクダルを選んだ理由として，ウスクダルがイスタンブルの学界における中心地であり，様々な教団が盛んに活動を行っており，ある意味で「教団の都市」であったことなどが挙げられている［Yıldız 1975: 120］。

(33) ブルセヴィーを訴えたのはシャイフ・エル＝イスラーム・アブドゥッラー・エフェンディー（Şeyhülislam Abdullah Efendi, 1156/1743 年没）である。彼は，ダーマト・イブラーヒム・パシャに送った書簡の中で，ブルセヴィーについて，「私以外神はなし（lā ilāha illā anā）」と言ったと訴えた。しかし，調査の結果，目撃者の証言によって事実ではなかったことが明らかになり，ブルセヴィーは無罪になった［Namlı 2001: 107］。

(34) 彼は，自筆の『系譜書（*Kitāb al-Silsila al-Jalwatiyya*）』において，自身の「系譜（スィルスィラ（silsila Tr. silsile）」を次のように書き記している。預言者ムハンマド（11/632 年没），アリー（40/661 年没），クマイル・イブン・ズィヤード（Kumayl ibn Ziyād, 63/683 年没），ハサン・アル＝バスリー（Ḥasan al-Baṣrī, 110/728 年没），ハビーブ・アル＝アージャム（Ḥabīb al-A‘jam Muḥmmad al-Tabrīzī, 638/1240 年没），ジャマール・アッディーン・アッ＝タブリーズィー（Jamāl al-Dīn al-Tabrīzī, 672/1273 年没），イブラーヒーム・ザーヒド・アル＝ジーラーニー（Ibrāhīm Zāhid al-Jīlānī, 700/1300 年没），サフィー・アッディーン・アル＝アルダビーリー（Ṣafî al-Dīn al-Ardabīlī, 753/1334 年没），サドル・アッディーン・ムーサー・アル＝アルダビーリー（Ṣadr al-Dīn Mūsā al-Ardabīlī, 794/1392 年没），アラーウ・アッディーン・ハージャ・アリー・アル＝アルダビーリー（‘Alā’ al-Dīn Khwāja ‘Alī al-Ardabīlī, 832/1429 年没），シャイフ・シャー・イブラーヒーム・アル＝アルダビーリー（Shaykh Shāh Ibrāhīm al-Ardabīlī）（851/1447 年没），ハミードゥッディーン・エル＝アクサライー（ソムンジュ・ババ）（Hamîduddîn el-Aksarâyî Somuncu Baba, 815/1412 年没），ハジ・バイラム・エル＝アンカラヴィー（Hacı Bayram el-Ankaravî, 833/1429 年没），ムクアド・フズル・デデ・エル＝ブルセヴィー（Muk‘ad Hızır Dede el-Bursevî, 918/1512 年没），メフメド・ムフイッディーン・ウフターデ（Mehmed Muhyiddîn Üftâde, 988/1580 年没），アズィズ・マフムード・ヒュダーイー（1038/1628 年没），ムクアド・アフメド・エフェンディー（Muk‘ad Ahmed Efendi, 1049/1639 年没），ザーキルザーデ・アブドゥッラー・エフェンディ（Zâkirzâde Abdullah Efendi, 1068/1657 年没），オスマン・エル＝ファズリー・エル＝イラーヒー・エル＝アトパザリー（Osman el-Fazlî el-İlâhî Atpazârî, 1102/1691 年没），イスマーイル・ハック・ブルセヴィー（İsmâil Hakkı Bursevî, 1137/1725 年没）。

(35) ここで言う「ハリーファのネットワーク」とは，ブルセヴィーの指導を受けて，修業を経たスーフィーたちによって構成されたものである。このネットワークは，ブルサを中心として，北西アナトリアとバルカン半島，アラビア半島のメッカに広がっていた。ネットワークの網の目であるハリーファたちの活動内容は，ブルセヴィーと彼らの間で交わされた多数の書簡から分かるが，それは（メッカを除けば）非ムスリム人口が多少なりとも存在する諸地域における，イスラームの布教とスーフィー思想の宣伝活動であった。

(36) このテッケに属するシャイフの数は，ジェルヴェティー教団における全シャイフの32%に達していた［Muslu 2003: 472-474］。

(37) ペルシア語の単語であるポストニシーンは，「羊の毛皮に座る者」を意味するが，スーフィズムの用語としては，あるタリーカを創設したシャイフや，特定の修道所の設立者であるシャイフの後を継いだ歴代シャイフを指す。このように呼ばれるのは，初代のシャイフが指導や修行の際に使っていた羊の毛皮を自身の後継者に与え，それが代々継承されることによる。ブルセヴィーの後に，彼のテッケにおいてシャイフとなったポストニシーンの人数は，16人とされている。彼らについての詳細は不明だが，その名前のみアルファベット表記で挙げておく。Şeyh Mehmed Bahâuddîn Efendi（1138/1726年没），Şeyh Mehmed Hikmetî Efendi（1165/1752年没），Şeyh Ahaveyn Efendi（1176/1762年没），Şeyh Mehmed Emîn Efendi（1232/1817年没），Şeyh Mehmed Bahâuddîn Efendi（1233/1818年没），Şeyh İsmail Hakkı Efendi（1260/1844年没），Şeyh Mehmed Hikmetî Efendi（1272/1855年没），Şeyh Mehmed Rıf'at Efendi（1273/1856年没），Şeyh İsmail Hakkı Efendi（1285/1868年没），Şeyh Mehmed Ali Rıfkı Efendi（1315/1897年没），Şeyh Mehmed Fâik Efendi（1324/1906年没），Şeyh Selâmeddîn Efendi，Şeyh Üftâde Efendi，Şeyh Hâfız Bahâuddîn Efendi，Şeyh Mehmed Cemâleddîn Efendi，Şeyh Hacı Ahmed Rüşdî Efendi，Şeyh Mehmed Şemseddîn Efendi（1936年没）。

(38) 研究者の間では，ブルセヴィーがイジャーザを受けたこと自体についても，議論がある［Namlı 2001: 95, 146］。受けたと主張するのはカウサリー（Muḥammad Zāhid al-Kawtharī, 1952年没）である。

(39) ブルセヴィーの著作の数については，研究者の間で様々な意見が出されている。現在ブルサにある彼のダルガーのホームページによれば，その数は195だとされているが，ナムルは，様々な研究者の意見を比較した結果，失われた分も含めば120点強だろうと想定する［Namlı 2001: 162］。筆者は，本節において，ナムル氏のリストに基づいてブルセヴィーの著作を紹介するが，ある著作の一部が後に別の著作として出されたこと，タイトルの違いだけで同じ内容の著作が別々に数えられること，図書館の取り扱いによって紙葉数の少ない小論を独立の著作として数えること等も考えれば，その数はさらに下がりうると思う。筆者自身の研究によれば，その著作数は114点である。

(40) ブルセヴィーの各分野に関する著作の書名やその他の情報については，【付録】ブルセヴィーの著作一覧を参照。

(41)　著作の多くがトルコ語であるが，アラビア語のみで書かれた著作も 40 点程度ある。
(42)　アイニー氏は，ブルセヴィーをチュルク語主義者（Tr. mühim bir türkçeci）とみなしているが，その理由として彼がトルコ語で著述をしていることが考えられる［Aynî n.d.: 11］。

■第 2 章

(1)　この作品は，ジュルジャーニー（Alī ibn Muḥammad al-Sayyid al-Sharīf al-Jurjānī, 1413 年没）の『定義集（*Kitāb al-Ta'rīfāt*)』という著作における「存在の五次元」と「完全人間」の項目に対する解釈書である。ブルセヴィーは，同書冒頭において，現在のトルコ西部にあたるルメリ地方（Rumeli）に居住する，アラビア語を解さないトルコ人の依頼に応じて本書をトルコ語で書いた，とその執筆の動機を述べている。1725 年に脱稿されたこの作品は，その想定読者である一般民衆のために「存在の五次元説」が様々な側面から解釈されている。この著作は未公刊であり，トルコのスレイマニイェ図書館（Süleymaniye Kütüphanesi）に，２種の写本が存在する。今回は，この図書館において Mihrişah Sultan 189 として登録されているバージョンを利用した。
(2)　このハディースについて，イブン・タイミーヤ（728/1328 年没）のようなハディース学者たちは「脆弱なハディース」か「偽造されたハディース」だと主張する［Yıldırım 2000: 98］。ブルセヴィーはこのハディースについての専著を遺しており，その序説で「イブン・アラビーは，『マッカ啓示（*al-Futūḥāt al-Makkiyya*)』において，このハディースは伝承的には（Tr. naklen）存在しないが，［スーフィーの体験としての］開示においては（Tr. keşfen）存在していると主張する」とその真実性を強調している［Bursevi 2000:17］。
(3)　例えば，人名のザイドとアムルは別々の名前であるが，その指し示す対象は，人類という点においては同一のものである［Bursevî 1720: 137b］。
(4)「世界」は，「次元」とほぼ同義語として多く使用されるもう１つの概念である。ブルセヴィーによれば，「世界」は「次元」の現れである。その主張を言葉の面からも証明しようとするブルセヴィーは，「世界（'ālam)」と「知（'ilm, Tr. ilim)」の語源的な類似性に注目している。彼によれば，「世界」とは神の知の現れの場であり，神の知において潜在的に存在する万物の現れが「世界」である［Bursevî 1720:140a］。
(5)「自己限定」とは，ある事物が，神の知において，あるいは可視的状態において，特定の性質や状態等をもって，他と異なるということを意味する［Bursevî 1720: 138a–138b］。
(6)「至聖流出」は，「第１の顕現（al-tajallī al-awwal, Tr. tejelli-i evvel)」とほぼ同義語として使用されれることが多い。「至聖流出」とは，絶対的不可視である真理が，次第に具体的に現れてくる顕現の過程である［Izutsu 1983: 219–220］。「存在の五次元説」

から言えば，その顕現の数は５つあり，第１の次元である絶対的不可視の次元における顕現が「第１の顕現」になる。「第１の顕現」とは，真理の流出であって，さらに２種類ある。その１つは，真理の本質から本質への流出を意味する「至聖流出」である。この流出の結果として，有るとも言えず無いとも言えない存在有無中道の次元が成立する。もう１つの真理の流出は，「神聖流出」と呼ばれ，有無の間にあった事物が現勢態に移って可視の対象になることである［Kam 1994: 106］。これらから言えるのは，「流出」と「顕現」の違いは，用語上のものであるということである。「顕現」とは，「流出」が「至聖」から一段下の「神聖」に変化する時点における，真理の現れのことである。「流出」とは真理の側面に関する変化であり，「顕現」とは被造物の側面に現れる変化である，というのが筆者の見解である。

(7)　「有無中道の実在（a'yān thābita, Tr. âyân-i sâbite）」とは，事物が「神の無始的で永遠な知（al-'ilm al-azalī, Tr. ilm-i ezelî）」において自己限定されている状態である［Bursevî 1720: 138b］。

(8)　この次元においては神以外に何も存在しないため，被造物という言い方は不適切であろう。ここで「被造物」と言われているのは，最終的に被造物となる事物の最初の状態を意味する。

(9)　この違いを説明する別の喩えとして，胎児と赤ん坊の比喩が挙げられている。赤ん坊は，子宮にいるときは有無中道態であり，生まれた後は，存在となる［Bursevî 1720: 138b］。

(10)　「不可視（ghaib, Tr. gayb）」を，「絶対（muṭlaq, Tr. mutlak）」と「相対的（muẓāf, Tr. muzâf）」の２つに分けるのは，至聖流出である。その特質が誰にも分からない本質の次元である「絶対的不可視の次元」にいる神は，「至聖流出」によって顕現すると，「相対的不可視の次元」に降下する。

(11)　ブルセヴィーは運動が存在を生み出すことを説明するために，粉砕器を喩えに用いて，粉砕器の動きがなければ，粉が出ないと述べている。

(12)　さらに説明を加えて，彼は，全ての存在に，「顕現」を通して神が「浸透（sirāya Tr. sirayet）」すると述べる。そのためであろうか，「風をののしってはいけない」というハディースを引用している［Bursevî 1720: 141b-143a］。

(13)　イスラームの考え方によると，神が，その本質，属性や行動へと移る場合は，いかなる発展や進化も必要としない。つまり，神が絶対不可視の次元から可視の次元に降下する際には，何ら媒体が必要とされないのである［Bursevî 1720: 143b-144a］。しかし，神は，「試し（Tr. imtihan）」のためその本質を隠すベールとして媒介を利用する，というのがイスラーム学者たちがしばしば行う説明である。特によく言及されるのは，死における媒介である。人が死ぬ際に病気になったり事故に遭ったりするのは，実のところ，神が人の命を奪っていることがある種の媒介で隠されているのである。

(14)　「人性（nāsūt, Tr. nâsût）」というのは，キリスト教に由来する概念である。人的霊魂によって成立する場を意味し，「イエスの人性（Tr. nâsût-i Îsâ）」と「イエスの神性（Tr. lâhût-i Îsâ）」というようにキリスト教徒たちは使用するが，スーフィーたちの用語では，キリスト教徒の主張のように神性の人性への「宿り（ḥulūl）」を意味しない。スーフィーたちは，フルールの代わりに「関係（ta'lluq）」を好む。この関係のために，人間が（他のものに）干渉する「権利（Tr. tasarruf）」を持っているのである［Bursevî 1720: 142b］。

(15)　人性が持つ結合性とは，「尊厳（jalāl, Tr. celâl）」と「美（jamāl, Tr. cemâl）」，「楽園」と「火獄」を併せ持つという潜在的な本質を意味する［Bursevî 1720: 143a］。

(16)　すなわち，存在過程に沿って五次元を配列するならば，この次元が第2の次元となるべきである。しかし，不可視であるため，第3の次元になる。

(17)　ブルセヴィーは，媒介を正当化するために，クルアーンの「かれこそは，その助けにより，また（多くの）信者たちによりあなたを力付けられる方である」（8:62）という章句を引用する。また，具体的な名は明らかにせずにスーフィーたちの発言を挙げたり，喩えによる説明を行ったりする。前者の例としては，「彼と私たちがいなければ，存在はあり得なかった」を挙げることができる。また後者の例としては，「父は子がいなければ父になれないし，子も父がいなければ生まれない」などという喩えが用いられている［Bursevî 1720: 143b］。

(18)　この区分と呼称は，ジュルジャーニーによるものである。ブルセヴィー本人もオスマン語に翻訳することなくアラビア語の表現をそのまま用いているので，筆者も原文の通りに転写した。

(19)　さらに詳しく言えば，純粋な諸霊魂は，「純粋な諸知性（al-'uqūl al-mujarrada, Tr. ukûl-u mücerrede）」と，「純粋な諸霊魂（al-nufūs al-mujarrada, Tr. nüfûs-u mücerrede）」の2つに分けられている。

(20)　これらの霊魂を，逍遙学派（al-Madrasa al-Mashshāiyya, Tr. Meşşaiye Ekolü）の哲学者たちは，「諸知性（'uqūl, Tr. ukûl）」，照明学派（ishrāqiyya, Tr. İşrâkîlik）の学者たちは，「支配的高位諸光（al-anwār al-'āliya al-qāhira, Tr. envâr-ı âliye-i kâhire）」と名付けている［Bursevî 1720: 144a］。

(21)　この諸霊魂の，逍遙学派の哲学者たちによる別名は「天在の諸霊魂（al-nufūs al-samāwiya, Tr. nufûs-u semâiye）」であり，照明哲学者による別名は「経綸的諸光（al-anwār al-mudabbira, Tr. envâr-ı müdebbire）」である［Bursevî 1720: 146b］。

(22)　ここで，ブルセヴィーは，次元を指す用語として，「次元」，「世界」の他に「段階（martaba, Tr. mertebe）」も用いている。用語法が錯綜しているので，図3に挙げた用語の中には次元なのか，世界なのか判然としないものもある。詳しくは本章末の結論部で述べることとする。

(23)　前者に関する記述については，Bursevî［1720: 148a］を参照。

(24)　例えば，次のような記述が挙げられている。「大世界（Tr. âlem-i kebir）」に黄道12の「宮（Tr. burç）」があるのと同様に，「小世界（Tr. âlem-i sağîr）」たる人間にも，12個の穴（両眼，両耳，両鼻孔，両乳首，口，臍，両排泄孔）がある。また，大世界においては，星や惑星等の管理を太陽と月が行っており，月が太陽に従っているのと同様，この世においても管理や政治などは，知性と発話によってなされるものであり，発話は知性に支えられている。また，人間の肉体は地殻，骨格は山々，脳は鉱物，腹は海と大洋，腸は河川，脈は水路，脂肪は泥，髪は草，頭皮は田畑，愛情は文明，腰は砂漠，寂しさは零落，息は風，発話は雷鳴，叫びは落雷，涙は雨，喜びは日光，悲しみは夜の暗さ，睡眠は死去，覚醒は生，誕生は旅の始まり，幼少期は春，少年期は夏，壮年期は秋，老年期は冬，死は旅の終わり，生涯の年々は国々，月々は宿駅，週は距離，日々は海里，呼吸はステップに，それぞれ対応するものである［Bursevî 1720: 148a–149a］。

(25)　これらの次元の呼称については，**図5**にまとめたので，そちらも参照されたい。

(26)　イブン・アラビー自身も次元という概念を用いているが，次元の数等に関する詳しい説明は行っていない。彼によれば，次元は「絆（nisba, Tr. nisbet）」である。この絆というのは，万物が，神のある名前や属性に結ばれているということである。これらの絆の一方を構成している名前や属性と，もう一方を構成する次元は無数である。しかしながら，彼は，無数の次元が集中する3つの「結節点（maqām, Tr. makâm）」があると指摘する。その3つとは，「神的」，「主的（rabbānī, Tr. rabbânî）」，「慈愛的な（raḥmānī, Tr. rahmânî）」結節点であり，各々の結節点の最上部に「アッラー」，「主（rabb）」，「慈愛者（raḥmân, Tr. rahmân）」という3つの神の名がある。また，彼は別の区分法も挙げている。本質の次元・属性の次元・行為の次元という3つの組み合わせ，神的次元・人的次元という2つの組み合わせなどがその例である［al-Ḥakīm 1981: 324］。これ以外の重要な区分法として，ファルガーニーによる6つに区分する方法，カイセリーによる7つに区分する方法，そしてジーリーによる40に区分する方法がある。しかし，広く認められているのは，コネヴィーによって初めて発展させられた，5つに区分する方法である［Chittick 1982: 111–116; 東長 1994: 280］。

(27)　その詳細については，**図6**を参照。

(28)　詳しくは，**図5**を参照。

(29)　huzurは，次元を意味するḥaḍraと語根を同じくする動名詞であるḥuḍūrがトルコ語風に訛った形であり，「御前」という意味の他，「平穏」と「幸福」を意味する単語として現代でも広く使われている。なお，現代トルコ語で「おんまえ」を指す言葉としては，やはり同じ語根から派生したhazretとhuzurという言葉がよく用いられる。この言葉は，神や預言者，重要な宗教指導者への敬意を示す際に使われる。

■第3章

(1)　日本では，クルアーンのほかにコーランという表記も使われる。コーランという表記は西欧諸語からの音訳であるが，これはもともとトルコ語のクラアン（kur'ân）が欧米諸語に取り入れられた際に発音が変化したものであるとされている。一方のクルアーンは，アラビア語における発音である，クルアーン（al-qur'ān）に基づく。本書においては，言語の発音に近いクルアーンを使用する。クルアーンの原義は，「読まれるもの」，もしくは「集められたもの」である。クルアーン以外の呼称も複数存在し，「本（kitāb）（2:1）」，「アッラーの言葉（kalām Allah）（9:6）」，「真偽を識別するもの（furqān）（25:1）」，「書物，巻物（muṣḥaf）」などがある。これらの別称は，それぞれクルアーンの1つの側面を表している。例えば，「本」は，クルアーン以前の諸啓示をも含むアッラーによって下された啓典，もしくはクルアーンの「保護された書板（lawḥ mahfūẓ）」における原型を意味する。「アッラーの言葉」は，クルアーンを神学的な観点から見た場合の呼称であり，この啓典の「神の言葉（kalām）」という属性の顕現としての側面を強調する。書物もしくは巻物は，1冊の書としてまとめられた状態を意味する。事実，第3代カリフのウスマーン（在位644－656）によって編纂されたクルアーンの決定版は「ウスマーンの書籍（muṣḥaf 'Uthmānī）」と呼ばれている。「真偽を識別するもの」は，信仰の真偽を区別するクルアーンの全般的な役割を表す呼称である。なお，クルアーンという呼称は，クルアーン自体の中にも見られ（16:98; 17:82; 36:2），上述の様々な別称が持つ概念全てを含む総称として使用されている。さらに，クルアーンには「尊い（al-karīm）」もしくは「荘厳なる（al-majīd）」などといった形容詞が付けられることもある。

(2)　意味の多様性というのは，クルアーンの内容の多様性という意味で読み取ることも可能であるが，ここでは，クルアーンのテキストに関する解釈の多様性を意味する。クルアーンは，特定の関心事のみを取り上げているのではない。全114章にわたる章句には，多様なテーマが散在している。その中には，天文学に関する記述，神の本質と属性および行動に関する記述，イスラーム以前の宗教史および人類史に関する情報，創造物に対する神からの話しかけ，死後の世界に関する説明，叡智学的な文章，戒律，祈願の文句などがある。

(3)　ハディースのこのバージョンは，著名な解釈学者であるタバリー（Ibn Jarīr al-Ṭabarī, 923年没）によって伝承されている。このバージョン，およびこのハディースの他のバージョンに関してはal-Ṭabarī［1995: I, 24-49］を参照。このハディースは，内容の真偽の観点から3つの箇所に分けることができる。まず，「クルアーンは，7つの字の上に下された」という箇所であるが，ここまでの内容はブハーリー（Muḥammad ibn Ismā'īl al-Bukhārī, 870年没）の『ブハーリーの真正集（*Ṣaḥīḥ al-*

Bukhārī)』においても言及されているため「真正（ṣaḥīḥ）」であると言える。詳細は，［al-Bukhārī, *Faḍā'il al-Qur, ān*, 5］を参照。次に，「それぞれの字には，外的な意味および内的な意味がある」という箇所である。この箇所は，最初の箇所と一緒にイブン・ヒッバーン（Ibn Ḥibbān, 965年没）の『イブン・ヒッバーンの真正集（*Ṣaḥīḥ Ibn Ḥibbān*）』において引用されている。詳細は，Ibn Ḥibbān［1988: I, 276］を参照。最後に，「それぞれの字には，境があり，それぞれの境の向こうには，更なる意味を獲得できる領域がある」という箇所である。この箇所は，管見の限り，タバリーの解釈書にしか見当たらない。しかし，タバリーが伝えている「伝承の鎖（sanad）」に列挙される「伝承者たち（rijāl）」については，それぞれが「信頼が置ける者（thiqāt）」であると明記されている。詳細はal-Haithamī［1988: VII, 152］を参照。全体的に言えば，このハディースの完全なバージョンは，ブハーリーのものも含めた『六真正集（*al-Kutub al-Sitta*）』にはないが，部分的にはこれらの中にも確認することができ，また『六真正集』以外の真正ハディース集にも記されている。完全なバージョンが記載されているタバリーの解釈書に関しては，ハディース学者たちによってその伝承の鎖の信頼性が認められている。

(4)　数字の7に関しては，「限定（ḥaṣr）」を意味するか，「多数（kathra）」を意味するかという点において，クルアーン学者たちの間で意見の違いがある。「限定」を意味すると主張する学者たちによれば，7つ以外に字が存在しないということである。7を「多数」の意味で捉える学者たちは，数を7に限定せず，そこには多数の字があると解釈している［'Ināya 1996: I, 209-20］。

(5)　例えば，母音点の付し方，文字の点の数，単語を動詞とみなすか名詞とみなすか，単語を単数と複数のどちらで捉えるか，動詞が受動形か能動形かなどといったアラビア語の綴り字や文法に関わることもあれば，ある単語を同義語と入れ替えることによってなされるものもある。

(6)　初期のスーフィーたちは，それぞれの概念に対して様々な解釈を与えてきた。例えば，「外的な意味」に関して，トゥスタリー（Sahl al-Tustarī, 896年没）は，「一般人（'awāmm）」が理解できる意味のレベル，であると説く。アブー・ターリブ・マッキー（Abū Ṭālib al-Makkī, 998年没）も同様の解釈を示している。彼らに対し，ニーサーブーリー（Niẓām al-Dīn al-Nīsābūrī, 1327年没）は，学者（'ulamā'）が理解できる意味のことである，と説明している。また，カーシャーニーは，「外的な意味」とは外的な解釈であると主張する。「内的な意味」に関しても，将来の出来事，「特別な者（khawāṣṣ）」の学，内的な解釈，などといった様々な解釈が存在する。「更なる意味を獲得できる領域」については，復活の日の最上の展望台，心における意味の浮かび上がる所，「高貴な人たち＝シャリーフ（ashrāf ＞ s.g. sharīf）」が理解できる意味，真理がそのままに観察される展望台，境の向こうに全能全知の王が見える観察場所，といった解釈が行われている。「境」に関しては，カーシャーニーが「言葉が終わるところにおける意味」，アブー・ターリブ・マッキーが「直解主義者（ahl al-ẓāhir）」が理解できない意味の境，トゥスタリーが意味の向かい側に渡ることができない境，と説明している［Sands 2006: 8-12］。

(7) この点に関して，クルアーンは次のように記している。「かれこそは，この啓典をあなたに下される方で，その中の（ある）節は明解で，それらは啓典の根幹であり，他（の節）はあいまいである（3:7）」。

(8) クルアーンの章句の意味が明白であるということに関しては，クルアーンの数多くの章句において言及がされている。いくつか代表的なものを挙げると，「これらは明瞭な啓典の印である（12:1）」，「これは啓典の印で，まごうかたないクルアーンの印である（15:1）」，「（事物を）明瞭にする啓典にかけて（誓う）。本当に我は，それをアラビア語のクルアーンとした。あなたがたが理解するために（43:2-3）」，「我は明白な印を下している（58:5）」などである。

(9) このことに関してはクルアーンに，「何事によらず，あなたがたに異論があった時，その決定をするのはアッラーである（42:10）」という章句がある。

(10) タフスィ―ル，ターウィールともに，アラビア語の動詞の動名詞形。タフスィ―ル（tafsīr）は，f-s-r を語根としており，「明らかにすること」を意味する。ターウィール（ta'wīl）の語根は '-w-l であり，その意味としては，「言葉を本来目指された意味で解釈すること」や「夢を解く」などが挙げられている［Muṣṭafā 1996: 33, 688］。タフスィールとターウィールのクルアーンにおける意味と，それぞれの概念をめぐってイスラーム学者たちの間で展開された議論に関しては，小杉［1994: 86-88］に詳しい。

(11) さらに，タービウーン（tābi'ūn，後継世代）に次ぐ世代（taba' al-tābi'īn）を挙げる著作もある。

(12) 『ブハーリーの真正集』の中の「解釈の章」には，預言者によるクルアーン解釈の例が数多く存在する。例えば，預言者は，家畜章の「信仰して，自分の信心に不義を混じえない者，これらの者は安全であり，（正しく）導かれる者である（6:82）」という章句における「自分の信心に不義を混じえない者」の「不義」を「神に他のものを並べること（shirk）」と解釈している［al-Bukhārī 1980: III, *Tafsīr* 6:3, 3629］。預言者によるクルアーン解釈の例としては，以下の逸話もよく知られている。クルアーンにおける「また白糸と黒糸の見分けられる黎明になるまで食べて飲め（2:187）」という部分を文字通りに「白糸」と「黒糸」と読み取った教友の１人が，黒と白の２本の糸を枕に下に置き，白さと黒さが識別されるように待っていたという。彼に対して預言者は，クルアーンのその表現は比喩であって，示唆されているのは夜の暗さと昼の明るさであるという解釈を行っている［al-Bukhārī 1980: III, *Tafsīr* 2:28, 4509-4511］。

(13) 教友世代の始まりは，預言者ムハンマドの没年である632年からとされている。しかし，その終わりについては，最後の正統カリフであるアリーの没年（661年）までなど，いくつかの意見がある。通説となっているのは，最後の教友の没年とされているヒジュラ暦110年（西暦728年）までという見解である。

(14) クルアーン解釈に携わった著名な教友としては，4人の正統カリフ，すなわちアブー・バクル（Abū Bakr, 在位632-634），ウマル（‘Umar, 在位634-644），ウスマーン（‘Uthmān, 在位644-656），アリー（‘Alī, 在位656-661）のほか，アブドゥッラー・イブン・アッバース（‘Abd Allāh ibn ‘Abbās, 687-8年没）（以下，イブン・アッバース），アブドゥッラー・イブン・マスウード（‘Abd Allāh ibn Mas‘ūd, 652-3年没），ザイド・イブン・サービト（Zayd ibn Thābit, 665年没），アブドゥッラー・イブン・ズバイル（‘Abd Allāh ibn al-Zubayr, 692年没）などが挙げられる［al-Dhahabī 1985: I, 64］。

(15) クルアーン全体を一字一句解釈した教友もあったと伝えられているが，彼らによる完成したタフスィールは残されていない。クルアーンの一部に関する彼らの解釈の書物化は，後の世代の弟子たちによって行われた。

(16) タービウーンの時代の始まりは最後の教友の没年であるとされている。一方で，タービウーン時代の具体的な期間は，明白に決定できない。というのも，すでに述べたようにイスラーム諸学における初期時代の区分は，学問内容や活動内容に基づいた区分であると同時に，世代に基づいた区分でもあるからである。例えば，タービウーンの時代に続くのは集録期であるとされているが，集録期の特徴であるハディースの編纂活動は，タービウーン世代が存命中にすでに開始されている。公的なハディース編纂はウマイヤ朝カリフのウマル2世（在位717-720）の勅令で始まったとされているが，ハディース編纂が活発に行われ始めた時期はウマイヤ朝の終わりからアッバース朝初頭（西暦750年頃まで）であり，この頃をタービウーンの時代の終わりという見方もできる。

(17) 例えば，タービウーン世代の重要なムファッスィル（解釈者）であるムジャーヒド（Mujāhid ibn Jabr, 722-3年没）は，クルアーンをイブン・アッバースの前で30回にわたって読みあげることを通じて，彼からクルアーンの一字一句の意味と，各章句の啓示の経緯を伝授されたという［al-Dhahabī 1985: I, 106］。

(18) 現在のイラクに位置する都市であるクーファ（kūfa）の学者によって構成されたクーファ学派の代表的人物はアブドゥッラー・イブン・マスウードである。また，マディーナ学派はウバイ・イブン・カーブ（Ubayy ibn Ka‘b, 649年没）に由来する伝承に基づいて形成されている。これらの3学派の成立と拡大においては，解放奴隷（マワーリー，mawālī）が果たした役割が大きいと考えられている。例えば，マッカ学派のサイード・イブン・ジュバイル（Sa‘īd ibn Jubayr, 714年没），ムジャーヒド，イクリマ（‘Ikrima, 725年没）らは，イブン・アッバースによって自由が与えられた解放奴隷であり，かつての主人のもとでタフスィールを学んだとされている。したがって，タフスィールは，タービウーンの世代からは非アラブ人の手に渡ることによって非アラブ世界にも広がったと言える。

(19) 例えば，ムジャーヒドは，合理主義的な傾向を有するムウタズィラ学派の解釈者からの伝承を多く用いて，「理性に基づく解釈（al-tafsīr al-ʻaqlī）」を重視したと言われる［al-Dhahabī 1985: I, 107］。

(20) 例えば，マッカ学派に属するムジャーヒドはイブン・アッバースから学んだことに基づいた著作を残したとされている。またマディーナ学派のアブー・アル＝アーリヤ（Abū al-ʻĀliya, 708年没）はかなり大部なタフスィール書を書いたとされている［al-Dhahabī 1985: 155-156］。

(21) 集録期とは，ハディース学に関わる時代区分として使われており，預言者から連綿と伝承されてきた，預言者の発言と言葉が編纂された時代を意味する。ハディースの集録期の始まりは，一般に預言者の死後100年である西暦7世紀半ばと考えられている［Azmi 2001: 18］。集録期の終わりは，「六真正集」の編纂が終わったヒジュラ暦3世紀後半から4世紀初頭（西暦9世紀最後の四半世紀から10世紀初頭）頃とされている［Koçyigit 1998: 200-31］。

(22) これらの区分法については，次の文献等を参照のこと［M. Baltajī 1987; ʻAlī Dāwūd 1984; Cerrahoğlu 1998］。

(23) 『未知の鍵束（*Mafātīḥ al-Ghaib*）』という別名でも知られる。

(24) 似たような題を冠する著作は2つある。1つ目は，本文で紹介した哲学者ファーラービーの著作であり，もう1つは，スーフィー学者であるイブン・アラビーの著作である。ただし，前者に関しては，ファーラービーとは別の学者の著作とする意見もある。

(25) この人物は，ブルセヴィーの思想において重要な影響を持つスーフィーのイブン・アラビーとは異なる。アンダルス出身，「イブン・アラビー」という名称など類似した特徴を有する2人であるが，非スーフィー解釈者のイブン・アラビーは，マーリク法学派において著名な法学者であり，法学的な解釈書である『クルアーンにおける法規定』においては，クルアーンの全ての章を挙げているものの，法的な判断を下しうる句に対してのみ解釈を行っている。

(26) ザーヒルは，表面的であって知覚できるものである。バーティンは，その対概念であって，中にあるもの，隠れた側面等を意味する。どちらの概念も，アッラーの美名の1つとしても数えられている。アッラーの属性としてのザーヒルは，アッラーの無数の徴を通して，その存在が明らかなもの，また，彼にとって隠されているものは何もないということを意味する。一方のバーティンは，内在し，隠されているもの，また，隠されている凡てのものを知る者であるということを意味する［小杉 2002a:

33]。

(27) スーフィーたちがしばしば引用するクルアーンの章句やハディースは次のようである。「かれらはクルアーンを熟読玩味しないのか，それとも心に鍵をかけたのか（47:24)」。この章句ではクルアーンの文体の裏にあるアッラーの意思の理解が奨励されている。またこの章句の以外に，婦人章の「一体この人たちはどうしたのであろうか。（どんな）言葉もほとんど理解しないのか（4:78)」や，同章の「かれらはクルアーンを，よく考えてみないのであろうか（4:82)」等が援用される。ハディースでは，先に挙げた「クルアーンは，7つの字の上に下された。それぞれの字には，外的な意味および内的な意味がある。それぞれの字には，境があり，それぞれの境には，観察場所がある」がしばしば引用された。

(28) ハッラージュは，「アナー・アル＝ハック（anā al-ḥaqq，我は神なり）」のようなシャタハート（shataḥāt，神秘主義者の神秘体験の際に発せられる酔語）で，絶対的創造主の神と被造物を融合したと批判された。彼には，神秘主義的なクルアーン解釈を記した『タワースィーン書（*Kitāb al-Tawāsīn*)』という著作がある。ハッラージュと同様，「マジュズーブ（majzūb，陶酔型のスーフィー)」であったとされているバスターミーは著作を遺していないが，「スブハーニー（subḥānī，我に讃えあれ)」といったシャタハートを残している。彼も，このような発言のために，ウラマーの反発を受けたという。

(29) このタフスィール書の著者については議論の余地がある。この著作は近年までイブン・アラビーに帰されていたが，最近の研究によって，彼の学派に属したカーシャーニーのものであったということが明らかにされた。

(30) クルアーンの最も短い章の1つである援助章には，「アッラーの援助と勝利が来て，人びとが群れをなしてアッラーの教え（イスラーム）に入るのを見たら，あなたの主の栄光を誉め称え，また御赦しを請え。本当にかれは，度々赦される御方である（110:1-3)」という章句がある。教友の間では，この章句がイスラームの勝利であるため章句の降下をめでたいと考えたのに対して，ウマルとイブン・アッバースが，章句は勝利を意味するが，同時に預言者の役目の達成を意味するので，預言者の死をも示唆していると解釈したという。

(31) 例えば，ザハビーは，クルアーンの第2章である「雌牛章」の第1節「アリフ・ラーム・ミーム（alif lām mīm）(2:1)」に関する，著名なスーフィー解釈者のトゥスタリー（Sahl al-Tustarī, 896年没）によるタフスィールを挙げている。「ここにおける文字のアリフ（alif）はアッラーであり，ラーム（lām）は大天使のジブリール（ガブリエル）であり，ミーム（mīm）は預言者ムハンマドである。アッラーは，この3つの文字を持って，自分自身を，ジブリールとムハンマドにかけている」。ザハビーは，クルアーンとハディースにはこのように一文字で何かを示唆するような例がないことから，この解釈は認められないと述べている［al-Dhahabī 1985: II, 347–348］。

(32) マーリファは，アラビア語であり，「友達」，「顔の見える部分」や「知識」などの辞書的な意味があるが，スーフィーの用語としては，「神によって授けられた知識（al-'ilm al-wahbī）」を意味する。神との合一の結果，スーフィーの心に様々な知識が生まれる。彼らは，こうして獲得した知識を著作として遺すこともある。それは，そのスーフィーのマーリファとも言われる［Cebecioğlu 1997: 479］。マーリファに関する著作としては，スフラワルディー教団の名祖シハーブッディーン・スフラワルディー（Shihāb al-Dīn al-Suhrawardī, 1234 年没）の『アワーリフ・アル＝マアーリフ（*'Awārif al-Ma'ārif*）』などがある。

(33) マーリファのさらに詳細な定義に関しては，［al-Ghazālī n.d.: 60–64; al-Sulamī 1981: 30］のようなスーフィーの著作を参照。

(34) スーフィーたちは，この 3 つのそれぞれに関する思想を展開している。そのうち，存在に関係するのが「存在一性論」であり，人間に関係するのが「完全人間論」である。クルアーンに関係するのは，彼らによるタフスィールである。

(35) 蜂蜜章第 41 節は，「本当に事を望む時それに対するわれの言葉は，唯それに「有れ」と言うだけで，つまりその通りになるのである」。なお，この章句とほぼ同じ内容が，ヤースィーン章の第 82 節でも語られている。すなわち，「何かを望まれると，かれが「有れ」と御命じになれば，即ち有る（36:82）」。

(36) スーフィーたちのこの見方は，クルアーンをアッラーの属性と見て非被造説を唱える正統派のイスラーム学者と同様であり，クルアーンの創造物説を主張するムウタズィラ学派の思想とは異なっている。

▩第 4 章

(1) 「御前研究会」は，ラマダン月の初日から始まり，同月中 8 回にわたり催される行事である。皇帝も臨席するこの勉強会の歴史は，帝国の創立者であるオスマン・ベイの時代まで遡るとされている。勉強会の主な内容は，クルアーン解釈であり，時折ハディース朗誦も行われていたとされている。また，タフスィールはマドラサのカリキュラムにおいて重要な位置を占めていたと言われる。クルアーン解釈学のみが教えらたマドラサの例としては，16 世紀に創立され，その学長をベドゥレッディーン・マフムドゥ・アル＝アイディーニー（Bedreddin Mahmud el-Aydinî, 1543 年没）が務めたものが知られる［Demir 2006: 88, 96–102］。

(2) クルアーン解釈学の最初の完結した著作は，10 世紀に書かれたタバリーの『クルアーン解釈の釈義集成』（前章参照）であるが，13 世紀初頭までに，数多くの重要なタフスィール書が執筆されている。例えば，クルトゥビー（Abū 'Abd Allāh Muḥammad ibn Aḥmad ibn Abū Bakr al-Anṣārī al-Qurṭubī, 1273 年没）の『クルアーンの諸判断集成（*al-Jāmi‘ li-Aḥkām al-Qur‘ān*）』，アブー・ライスの『諸学問の海（*Baḥr al-‘Ulūm*）』，ザマフシャリーの『啓示の真理を開示するもの』，クシャイリーの『クシャイリーのスーフィズムの書』などを挙げることができる。

(3)　詳細については，Mollaibrahimoğlu［2007: 551, 559, 581, 591, 613］を参照。

(4)　テッケとマドラサの他に，御前研究会においてもクルアーン解釈が行われたことは冒頭で述べた。御前研究会でのクルアーン解釈活動において，特定の解釈方法が導入されたか否かは明らかになっていないため，ここではそれについて触れない。

(5)　帝国最初のマドラサの学長がスーフィーであったことは，テッケがスーフィーのタフスィールの場，マドラサが外的なタフスィールの場であるという区分方法に矛盾しない。なぜならば，この2種類の施設は，時に他方の影響下に入ったこともあるからである。例えば，一部のスーフィーがマドラサ出身であったことは有名なことである。また，特にナクシュバンディー教団がマドラサ御用達のタリーカであったことも有名である。筆者の区分法は，各作品の著者たちの活躍の場とその思想が受け継がれた系統によるものである。

(6)　バイダーウィーのこの解釈タフスィール書については，250点以上の注釈書が書かれているとされる［Demir 2006: 92］

(7)　オスマン帝国期のトルコにおいて書かれたクルアーン解釈書としては，以下の著作を挙げることができる。クルアーンの一部分を取り上げる解釈書を残した解釈者の数は膨大であるため，ここでは，クルアーン全体の解釈をした非スーフィーの学者たちのみを挙げる。ハジ・パシャ（Hacı Paşa ibn Hoca Ali el-Konevî, 1417年没）の『諸秘密の収集における諸光の集合所（*Majma‘ al-Anwār fī Jam‘ al-Asrār*）』，クトゥブッディーン・イズニキー（Quṭb al-Dīn Muḥammad ibn Muḥammad al-Iznikī al-Rūmī, 1402年没）の『クルアーンの解釈（*Tafsīr al-Qur’ān*）』，別名『クトゥブッディーンの解釈（*Tafsīr Quṭb al-Dīn*）』，ムサンイフェック（‘Alā al-Dīn ‘Alī ibn Majd al-Dīn Musannifek, 1470年没）の『2つの海の合流する場所（*Multaqā al-Baḥrain*）』，モッラー・グーラーニー（Molla Gürânî, 1487年没）の『クルアーンの解釈における願望の終わり（*Ghāya al-Amānī fī Tafsīr al-Kalām*）』，エブッスウード（1487年没）の『アブッスウードの解釈書』，別名『健全なる理性の高貴なるクルアーンの卓越性への導き』。また，上述の諸作品のほかに，アーサン・カラマーニー（Nûreddîn Hamza ibn Mahmûd el-Âsam el-Karamânî, 1564もしくは1573年没）の『クルアーンのタフスィール（*Tafsīr al-Qur’ān*）』，別名『カラマーニーのタフスィール（*Tafsīr al-Qaramānī*）』があるが，この作品が完成したものか否かについては，研究者たちの間で意見の違いがある。

(8)　オスマン帝国期のスーフィーによるタフスィールは，タフスィール学全体の歴史においても重要であるとされる。ベーヴェリンクは，スーフィーによるクルアーン解釈学の歴史を4期に分け，オスマン帝国の支配下の15世紀から18世紀にかけての期間をスーフィーのクルアーン解釈学の1区分として挙げている。同氏は，この時代の重要なスーフィーの解釈者としてブルセヴィーの名前も挙げている［Böwering 1987: 3］。

(9) トルコの高等教育施設の記録によれば，この作品に関する研究は1点が存在する。博士論文であるその研究の書誌情報は，以下の通り。Yaşar Kurt, *Niʻmetullah Nahcivani ve Tasavvufi Tefsiri*, Ondokuz Mayıs Üniversitesi Sosyal Bilimler Enstitüsü, 1998.

(10) この作品に関する研究としては，トルコの高等教育施設が修士論文を1点記録している。書誌情報は，以下の通り。Hayrettin Öztürk, *Muhammed b. Bedrüddin el-Münşi Hayatı Eserleri ve Tefsirdeki Metodu*, Ondokuz Mayıs Üniversitesi Sosyal Bilimler Enstitüsü, 1993.

(11) この数を挙げているのは，デミル氏の研究であるが［Demir 2006: 504］，帝国期全体を考えるとその数は増えるはずである。例えば，18世紀のスーフィーの学者のブルセヴィーの『明証の魂』は，通巻的タフスィールの大著の1つである。

(12) 帝国期におけるタフスィールの著作への注釈書については，独創性がないという批判がしばしばなされる。しかし，帝国期における著作の総数すら明白に分かっていないのが，この分野の研究の現状である。それゆえ，全ての注釈書を検討しないまま，いくつかの著作への研究のみを論拠として，帝国期全体の注釈書の独創性について評価を下すにはまだ早い。なぜならば，注釈書自体は，注釈の対象となる著作の分かりにくい点を解くためという目的もあれば，注釈の対象となる著作にない新しい側面を生みだしている可能性も十分あり得るからである。また，解釈書と注釈書の関係は，クルアーンと解釈書との関係と同様である。すなわち，解釈書も注釈書も，もともと存在する，あるテキストの不明な点を解く二次的なテキストである。クルアーンへの解釈が，一見しただけではクルアーンから読みとれない新しい見解の独創性を無効としないものであるならば，注釈書に含まれる，元の解釈書にないさらなる思想もまた，その価値を落とすことはないはずである。

(13) 『明証の魂』は，イスラーム世界全域で広く読まれたと思われる。実際の状況については，イスラーム世界の各地域において出版されたスーフィー関連の書物を調べないと分からないが，一例として中国の西由県北大寺というモスクによって出版されている書物を挙げることができる。詳細は漫蘇爾・漫学智［1997: 138］を参照。

(14) 『明証の魂』の写本は，トルコ国内の数か所の図書館において保管されている。詳細については，【付録】ブルセヴィーの著作一覧を参照。

(15) 刊本の情報についても，【付録】ブルセヴィーの著作一覧を参照。

(16) 詳細については，【付録】ブルセヴィーの著作一覧を参照。

(17) 例えば，クルアーンの第2章の雌牛章の100節分の解釈の中で，約20か所で逸話が使われているというのが分かる。詳細は，Bursevî［1911: I, 4-5, 16, 20, 60, 65, 68,

71, 72-73, 86, 88, 169, 209, 221］を参照。

(18)「科学的解釈」については，第3章**3**も参照。

(19) 一部の学者は，イスラームの信仰に矛盾せず，伝承経路が信頼でき，クルアーンの中のある不明な点を明らかにすることにおいて有用であるものに限り，イスラーイーリーヤートに賛成している。一方で，イスラームはムスリムが宗教生活において知る義務のある全てのことを明確に説いており，他の宗教の教義からの借用を必要としない完全な宗教であるという理由で，イスラーイーリーヤートの使用を否定的に捉えている学者もいる。

(20)『明証の魂』は，預言者ムハンマドのハディースが多分に使用されている解釈書であるとも言える。解釈書におけるハディースの源泉と真偽をめぐっては，特定の研究手法がある。その手法によれば，まず，文章の中からハディースと思われる箇所が抜き出される。そして，その抜き出された箇所が，真正なハディースが含まれていると承認されている全てのハディース集を通して調べられる。そうすることによって，それがハディースであるか否かが確認され，またその情報源も明らかにされるのである。なお，本節においては，ハディースのイスナード（伝承者の鎖）に関する記述を省略している。

(21) 例えば，クルアーンの雌牛章（第2章）の解釈だけでも，110点強の著作が引用されている。

(22) ブルセヴィーの解釈の引用元として名が挙げられる著作は，クルアーン最長の章である雌牛章に限っている。ここで挙げられる著作以外に，ブルセヴィーが引用した著作がないとは限らないだろう。そのため，『明証の魂』全体を確認する必要があるのだが，一方で，雌牛章に対する解釈は『明証の魂』の6分の1にわたる長大さであるため，大方の引用元がここに含まれているとも考えられる。また，本章における引用は，OYのトルコ語バージョンを用いている。

(23) クブラーとナジュムッディーン・ダーイェは，師弟関係にある。2人とも著名なスーフィーであったが，前者のクブラーは，中央アジアとトルコにおいて一時期普及したクブラヴィー教団の創設者である。中央アジアにおけるタリーカの伝統において重要な位置を占めているクブラーは，数多くの弟子を育てた。彼は，イスラーム世界に大きな被害を与えたモンゴル軍の侵略を，それが起こる前に予言して全ての弟子を故郷に帰郷させる一方で，自身はモンゴルに対するある戦闘で戦死したとされている。そして，その弟子たちの中で最も名高いのが，著名なスーフィー解釈者でもあるナジュムッディーン・ダーイェである。

(24) 雌牛章だけで，50か所に近いところで引用されている。

(25) ナサフィーという名で知られる有名な学者は，2人いる。本文で取り上げたウマル・ナサフィーは，ハナフィー学派の重要な神学書として認められている『ナサフィーの神学書（*'Aqā'id al-Nasafī*）』の著者として，19世紀半ばから欧米においても知られるようになった著名な法学者である。同じ都市の出身で同名のもう1人のナサフィー（Abū al-Barakāt 'Abd Allāh ibn Aḥmad ibn Maḥmūd al-Nasafī, 1310年没）は，『啓示の感と解釈の真理（*Madārik al-Tanzīl wa Ḥaqā'iq al-Ta'wīl*）』の著者として知られる。両者ともにハナフィー学派における重要な法学者である点，またともにクルアーン解釈を残している点で混同されやすいのであるが，前者には個人名であるウマルを付すことで呼び分けられている。

(26) 詳細については，Bursevî［1911: I, 20, 23, 30, 33-34, 38, 41, 43-44, 47-48, 49, 53, 55, 61, 64, 66, 69, 73-74, 78, 89, 94, 103, 118, 135-136, 142, 594, 681; II, 92, 266］を参照。

(27) 詳細については，Bursevî［1911: I, 30, 44, 59, 79, 103, 149, 236］を参照。

(28) 詳細については，Bursevî［1911: 105, 107, 110, 112, 118-120, 121, 125, 130, 146, 147, 190, 200, 221, 242, 294］を参照。

(29) なぜペルシア語が使われているかという点について著者による説明はないが，2つの理由が考えられる。第1に，著作をより広く読まれるようにするため。ブルセヴィーは，アラビア語世界だけではなく，ペルシア語の世界においても読まれることを望んだであろう。第2に，ペルシア語が，数多くあるペルシア語のスーフィーの詩を通して，スーフィーの思想を分かりやすく説明するためだろう。

(30) 説教の様々な要素に関する規律については，イブン・ジャウズィー（Abū al-Faraj ibn al-Jawzī, 1201年没）の『説教家たちの手本（*Kitāb al-Quṣṣāṣ wa al-Mudhakkirīn*）』を参照。説教師としても有名である同氏は，イスラームにおける説教論を取り上げたその著作において，説教の伝統を，預言者ムハンマドと彼の直弟子アブー・バクルに遡って説明している［Ibn al-Jawzī 1986: 38］。

(31) 「これ（クルアーン）は，人びとに対する説教であり，また主を畏れる者への導きであり，訓戒である（3:138）」。

(32) クルアーンにおいて，彼の説教師としての特徴は，次のように描かれている。「かれらに訓戒し，魂に達する言葉で呼びかけなさい（4:63）」，「だからあなたは訓戒しなさい。本当にあなたは1人の訓戒者に外ならない（88:21）」。

(33) ジャフニー（P. D. Gaffney）は，現代エジプトにおける説教の様々な影響の事例を取り上げた『預言者の演壇（*the Prophet's Pulpit*）』において，説教の様々な要素，およびその普遍性と局限性という特徴について述べている。詳細については，Gaffney［1994: 13-17］を参照。

(34) キーラーは，マイブディーの解釈の目的は，ガイド（イルシャード）であるという。そのガイドは，次のような3つのレベルで行われている。第1のレベル（Nawbat I）は，クルアーンの章句のペルシア語への翻訳を含む。第2のレベル（Nawbat II）は，章句の外的な意味を含む。第3のレベル（Nawbat III）は，先の2つのレベルで分かったものを誠実に実践することを奨励する。この3つのレベルは，普通人（アーンム，‘āmm），特別な人（ハーッス，khāṣṣ）と特別な人の中の特別な人（ハーッス・アル＝ハワーッス，khāṣṣ al-khawāṣṣ）に対応する。キーラーの研究書の序文を書いたベーヴェリンクは，第3のレベルを，スーフィー的な解釈として描写し，マイブディーの目的は，説教を通して，広い大衆の前でクルアーンの宝石のような内容を供給することであるという［Keeler 2006: xvi］。さらに，同氏は，マイブディーの見つけたその方法が，後世のスーフィーであるブルセヴィーの『明証の魂』を読むときにも適用できると主張している［Keeler 2006: 316］。

(35)　この点に関する研究は，皆無に近い状態である。ブルセヴィーの『明証の魂』も，そういった傾向を大いに含んでいるため，今後研究する価値のあるテーマと言える。

■第5章

(1)　洞窟章は，伝承によってマディーナで下されたとされている第28節を除けば，章全体がメッカにおいて下された。合計110節を数える洞窟章は，預言者ムハンマドに帰されている多くのハディースでその重要性が語られている。ブルセヴィーは，同章の解釈の末尾において，その美徳を示唆するハディースとして，次のようなものを挙げている。「洞窟章の最初の10節を暗記する者は，反キリスト（ダッジャール，dajjāl）の害悪から身を守ることができる」，「金曜日に洞窟章を読む人には，その足下から天まで上昇する光がもたらされる。その光は，終末の日に彼を照らし出す。また，彼の2つの金曜日の間の全ての悪行が許される」。これらの詳細と，さらなる伝承に関しては，Bursevî［1911: V, 211-212］を参照。

(2)　この言葉について，ブルセヴィーは洞窟の壁に掲げられた碑文であると解釈するが，異説として洞窟の仲間たちとともにいた犬の名前，彼らが脱出した町の名前，洞窟があった山か谷の名前といった説を挙げている［Bursevî 1911: V, 218］。

(3)　ブルセヴィーは，ハディースを引用することでこの見解を補強する。引用元が明かされていないハディースによれば，預言者ムハンマドは，「汝らの中の誰も，自分の奴隷に対して「私の奴隷」と呼んではいけない。その代わりに「私の青年」と言いなさい」と言って，奴隷に対して「青年」という呼び方を奨励している［Bursevî 1911: V, 219］。

(4)　ラキームの語源について辞書的な意味としては，「本に何かを書く，何かを装飾する」などがある「Muṣṭafā 1996: 366」。ここで優先されている意味は，おそらく後者であって，彼らの心がアッラーへの愛で装飾されているということが意図されていると考えられる。

(5)　ブルセヴィーは，彼らの入信の事情に関する他の説も挙げている。その1つによれば，彼らは，預言者イエスのある使徒（Ar. ḥawārī, En. apostle）の影響で多神教を捨て，キリスト教に入信したという。その詳しい物語は，次のようである。預言者イエスの使徒の1人が，青年たちが暮らしている町に辿りつき，そこに入ろうとしたが，町の門に偶像が置かれていることに気づいた。その偶像は，門から入る者は誰でも拝まざるを得ない状態で置かれていた。彼は偶像の前で拝むことを避けて町に入らないことにしたが，そこから遠く離れることもなく，町の郊外にある風呂屋に住み込むことにした。そこで働きながら自身の信仰を広めようとしていた際に，青年たちと出会い，彼らをキリスト教に導いた。しかし，この使徒は，ある事件が起こった際に，その犯人として疑われ，その地を離れざるを得なくなった。それは，町の王の息子がある女性と一緒に風呂に入浴し，そこで死んだという事件である。使徒と青年たちは，王の息子が風呂に入るのを止めようとしたのだが，彼はそれを聞き入れず，結局風呂の中で死んでしまった。その後，死因を調べる王のもとに，彼を殺したのは使徒であるという情報が届いた。それを聞いた使徒は，町から脱出した。使徒の仲間についても調べられ，結果，青年たちのことが露見した。そこで彼らも使徒のように町から逃げて，洞窟に避難した［Bursevî 1911: V, 221］。

(6) 例えば，彼らが洞窟に入ったのは，預言者イエスに先立つ時代だとする説も挙げられている。この説によれば，預言者イエスも，彼らのことを信者に話したが，彼らが眠りから目覚めたのは，預言者イエスの昇天と預言者ムハンマドの間のどこかで起こった出来事である［Bursevî 1911: V, 321］。

(7) この文句は「アッラー以外に神はない」と訳されるのが通例であるが，以降の論述をしやすくするために「神はない，アッラーだけが存在する」と日本語の語順を変えた。もちろん意味するところは同じである。

(8) ブルセヴィーは，犬の良さについて様々な逸話と伝承を記載している。例えば，次のようなものがある。カズウィーニー（Zakariyā' b. Muḥammad al-Qazwīnī, 1283年没）の『被造物の奇事と存在物の珍事（*'Ajā'ib al-Makhlūqāt wa Gharā'ib al-Mawjūdāt*）』に次のような逸話がある。ある人がある人をイスファハーンで殺し，死体を井戸に捨てた。殺害された人は犬を飼っており，その犬が殺害の現場を見ていた。その犬は，毎日この井戸に来て，土を掘った。そして殺害した人を見ると，いつも彼に向かって吠えていた。これがあまりにたびたび起こったので，町の人々が井戸を掘ることにした。すると，殺された人の死体が見つかった。犬が吠えかかっていた人物も捕えられ，尋問されると殺害を認めた［Bursevî 1911: V, 226-227］。

(9) 犬が清浄か不浄かをめぐっては，法学者の間で長く議論されてきた。その議論は，犬に関する預言者のハディースをもとに，犬が物理的に汚れているのか，それとも抽象的に汚れている（つまり，体が汚れているのではなく，そのものが汚れている）のか，という点に集中している。それと関連して，議論は犬の飼育問題にまで広がる。

ハナフィー学派によれば，猟犬，牧羊犬，番犬のように人間の暮らしに貢献する場合は，犬を飼っても良いと判断される。また犬の体は病気などがなければ汚れていないが，犬の食べ残しと唾液が不浄とされるので，犬の唾液が付いた食器や服は洗う必要がある。シャーフィイー学派によれば，犬は物理的にも汚れているので，唾液だけではなく犬が触れたもの全てを洗う必要があるので，犬を飼うことも肯定されていない。

(10) 例えば，次のような解釈がある。「ここにおける犬というのは，ライオンを意味している。なぜならば，ハディースにおいて犬という言葉は，ライオンの意味で使われているからである。預言者ムハンマドは，弟子たちに拷問を行ったウトバ・イブン・アブー・ラハブ（'Utba ibn Abū Lahab）に対して，「アッラーよ，あなたの犬たちのうちの１匹でもって彼を襲わせ給え」と言った。そして，ウトバは旅の最中，ライオンによって襲われて死んだ」[Bursevî 1911: V, 226]。

(11) イブン・アラビーによれば，万物において本質的な悪は存在しない。道徳的であれ何であれ，何かについて悪とする判断は，相対的なものである。アッラーは，本質的に悪と言えるものを創造しない。また，イブン・アラビーは，何かに関して，それが善か悪という判断は，われわれの知識に基づくものであるが，われわれは悪と思う事物の裏に隠れている善としての側面に，しばしば気づかないと指摘する。全てに内的と外的という２つの側面がある。内的な側面とは，神がその事物を創造した目的である。われわれは，その目的を理解できない場合に，悪と思うものを本当に悪として判断してしまう [Afifi 1979: 155-156]。

(12) この町が実際にどこであるかに関しては，いくつかの説がある。例えば，トルコの西部の町であるイズミル県のエフェス（En. ephesos）とする説のほかに，現在のトルコ中南部にあるタルスス（Tr. Tarsus）とする説もある。ブルセヴィーは後者を選んでいる。

(13) ここで「家屋」と言っているのは比喩である。なぜならば，屋根と壁から構成される現実の家屋が人を社会の悪い影響から守れるはずがないからである。この後に続く部分でブルセヴィーが説明するように [Bursevî 1911: V, 230]，家への避難が意味しているのは，社会の悪習から自身を遠ざけるである。

(14) 倫理的レベルと実践的レベルは区別しなければならない。実践的レベルとは具体的な実践を行うレベルを指し，倫理的レベルとはその実践を包括するような理念的なレベルのことである。実践的レベルに相当するハルワがもう一段抽象化され日常生活一般に普遍化されることで，理念としての倫理的レベルが生じるのである。

(15) ブルセヴィーは，この節がアッラーから下された経緯について次のような逸話を伝える。ユダヤ教徒たちは，マッカの多神教たちに，「洞窟の仲間たちと２つの角を持つ者について，彼（預言者ムハンマド）に尋ねてみなさい」と言った。彼らは，預言者にそれらについて問いかけた。彼（預言者）は，啓示が下さられることに期待して，

「明日，答えよう」と言ったが，イスティスナー（「もし，アッラーがお望みになれば（インシャー・アッラー）」と言うこと）を忘れた。それで，啓示が数日間来なくなった。そのありさまを見て，多神教徒たちは，「彼の主が，彼を見捨てた」と言った。預言者が悩んだが，啓示が再び下り，イスティスナーが彼に課された。

(16) その1つは，次のものである。ある人は，「どこに行く」と尋ねられた。彼は，「市場に行く」と答えた。それに対して，「「インシャー・アッラー」を言いなさい」と言われた。彼は，「それを言う必要がない。金を持っているし，乗り物も小屋にいる」と言い返して市場に向かった。彼は，途中，金品と乗り物の全てが盗まれた。その状態で帰宅した彼に，「どこから」と言われた。彼は，「市場からインシャー・アッラー，金品と乗り物が盗られたインシャー・アッラー」と答えた［Bursevî 1911: V, 235］。

(17) 物語における主人公の3人のうち，個人名が使われているのは預言者ムーサーのみで，残りの2人は，「若者（fatā）」と「僕（ʻabd）」という表現でクルアーンに登場している。彼らの名前については，様々な説がある。ブルセヴィーのタフスィールにおいて挙げられているのは，次のようである。クルアーンにおいて「若者」として登場しているのは，預言者ムーサーの母従弟にあたる，ユーシャー・イブン・ヌーン（Yūshaʻ ibn Nūn）という人物である。ユーシャーは，預言者ムーサーの直弟子であり，彼の死後，その教えを受け継いでユダヤ教徒を導いたとされている［Bursevî 1911: V, 263］。もう1人は，クルアーンで「われの1人の僕」として登場する。通説では，この人物はヒドルとされている。ブルセヴィーはその通説を受け入れ，その名前の由来は，彼が座る乾燥地が緑になったという奇跡から，緑（ハディル khaḍir）と同語根のヒドル Khidr（語根は，kh-ḍ-r）という名前で呼ばれるようになったという以下の伝承を記している。すなわち，ハディースによれば，「ヒドルがヒドルと呼ばれているのは，彼が乾ききった一束の草の上に座ると草が緑に変色したからである」。このハディースは，ブハーリー［al-Bukhārī 1980: II *Anbiyā* 28, 3400-3402］にある［Bursevî 1911: V, 267］。

(18) 「かれは2つの海を一緒に合流させられる（55:19）。」

(19) 「（だが）両者の間には，障壁があり一方が他方を制圧することはない（55:20）。」

(20) 第1の引用は，若者は，預言者ムーサーに数多くの大奇跡が起こるのを見てきたので，魚の復活を重視しなかっただろうという説を採る。第2の引用は，若者が魚のことを忘れたのは，神の「聖性（qudsiyya）」が若者にしのびこんだから，つまり，彼は，神との関係において我を忘れた境地にまで到達していたので，魚の復活といった奇跡等に目を向けるべくもなかった，という説である。

(21) 物語における「2つの海の会う場所」と「生命の泉」は，欧米の研究者の興味を引いてきた。彼らは，この2つの要素とその内容が，「ギルガメシュ物語」と「アレクサンダー大王物語」にもあることから，クルアーンにおける預言者ムーサーとヒドルの物語が古代の物語からとられていると主張している。ウィーラー（B. M. Wheeler）は，『クルアーンとその解釈における預言者ムーサー』において，「ギルガメッシュ物語」と「アレクサンダー大王物語」が預言者ムーサーとヒドルの物語の起源になっていると主張する議論を俎上にあげて，議論の根幹をなす両者の類似性は，クルアーンではなくタフスィールの中にあると断ずる。「アレクサンダー大王物語」に関して類似すると言われているのは，アレクサンダーの料理人が川で魚を洗うと，魚が生き返って泳いだという挿話であり，「ギルガメシュ物語」に関しては，ギルガメシュが「諸河の口」で生きている「ウトナピシュティム（utnapishtim）」という不死の存在を探すという部分である。ウィーラーはクルアーンの文脈とそれに関するタフスィールを研究し，古代の物語を用いたのはクルアーンではなくタフスィールであると判断し，初期の欧米研究者に誤解を生じたのは，クルアーンとタフスィールを区別していなかったところにあると見ている［Wheeler 2002: 10-26］。

(22) ブルセヴィーはタフスィール学者たちにはヒドルを天使の1人として見る傾向があることも指摘した上で，彼は人間と考えるのが通説であるとコメントを加えている。

(23) ヒドルとはあだ名であり，名前は，バルヤー・イブン・メルカーン（Balyā ibn Melkān）であるとの記録がある。彼の系譜は，預言者ヌーフ（旧約聖書のノア）の息子のサーム（Sām）につながっている［Bursevî 1911: V, 268］。

(24) フォラオの息子という伝承もあるが，通説によれば，メルカーンという王の息子である。母親は，イルハ（Ilha）という名前のペルシア人奴隷であったという。

(25) ヒドルは母によって洞窟の中に産み捨てられた。彼はその洞窟の中で1匹の羊の乳を飲んで生きながらえた。後にその羊の飼い主が彼を見つけ，育て上げた。一方，実の父であった王は，かつての預言者たちの教えを集めて記す者を求めていた。複数の学者によって書かれた著作の中から王が気に入ったのは，ヒドルによる作品であった。王は彼の生い立ちを聞いて，自分の息子であることに気づいた。そこで王は自分の後継者として彼を指名したが，ヒドルは王座につくことを拒否し，王国から逃げ出し，現世を捨ててある島で瞑想に入った。瞑想の結果，ヒドルは「命の泉」を見つけ，（世界の終末まで続く）永遠の生命を獲得した［Bursevî 1911: V, 269］。

(26) ブルセヴィーは，ヒドルがワリーであり，イルヤースは預言者であるとする説を裏付けるものとして，イブン・アッバースらの様々な伝承を挙げている。また，彼は次のようなバガヴィーによる解釈を伝えている。「彼らは，地上に暮らしている。イルヤースの国は，海であるに対して，ヒドルの国は地である。2人はズ・ル・カルナイン（2つの角を持つ者 Dhu al-Qarnayn）によって築かれた防壁の上で毎晩会い，防壁を見張っている。2人の食はセロリとトリュフである」［Bursevî 1911: V, 268］。

(27) この説明からは，彼自身が2つの説のどちらを採用しているのかは判然としない。ここにあるように，ブルセヴィーはワリー説に近い解釈を行うこともあれば，預言者説をとる場合もある。ヒドルを預言者として扱う解釈に関しては［Bursevî 1911: V, 288］を参照。

(28) ブルセヴィーが伝える様々な定義には以下の共通点がある。第1は，知の特徴に関するものである。それによれば，直知は，媒介なくアッラーから授かる知であり，解釈や人による見解の違いが許されない確実で明白な知である。その対象は不可視の世界に関するものである。認識する場所は，理性ではなく，心である。獲得方法は，「開示」のみである。第2は，知を求める側の僕に関するものである。ある霊的な状態に到達しない限り，達成不可能である。その知識が得られるためには，アッラーへの完全な服従が求められる。

(29) この説によれば，ズ・ル・カルナインは，アッラーの道を呼びかける正しい人であった。彼は，不信仰者たちによる右の額への一撃で殺されたが，アッラーによって復活した。その後も同じようにアッラーの道の呼びかけを続けたが，今度は左の額に一撃が加えられ，殺された。額の左右に傷ができて死亡したので，2つの角を持つ者として，後代有名になった［Bursevî 1911: V, 290］。

(30) ブルセヴィーの解説中でイスカンダル・ルーミーと言われているのは，後世にアレクサンドロス大王，もしくは，アレクサンドロス3世として知られる古代マケドニア王国テメノス朝の国王のことであることが分かる。彼については，さらに次の説明が加えられている。歴史的には，彼は前者のイスカンダル・イブン・ファイラクースより後の時代，およそ紀元前3世紀に生きたとされる。その宰相が，アリストテレス（紀元前384–322）であったことも有名である。しかし，その寿命は短く，36歳で没している。名前が似ているので多くの学者がズ・ル・カルナインをこのイスカンダル・ルーミーと取り違えている［Bursevî 1911: V, 290］。

(31) さらに，ブルセヴィーは，この箇所における「見つけた」という表現から，もしズ・ル・カルナインが預言者であったとすれば，見つけるより先に，それを最初から知っていたはずだ，というズ・ル・カルナイン非預言者説を支持するタフスィールを伝えている［Bursevî 1911: V, 293］。

(32) 『カラマーニーのタフスィール』は未完である。トルコのいくつかの文書館にその写本が保管されている。今回の分析に使用する写本は，イスタンブルの Süleymaniye Kütüphanesi において，Carullah 112 という記録番号で保管されているものである。

(33) 同著の写本はトルコの文書館に様々なバージョンがあるが，本節で使われるのは，（Dârü'l-Hilafeti'l-Âliyye: Matbaa-i Osmaniye, 1325）の刊行バージョンである。

(34) 本書にはクルアーンの全体のタフスィールを含むということの他，全ての章句にスーフィー的なタフスィールを施しているという特徴がある［Demir 2006: 141］。

(35) そこにおける彼のスーフィー思想は，「基本（aṣl）」という題目で，タフスィールと関係なく記されている。その概要は，宇宙論に関するものであり，創造物が神

（al-wujūd al-maḥḍ）から如何にして存在物になったかという過程が説明されている。著者自身によって，その宇宙論は個人的な神秘体験「味覚（dhawq）」によるものであると強調されている［el-Nahjivânî 1907: I, 3］。

(36) 詳細については，el-Karamânî［n.d.: 208b, 209a］を参照。

(37) 「あなたは太陽が昇る時（光線がかれらの所に差し込まないように）洞窟から右の方にそれて，沈む時は洞窟の中の広場にいたかれらを過ぎて左の方にそれて去るのを，見たことであろう（18:17）」。

(38) 3つの著作を並べて読むと，3人全員が外的な解釈を行っている章句が他にも数多くあることが分かる。そのうちの1つを挙げるならば，洞窟章第60節における「2つの海」に関する部分がそれである。3人全員が2つの海に関する外的なタフスィールにおいて，その場所が実際にどこにあるかということを解明しようとしている。2つの海はインド洋と地中海であるとブルセヴィーが指摘していることは**2**で既述した。そのようなタフスィールは，アーサン・カラマーニーによっても行われている［el-Karamânî n.d.: 233b］。ナフジヴァーニーによる同様のタフスィールは［el-Nahjivânî 1907: I, 485］を参照。

(39) 詳細については，el-Nahjivânî［1907: I, 474］と Bursevî［1911: V, 228］を参照。

(40) 「存在一性論」の影響が見られる章句の例として el-Nahjivânî［1907: I, 79-80, 83, 478］を参照。

参考・引用文献

Afifi, Abū al-'Alā. 1979. *The Mystical Pholosophy of Muhyid Dīn-Ibnul 'Arabī*, England: Cambridge University Press.

'Alī Dāwūd, Aḥmad Muḥammad. 1984. *'Ulūm al-Qur'ān wa al-Ḥadīth*, 'Ammān: Dār al-Bashīr.

Ateş, Süleyman. 1969. *Sülemi ve Tasavvufi Tefsiri*, İstanbul: Sönmez Neşriyat

Aynî, Mehmet Ali. 1944. *Türk Azizleri: İsmail Hakkı Bursalı ve Rûhu'l-Beyân Müellifi*, İstanbul: Marifet Basımevi

————. n.d. *İsmail Hakkı'ya Dair Bir Tetkik Hülâsasi*, np.

Azmi, Muhammad Mustafa. 2001. *Studies in Early Hadīth Literature with a Critical Edition of Some Early Texts*, Burr Ridge: American Trust Publications.

Baltajī, Muḥy al-Dīn. 1987. *Dirāsāt fī al-Tafsīr wa Uṣūlih*, Bayrūt: Maṭābi' Dār wa Maktaba al-Hilāl.

Bosnevî, Abdullah. 1836. *Şerh-i Fusûsu'l- Hikem*, İstanbul: Matbaa-i Âmire

Böwering, Gerhard. 1980. *The Mystical Vision of Existence in Classical Islam: The Qur'anic Hermeneutics of the Sufi Sahl at-Tustari (d. 283/896)*, Berlin, New York: Walter de Gruyter.

————. 1987. *Sufi Hermeneutics in Medieval Islam*, Tokyo: Institute of Asian Cultures, Sophia University.

al-Bukhārī, Muḥammad ibn Ismā'īl. 1980. *Ṣaḥīḥ al-Bukhārī* (4 vols), al-Qāhira: al-Maktaba al-Salafiyya Wa Maktabatuhā.

Bursevî, İsmail Hakkı. 1720. *Risāla al-Ḥaḍarāt (Risâle-i Hazarât-ı Hams)*, İstanbul: Süleymaniye Kütüphanesi, Mihrişah Sultan, 189 (Unpublished Manuscript).

————. 1981. *Silsilenâme* (rep. Bedia Dikel), İstanbul: Özdinç Matbaası.

————. 2000. *Kenz-i Mahfi*, İstanbul: Bahar Yayınları.

————. 1718. *Tuhfe-i Recebiye*, İstanbul: Süleymaniye Kütüphanesi, Esad Efendi, 1374. (Unpublished Manuscript).

————. 1911. *Tafsīr Rūḥ al-Bayān* (10 vols.), Darsa'ādat: al-Matba'a al-'Uthmāniya.

Cebecioğlu, Ethem. 1997. *Tasavvuf Terimleri ve Deyimleri Sözlüğü*, Ankara: Rehber Yayınları.

Çelik, Ahmet. 2002. *Tasavvufî Tefsir: Âlûsî Örneği*, Erzurum: Kültür Eğitim Vakfı Yayınevi.

Çelik, İsa. 2003. "Tasavvufi Gelenekte Hazarat-ı Hams veya Tenezzülât-ı Seb'a Anlayışı", *Tasavvuf*, 4(10), pp. 159-184.

Cerrahoğlu, İsmail. 1998. *Tefsir Usûlü*, Ankara: Türkiye Diyanet Vakfı.

Chittick, William C. 1982. "The Five Divine Presences: From al-Qunawi to al-Qaysari", *The Muslim World*, 72, pp. 107–128.

———. 1994. "Rūmī and Wahdat al-Wujūd", *Poetry and Mysticism in Islam* (eds. Amin Banai, Richard Hovannisian, Georges Sabagh), New York: Cambridge University Press, pp. 70–71.

———. 1997. "Ibn Arabī and His School", *Islamic Sprituality: Manifestations* (ed. Sayyed Hossein Nassr), New York: Crossworld Puplishing Company, pp. 49–79.

Demir, Ziya. 2006. *XIII. — XVI. y.y. Arası Osmanlı Müfessirleri*, İstanbul: Ensar Neşriyat.

al-Dhahabī, Muḥammad Ḥusain. 1985. *al-Tafsīr wa al-Mufassirūn* (2 vols), 'Ābidīn: Maktaba Wahba.

Erdem, Hüsameddin. 1990. *Panteizm ve Vahdet-i Vücud*, Ankara: Kültür ve Turizm Bakanlığı Yayınları.

al-Fayrūzābādī, Abū Ṭāhir ibn Ya'qūb. 1995. *Tanwīr al-Miqyās min Tafsīr Ibn 'Abbās*, Bayrūt: Dār al-Fikr.

Gaffney, Patrick D. 1994. *The Prophet's Pulpit: Islamic Preaching in Contemporary Egypt*, Berkeley, Los Angeles, London: University of California Press.

al-Ghazālī, Abū Ḥāmid. n.d. *Rawḍa al-Ṭalibīn* (trans. Ramazan Yıldız), İstanbul: Şamil Yayınları.

Gilsenan, Michael. 1973. *Saint and Sufi in Modern Egypt: An Essay in the Sociology of Religion*, Oxford: The Clarendon Press.

Goldziher, Ignác. 1997. *İslam Tefsir Ekolleri* (trans. Mustafa İslamoğlu), İstanbul: Denge Yayınları.

al-Ḥakīm, Su'ūd. 1981. *al-Mu'jam al-Sūfī*, Bayrūt: Dār al-Nadra.

al-Haythamī, 'Alī ibn Abī Bakr, 1988. *Majma' al-Zawā'id wa Manba' al-Fawā'id* (10 vols), Bayrūt: Dār al-Kutub al-'Ilmiyya.

Homerin, Th. Emil. 1999. "Sufis and Their Detractors in Mamluk Egypt: A Survey of Protagonist and Institutional Settings", *Islamic Mysticism Contested: Thirteen Centuries of Controversies and Polemics* (eds. Frederic De Jonge & Bernd Radtke), Leiden, Boston, Koln: Brill.

Ibn Ḥibbān, Abū Ḥātam Muḥammad. 1988. *al-Iḥsān fī Taqrīb Ṣaḥīḥ Ibn Ḥibbān bi Tartīb al-Amīr 'Alā'al-Dīn 'Alī ibn Balbān al-Fārisī wa Sharraḥahū wa 'Allaqa 'alayhi Shu'ayb al-Arnawūṭ*, Bayrūt: Mu'assasa al-Risāla.

Ibn al-Kathīr, Ismā'īl ibn 'Umar. 1983. *Tafsīr al-Qur'ān al-'Aẓīm* (7 vols.), Bayrūt: Dār al-Fikr.

'Ināya, Ghāzī. 1996. *Hudā al-Furqān fī 'Ulūm al-Qur'ān*, Bayrūt: 'Ālam al-Kutub.

Izutsu, Toshihiko. 1983. *Sufism and Taoism*, Tokyo: Iwanami Shoten.

al-Jawzī, Abū al-Faraj. 1986. *Kitāb Al-Quṣṣāṣ wa al-Mudhakkirīn*, Bayrūt: Dār al-Kutub al-'Ilmiyya.

Jeffery, Arthur. 1952. *the Qur'an as Scripture*, New York: Russell F. Moore Company

Incorporated.
Kaḥḥāla, 'Umar Riḍā. 1993. *Mu'jam al-Muallifīn: Tarājim Muṣannifī al-Kutub al-'Arabiyyah* (4 vols.), Bayrūt: Mu'assasat al-Risālah
al-Kalābādhī, Abū Bakr. 1966. *Kitāb al-Ta'arruf li-Madhhab Ahl al-Taṣawwuf* (trans. Arthur John Arberry), Lahore: Sh. Muhammad Ashraf.
Kam, Ferid. 1994. *Vahdet-i Vücûd*, Ankara: Diyanet İşleri Başkanlığı Yayınları.
Kara, Mustafa. 1995. *Tasavvuf ve Tarikatlar Tarihi*, İstanbul: Dergah Yayınları.
———. 2002. *Metinlerle Günümüz Tasavvuf Hareketleri*, İstanbul: Dergah Yayınları.
———. 2004. *Metinlerle Osmanlılarda Tasavvuf ve Tarikatlar*, İstanbul: Sır Yayıncılık.
el-Karamânî, Nûruddîn Ḥamza ibn Mahmûd el-Âsam. n.d. *Tafsīr al-Qaramānī*, İstanbul: Süleymaniye Kütüphanesi, Carullah 112 (Unpublished Manuscript).
el-Kayserî, Şerefüddin Dâvûd ibn Maḥmûd. n.d. *Rasā'il-i Qayṣarī: al-Tawḥīd wa al-Nubūwwa wa al-Walāya, Asās al-Waḥdānīyya, Nihāya al-Bayān fī Dirāya al-Zamān*, Mashhad: Chāpkhānah-i Dānishgāh-i Mashhad.
Keeler, Annabel. 2006. *Sufi Hermeneutics: The Qur'an Commentary of Rashid al-Din Maybudi*, London: Oxford University Press.
Knysh, Alexander D. 1999. *Ibn Arabi in the Later Islamic Tradition: The Making of A Polemical Image in Medival Islam*, New York: State University of New York Press.
Koçyiğit, Talat. 1998. *Hadis Tarihi*, Ankara: Türkiye Diyanet Vakfı Yayınları.
Lane, Edward William. 1984. *Arabic English Lexicon*, (2 vols.), Cambridge: The Islamic Texts Society.
Massignon, Louis. 1997. *Essay on the Origins of the Technical Language of Islamic Mysticism* (trans. Benjamin Clark), Notre Dame, Ind: University of Notre Dame Press.
Mollaibrahimoğlu, Süleyman. 2007. *Yazma Tefsir Literatürü*, İstanbul: Damla Yayınevi.
Muslu, Ramazan. 2003. *Osmanlı Toplumunda Tasavvuf: 18. Yüzyıl*, İstanbul: İnsan Yayınları.
Muṣṭafā, I., al-Zayyāt, A. H., 'Abd al-Qādir, H., al-Najjār, M. 1996. *al-Mu'jam al-Wasīṭ*, İstanbul: Çağrı Yayınları.
el-Nahjivânî, Nimetullah ibn Mahmûd. 1907. *al-Fawātiḥ al-Ilāhiyya wa al-Mafātiḥ al-Ghaibiyya*, Dârü'l-Hilafeti'l-Âliyye: Matbaa-i Osmâniye.
Namlı, Ali. 2001. *İsmail Hakkı Bursevi Hayatı, Eserleri, Tarikat Anlayışı*, İstanbul: İnsan Yayınları.
Nassr, S. Hossein. 1972. *Sufi Essays*, London: George Allen and Unwin Ltd.
Nicholson, Reynold Alleyne. 1921. *Studies in Islamic Mysticism*, Cambridge: Cambridge University Press.
Okuyan, Mehmet. 2001. *Necmuddin Daye ve Tasavvufi Tefsiri*, İstanbul: Rağbet Yayınları.

al-Qunawī, Ṣadr al-Dīn. 1970. *I'jāz al-Bayān fī Ta'wīl Umm al-Qur'ān* (rep. 'Abdulqādir Aḥmad 'Aṭṭā), Cairo: Dār al-Kutub al-Ḥadīth.

Sands, Kristin Zahrd. 2006. *Ṣūfī Commentaries on the Qur'ān in Classical Islam*, New York: Routledge Taylor & Francis Group.

Sarkīs, Yūsuf Ilyān. 1928. *Mu'jam al-Maṭbū'āt al-'Arabiyya wa-al-Mu'arrabah*, Egypt: Matba'a Sarkīs bi-Miṣr

Schimmel, Annemarie. 1975. *Mystical Dimensions of Islam*, Chapel Hill: University of North Carolina Press.

al-Sulamī, Abū 'Abd al-Raḥmān. 1981. "Darajāt al-Mu'āmalāt", *Tis'a Kutub li Abī 'Abd al-Raḥmān* (ed. Süleyman Ateş), Ankara: Ankara Üniversitesi Basımevi, pp. 23–34.

Sunar, Cevdet. *Vahdet-i Vücûd Vahdet-i Şühûd Meselesi*, Ankara: Resimli Posta Matbaası Ltd. Şirketi, 1960.

al-Suyūṭī, Jalāl al-Dīn 'Abd al-Raḥmān. n.d. *Al-Itqān fī 'Ulūm al-Qur'ān* (trans. Sakıp Yıldız & Hüseyin Avni Çelik), İstanbul: Madve.

Şemseddin, Mehmed. 1997. *Bursa Dergâhları: Yâdigâr-ı Şemsî* (rep. Mustafa Kara & Kadir Atlansoy), Bursa: Uludağ Yayınları.

al-Ṭabarī, Ibn Jarīr. 1995. *Jāmi' al-Bayān 'an Ta'wīl Āy al-Qur'ān*, Bayrūt: Dār al-Fikr.

Tahralı, Mustafa. 1994. "Muhyiddin İbn Arabî ve Türkiye'ye Te'sirleri", *Kubbealtı Akademi Mecmûası*, 23(1), Ocak 1994, pp. 26–35.

Tahralı, Mustafa. 1999. "General Outline of the Influence of Ibn Arabi on the Ottoman Era", *Journal of the Muhyiddin Ibn Arabi Society*, 26, pp. 43–54.

Wheeler, Brannon M. 2002. *Moses in the Quran and Islamic Exegesis*, New York: Routledge Curzon.

Yıldırım, Ahmet. 2000. *Tasavvuf Temel Öğretilerinin Hadislerdeki Dayanakları*, Ankara: Türkiye Diyanet Vakfı Yayınları.

Vassâf, Hüseyin. 2000. *Kemalnâme-i İsmail Hakkı*, (rep. Murat Yurtsever), Bursa: Arasta Yayınları.

Vikor, Knut S. 1995. *Sufi and Scholar on the Desert Edge: Muhammad b. Ali al-Sanusi and his Brotherhood*, Evanston, Illinois: Northwestern University Press.

Yıldız, Sakıb. 1975. "Türk Müfessiri İsmail Hakkı Bursevi'nin Hayatı", *Atatürk Üniversitesi İslâmî İlimler Fakültesi Dergisi*, Erzurum: Atatürk Üniversitesi Basımevi, pp. 103–126.

Yılmaz, H. Kamil. 1999. *Azîz Mahmûd Hüdâyî Hayatı Eserleri Tarîkatı*, İstanbul: Erkam Yayınları.

▩日本語・中国語の文献

井筒俊彦. 1992.「イスラーム思想史――神学・神秘主義・哲学」『井筒俊彦著作集 5　イスラーム哲学』中央公論社.

大塚和夫. 1995.『テクストのマフディズム――スーダンの「土着主義運動」とその展開』東京大学出版会.

――――. 2002a.「サンマーニー教団」大塚和夫他編『岩波イスラーム辞典』岩波書店, p. 426.

――――. 2002b.「ハーミディー・シャーズリー教団」大塚和夫他編『岩波イスラーム辞典』岩波書店, p. 780.

小杉泰. 1994.「イスラームにおける啓典解釈学の分類区分――タフスィール研究序説」『東洋学報』第 76 巻 1・2 号, pp. 85-111.

――――. 2002a.「アッラー」大塚和夫他編『岩波イスラーム辞典』岩波書店, pp. 28-33.

――――. 2002b.「イスラーム」大塚和夫他編『岩波イスラーム辞典』岩波書店, pp. 128-131.

ダニシマズ, イディリス. 2006.「スーフィー」小杉泰・江川ひかり編『ワードマップ イスラーム』新曜社, pp. 240-245.

東長靖. 1986.「存在一性論学派の顕現説におけるアッラーの階位――カーシャーニーとジーリーを中心として」『オリエント』29(1), pp. 48-64.

――――. 1993.「スーフィーと教団」山内昌之・大塚和夫編『イスラームを学ぶ人のために』世界思想社, pp. 69-85.

――――. 1994.「イスラーム神秘主義におけるアッラーの至高性について――アブドゥルカリーム・ジーリーの存在論と完全人間論」鎌田繁・森秀樹編『超越と神秘――中国・インド・イスラームの思想世界』大明堂.

――――. 2002.「スーフィズムの分析枠組」『アジア・アフリカ地域研究』第 2, pp. 173-192.

ナスル, S. H. 1975.『イスラームの哲学者たち』黒田壽郎・柏木英彦訳, 岩波書店.

漫蘇爾・漫学智. 1997.『道統史伝』(西吉県北大寺).

▩インターネット・サイト

http://bulgaria.domino.bg/aitos/

http://www.citypopulation.de

http://www.popovashapka.com/macedoniainfo/cities/city_strumica.htm

【付録】ブルセヴ

	著作名	分野	写本情報
1	*Rūḥ al-Bayān*	タフスィール（クルアーン解釈学）	BEYBEK (Bursa Eski Yazma ve Basma Eserler Kütüphanesi), Genel 12-27; Süleymaniye Kütüphanesi, Bağdatlı Vehbi 113, Esad Efendi 87, Halet Efendi 49, Hamidiye 75-77, Pertev Paşa 30, Hüdai Efendi 58; Milli Kütüphane, 517; Edirne Selimiye Kütüphanesi, 71-73, 208, 209; Diyarbakır Umumi Kütüphanesi, 2564, 2567; Samsun Gazi Kütüphanesi, 926.
2	*Kalima dhābba 'an mā yarid 'alā matn dâbba* (*Sharḥ "wa mā baththa fi-himā min dābba"*)	タフスィール	Beyazıt Devlet Kütüphanesi, Genel 3507, fols. 88a-89b.
3	*Kitāb al-Mir'āt li-Ḥaqā'iq Ba'ḍ al-Aḥādīth wa al-Āyāt*	タフスィール	BEYBEK, Genel 40.
4	*Lawā'iḥ Tata'allaq bi- Ba'ḍ al-Āyāt wa al-Aḥādīth*	タフスィール	Beyazıt Devlet Kütüphanesi, fols. 105a-125b.
5	*Majmū'a al-Āyāt al-Muntahaba*(*b*)	タフスィール	İstanbul Üniversitesi Kütüphanesi, A.Y. 1363.
6	*Majmū'a al-Āyāt al-Muntahaba*(*b*)	タフスィール	İstanbul Üniversitesi Kütüphanesi, T.Y. 3706.
7	*Majmū'a al-Tafāsīr*	タフスィール	BEYBEK Genel 33.
8	*Sharḥ 'alā Tafsīr al-Juz' al-Ākhir li al-Qāḍī al- Bayḍawī*	タフスィール	BEYBEK, Genel 28-30.
9	*Sharḥ "Yā ayyuhā al-nās u'budū rabbakum"*	タフスィール	Beyazıt Devlet Kütüphanesi, Genel 3507, fols. 90a-107a.

ィーの著作一覧*

出版・研究情報
（刊行版） Cairo: Būlāq, 1255, 1264, 1276, 1287. İstanbul: Matbaa-i Osmâniye, 1286, 1306; İstanbul: Matbaa-i Âmire, 1285, 1286; İstanbul: Matbaa-i Nefise, 1306. （簡約版） Muḥammad ʻAlī al-Ṣābūnī, *Tanwīr al-Adhhān min Tafsīr Rūḥ al-Bayān*（4 vols）. Dimashq: Dār al-Qalam, 1988. Jamal al-Dīn Muṣṭafā ibn Ismāʻīl al-Shaibāni, Al-Mawṣīlī, *Nihāya al-Bayān fī Tafsīr al-Qur'ān*, Süleymaniye Kütüphanesi, Esad Efendi, 165. （翻訳版） *Muhtasar Ruhu'l-Beyan Tefsiri:*（10 vols）. trans. Abdullah Öz et al. İstanbul: Damla Yayınevi, 1995–96. *Ruhu'l-Beyan Tefsîri*（14 vols）. trans. Ömer Faruk Hilmi, İstanbul: Osmanlı Yayınevi, nd. （研究） Idiris Danismaz, *Mystical Cosmology and Qur'anic Exegesis in Turkish Sufism: Ismāʻīl Ḥaqqī Bursawī's Five Divine Presences and Spirit of the Qur'ān*. Kyoto University Graduate School of Asian and African Area Studies, 2008.（博士論文） M. Fatih Hasçiçek, *İsmail Hakkı Bursevi'nin Ruhu'l-Beyan'ında Nefs Kavramı*. Ankara Üniversitesi Sosyal Bilimler Enstitüsü, 2000.（修士論文） Fatma Çalık, *Ruhu'l Beyan'da İşari Tefsir Anlayışı*. Uludağ Üniversitesi Sosyal Bilimler Enstitüsü. 2002.（修士論文） Ömer Özbek, *Bursevi'nin Ruhu'l-Beyan adlı Tefsirinde "Usul-i Aşere"*. Erciyes Üniversitesi Sosyal Bilimler Enstitüsü, 2003.（修士論文）
（刊行版） İstanbul, 1288.（*Maqālat Ismāʻīl Ḥaqqī* の中）pp. 13–47.

10	*Ta'liqa 'alā Awā'il Tafsīr al-Bayḍawī* (*Sharḥ Tafsīr al-Fātiḥa*)	タフスィール	BEYBEK, Genel 31.
11	*Tafsīr "āmana al-rasūl"*	タフスィール	Süleymaniye Kütüphanesi, Halet Efendi 414, fols. 153b-157b.
12	*Tafsīr Sūra al-Fātiḥa*	タフスィール	BEYBEK, Genel 83 fols. 32b-57a.
13	*Tafsīr Sūra al-Zalzala*	タフスィール	Beyazıt Devlet Kütüphanesi, Genel 3507, fols. 127b-132a.
14	*al-Ajwiba al-Ḥaqqīyya 'an As'ila al-Shaikh 'Abd al-Raḥmān*	イスラーム法学	Süleymaniye Kütüphanesi, Esad Efendi 1521, fols. 42b-61a.
15	*al-Risāla al-Jāmi'a li Mathā'il al-Nāfi'a*	イスラーム法学・神学	Hacı Selim Ağa Kütüphanesi, Hüdâyi 442.
16	*Risāla al-Mathā'il al-Fiqhiyya*	イスラーム法学	BEYBEK, Genel 161, fols. 34a-48a.
17	*Sharḥ Fıqh al-Kaydānī*	イスラーム法学	Âtıf Efendi Kütüphanesi, 873.
18	*Kitāb al-Faḍl wa al-Nawāl*	イスラーム法学・神学	BEYBEK, Genel 83.
19	*Kanz-i Makhfī*	ハディース	BEYBEK, Genel 75.
20	*Majmū'a al-Mutafarriqa*	ハディース	BEYBEK, Genel 42.
21	*Sharḥ al-Ḥadīth "al-mu'min mir'āt al-mu'min"*	ハディース	BEYBEK, Genel 41, fols. 55b-59b.
22	*Sharḥ al-Ḥadīth "idhā taḥayyartum fī al-umūr fa ista'īnū min ahl al-qubūr"*	ハディース	BEYBEK, Genel 89, fols. 14b-31a.
23	*Sharḥ al-Ḥadīth "lā ana akram 'alā Allāh min an yaḍa'anī fī al-arḍ akthara min thalāth"*	ハディース	Hacı Selim Ağa Kütüphanesi, Hüdâyi 467.
24	*Sharḥ al-Ḥadīth al-Arba'īn***	ハディース	BEYBEK, Genel 38, fols. 1a-14a.
25	*Sharḥ Nukhba al-Fikar*	ハディース	BEYBEK, Genel 35-37.
26	*Sharḥ'al-Arba'īn Ḥadīthan*	ハディース	BEYBEK, Genel 39.

（研究） Ziyaeddin Coşan, *İsmail Hakkı Bursevi ve Fatiha Suresi Tefsiri*. Marmara Üniversitesi Sosyal Bilimler Enstitüsü, 2001.（修士論文）
（刊行版） İstanbul: Rıza Efendi Matbaası, nd. （翻案版） *Kenz-i Mahfi: Gizli Hazine*. İstanbul: Misvāk Neşriyat, 1980. *Kenz-i Mahfi: Gizli Hazine*. trans. Abdulkadir Akçiçek, İstanbul: Kitsan Yayınları, 2000.
（刊行版） İstanbul: 1253, 1313, 1317.
（刊行版） *Hadis-i Erbain Tercümesi*. Dersaadet（İstanbul）: Mahmud Bey Matbaası, 1317. （翻案版） *Kırk Hadis Şerhi*. İstanbul: İnsan Yayınları, 1998. *Kırk Hadis Şerhi: Şerh-i Hadis-i Erbain*. trans. Mustafa Utku, Bursa: Uludağ Yayınları, 1999. （研究）

27	*Ikhtiyārāt*	神学	Süleymaniye Kütüphanesi, Hâlet Efendi 414, fols: 14b-31a.
28	*Sharḥ al-Kabā'ir* (*Rumūz al-Kunūz*)	神学	Âtıf Efendi Kütüphanesi, 1328.
29	*Sharḥ Shu'ab al-'Imān*	神学	Topkapı Sarayı Kütüphanesi, E.H. 853.
30	*Ḥaqā'iq al-Ḥurūf* (*Risâle-i Hakâik-i Hurûf-i Teheccî*)	スーフィズム	Millet Kütüphanesi, Şer'iye 1182, fols. 73b-79b.
31	*'Asrār al-Ḥurūf*	スーフィズム	Süleymaniye Kütüphanesi, Hacı Mahmud 1537, fols. 21b-30b.
32	*al- Wāridāt* (*b*)	スーフィズム	BEYBEK, Genel 66, fols. 70b-138b; Genel 67.
33	*al-Risāla al'-Umariyya*	スーフィズム	Beyazıt Devlet Kütüphanesi, Genel 3507, fols.116b-124a.
34	*al-Risāla al-Sham'iyya*	スーフィズム	Süleymaniye Kütüphanesi, Mihrişah 217, fols. 35a-42a.
35	*al-Wāridāt* (*a*)	スーフィズム	Süleymaniye Kütüphanesi, Âşir Efendi 165, fols. 1-79a.
36	*Es'iletu's-Sahâfiye ve Ecvibetu'l-Hakkıye* (*Şerhu'l-Atâ li Ehli'l-Gitâ*)	スーフィズム	İstanbul Üniversitesi Kütüphanesi, T.Y. 2208/1.
37	*Es'ile-i Misrî'ye Ecvibe-i İsmâil Hakkî*	スーフィズム	Süleymaniye Kütüphanesi, Hacı Mahmud Efendi 2537.
38	*Faraḥ al-rūḥ* (*Şerhu'l-Muhammediye*)	スーフィズム	BEYBEK, Genel 59-61, 323, 334, 338.

Ayşe Gültekin, *İsmail Hakkı Bursevi'nin Kırk Hadis Şerhi Üzerine Tahric ve Tenkid çalışması*. Selçuk Üniversitesi Sosyal Bilimler Enstitüsü, 1996.（修士論文） Hikmet Gültekin, *İsmail Hakkı Bursevi Kırk Hadis Şerhi Transkripsiyonu ve Hadislerin Tahric ve Tenkid Kritiği*（*ilk yirmi hadis*）. Selçuk Üniversitesi Sosyal Bilimler Enstitüsü, 1996.（修士論文）
（刊行版） İstanbul: 1257.
（研究） Halil İ. Güler, *İsmail Hakkı Bursevî'nin Şerhu'l-Kebâir adlı Eserinin Tanıtımı ve Tahlili*. Marmara Üniversitesi Sosyal Bilimler Enstitüsü, 2005.（修士論文）
（刊行版） İstanbul: Süleyman Efendi Matbaası, 1304. （翻案版） *İman Esaslarına Tasavvufî Bir Bakış*（*Şerhu Şu'abi'l-Îmân*）. trans. Yakup Çiçek, İstanbul: Dârülhadis, 2000.
（研究） Zülfiye Eser, *İsmail Hakkı Bursevi'nin Es'iletü's-Sahafiyye ve Ecvibetü'l-Hakkıyye İsimli Eseri*. Marmara Üniversitesi Sosyal Bilimler Enstitüsü, 2003.（修士論文）
（刊行版） Cairo: Būlāq, 1252, 1255, 1256, 1258. İstanbul: Matbaatü'l-Kübra, 1840; İstanbul: Hacı Muharrem Efendi Matbaası, 1877. （翻案版） *Ferahu'r-Ruh: Muhammediyye Şerhi*（5. vols）. trans. Mustafa Utku, Bursa: Uludağ Yayınları, 2000, 2001, 2002, 2004. （研究） M. Ali Eşmeli, *İsmail Hakkı Bursevi'nin Muhammediyye Şerhi*（*II. cilt*）*Ferahu'r-Ruh*. İstanbul Üniversitesi Sosyal Bilimler Enstitüsü Türk Dili ve Edebiyatı Anabilim Dalı Eski Türk Edebiyatı Bilim Dalı, 2001.（修士論文） Sunay Yılmaz, *İsmail Hakkı Bursevi'nin Muhammediye Şerhi'nin II. Cildinde Geçen Tasavvufi Istılah ve Semboller*. Marmara Üniversitesi Sosyal Bilimler Enstitüsü İslam Felsefesi Anabilim Dalı, 1990.（修士

39	*Kitāb Ḥayāt al-Bāl*	スーフィズム	BEYBEK, Genel 84.
40	*Kitāb al-Ḥaqq al-Ṣarīḥ wa al-Kashf al-Ṣaḥīḥ*	スーフィズム	Hacı Selim Ağa Kütüphanesi, Hüdâyî 468.
41	*Kitāb al-Ḥujja al-Bāligha*	スーフィズム	İstanbul Üniversitesi Kütüphanesi, A..Y. 2217.
42	*Kitāb al-Anwār*	スーフィズム	Süleymaniye Kütüphanesi, Mihrişah 189, fols. 21b-102a.
43	*Kitāb al-Dhikr wa al-Sharaf*	スーフィズム	Süleymaniye Kütüphanesi, Hacı Mahmud 2752.
44	*Kitāb al-Durar al-'Irfāniyya*	スーフィズム	İstanbul Üniversitesi Kütüphanesi, T.Y. 4019.
45	*Kitāb al-Faṣl fī al-Asrār*	スーフィズム	Atıf Efendi Kütüphanesi, 1501, fols. 19b-27b.
46	*Kitāb al-Khiṭāb*	スーフィズム	BEYBEK, Genel 65, 66.
47	*Kitāb al-Najāt*	スーフィズム	Süleymaniye Kütüphanesi, Âşir Efendi 165, fols. 79-385.
48	*Kitāb al-Natīja*	スーフィズム	BEYBEK, Genel 64.

論文）
M. Ali Karavelioğlu, *İsmail Hakkı Bursevi'nin Muhammediye Şerhi*（*1. cilt*）*Ferahu'r-Ruh*. İstanbul Üniversitesi Sosyal Bilimler Enstitüsü, 1999.（修士論文）
Muhammet Ali Eşmeli, *İsmail Hakkı Bursevi'nin Muhammediyye Şerhi*（*II. Cilt*）*Ferahu'r-Ruh*. İstanbul Üniversitesi Sosyal Bilimler Enstitüsü, 2001.（修士論文）
M. Akif Günay, *Bursevî'nin Muhammediyye Şerhinde Tasavvufi Kavramlar*（*III. cildin ilk 105 sayfası*）. Marmara Üniversitesi Sosyal Bilimler Enstitüsü, 2004.（修士論文）
Betül Başlı, *Bursevî'nin Muhammediye Şerhinde Tasavvuf Kavramları*（*III. cilt 192-278. sayfalar arası*）. Marmara Üniversitesi Sosyal Bilimler Enstitüsü, 2005.（修士論文）

（研究）
İrfan Poyraz, *İsmail Hakkı Bursevi "Kitab-ı Hayatü'l-Bal"*. Uludağ Üniversitesi Sosyal Bilimler Enstitüsü, 2001.（修士論文）

（翻案版）
Kitabü'l-Envar: Tasavvufi Meseleler. trans. Naim Avan, İstanbul: İnsan Yayınları, 1999.
（研究）
Nevin Gümüş, *İsmâil Hakkı Bursevî'nin Diğer Eserlerine Müracaatla Kitâbü'l-Envâr Şerhi ve Şerh Metodu*. Erciyes Üniversitesi Sosyal Bilimler Enstitüsü, 1998.
Murat Yurtsever, "İsmâil Hakkı Bursevî'nin Kitâbü'l-Envâr'ı". *Uludağ Üniversitesi İlâhiyat Fakültesi Dergisi*, 7（1998）, pp. 279-296.

（研究）
M. Zeki Başyemenci, *İsmâil Hakkı Bursevî'nin Kitâb'z- Zikr ve'ş-Şeref adlı Eseri*. Marmara Üniversitesi Sosyal Bilimler Enstitüsü, 1997.（修士論文）

（研究）
Fazlı Dinç, *İsmâil Hakkı Bursevî'nin ed-Dürerü'l-Irfaniye adlı Eserinin Transkripsiyonu ve Tahkiki*. Harran Üniversitesi Sosyal Bilimler Enstitüsü, 1998.（修士論文）

（刊行版）
İstanbul: Matbaa-i Kürsiyyü'l-Hâkâniyye, 1840.
（翻案版）
Kitabü'l-Hitab. İstanbul: Divan Matbaacılık, 1976.
Manevi Ufuklar II: Kitabü'l-Hitab（2 vols.）. trans. İ. Turgut Ulusoy, İstanbul: Hisar Neşriyatı, 1983.

（刊行版）
İstanbul: Hacı Muharrem Efendi Matbaası, 1873.
（翻案版）
Manevi Ufuklar I: Kitabü'n-Necat（2 vols.）. trans. İ. Turgut Ulusoy, İstanbul: Hisar Neşriyatı, 1983.

（翻案版）
Kitâbü'n-Netice. trans. Ali Namlı, İmdat Yavaş, İstanbul: İnsan Yayınları, 1997.
（研究）

49	*Kitāb al-Shajw*	スーフィズム	Süleymaniye Kütüphanesi, Hâlet Efendi 789.
50	*Kitāb al-Silsila al-Jalwatiyya* (*Silsilenâme, Kitāb Silsila al-Shaikh Ismā'īl Ḥaqqī bi al-Ṭarīq al-Jalwatī*)	スーフィズム	Millet Kütüphanesi, Şer'iye 1040.
51	*Kitāb al-Sulūk* (*Tuhfe-i Vesîmiye*)	スーフィズム	Süleymaniye Kütüphanesi, Hacı Beşir Ağa 359, fols. 49–104.
52	*Kitāb Muzill al-Adhhān*	スーフィズム	BEYBEK, Genel 79.
53	*Kitāb Naqd al-Ḥāl* (*Shajara al-Yaqīn wa al-Tawḥīd*)	スーフィズム	İstanbul Üniversitesi Kütüphanesi, T.Y. 2153.
54	*Kitāb Tamām al-Faiḍ fī Bāb al-Rijāl*	スーフィズム	Topkapı Sarayı Kütüphanesi, Revan Köşkü 497.
55	*Kitāb Zubda al-Maqāl*	スーフィズム	Hacı Selim Ağa Kütüphanesi Hüdâyi 476, fols. 70b–75b.
56	*Kitâb-ı Kebîr*	スーフィズム	BEYBEK, Genel 71.
57	*Müteferrikât-i Şeyh Hakkî*	スーフィズム	Süleymaniye Kütüphanesi, Esad Efendi 1667.
58	*Majī' al-Bashīr li Aajl al-Tabshīr*	スーフィズム	Süleymaniye Kütüphanesi, Hâlet Efendi 789 fols. 27b–53b.
59	*Majmū'a* (*a*)	スーフィズム	Süleymaniye Kütüphanesi, Pertev Paşa, 645.
60	*Majmū'a* (*b*)	スーフィズム	Beyazıt Devlet Kütüphanesi, Genel, 3507.
61	*Majmū'a* (*c*)	スーフィズム	İstanbul Üniversitesi Kütüphanesi, T.Y. 9793.
62	*Majmū'a* (*d*)	スーフィズム	İstanbul Üniversitesi Kütüphanesi, T.Y.

İhsan Soysaldı, *İsmail Hakkı Bursevi`nin Kitabu'n-Netice adlı Eserindeki Tasavvufi Istılahlar*. Harran Üniversitesi Sosyal Bilimler Enstitüsü, 1998.（修士論文）
（刊行版） *Kitāb silsila al-Shaikh Ismā'īl Ḥaqqī bi al-Ṭarīq al-Jalwatī*. İstanbul: Haydarpaşa Hastanesi Matbaası, 1874. （翻案版） *Celvetiyye Yolunda Allah Dostları:（Silsilename-i Celvetiyye）*. trans. Rahmi Serin, İstanbul: Pamuk Yayınları, nd. *Celvetiyye Yolunda Altın Zincir: Silsilename*. trans. Bedia Dikel, İstanbul: Özdinç Matbaası, 1981. （研究） İlyas Efendi, *İsmâil Hakkı Bursevî'nin Kitâbü's-Silsileti'l-Celvetiyyesi'si*. Marmara Üniversitesi Sosyal Bilimler Enstitüsü, 1994.
（翻案版） M. Ali Akidil, Şeyda Öztürk, *İsmâil Hakkı Bursevî, Üç Tuhfe/Seyr-i Sülûk*. İstanbul: İnsan Yayınları, 2000, pp. 107-187. （研究） Recep Yaman, *İsmâil Hakkı Bursevî'nin Kitâbü's-Sülûk adlı Eseri*. Yüzüncü Yıl Üniversitesi Sosyal Bilimler Enstitüsü, 1998.
（研究） Ramazan Muslu, Ali Namlı, *İsmâil Hakkı Bursevî ve Tamâmü'l-Feyz adlı eseri*（2. vols）. Marmara Üniversitesi Sosyal Bilimler Enstitüsü, 1994.（修士論文）
（研究） Nuran Döner, *Tasavvuf Kültüründe Varidat Geleneği ve Bursevi'nin Kitab-ı Kebir'i*. Uludağ Üniversitesi Sosyal Bilimler Enstitüsü, 2000.（修士論文）
Müteferrikât-i Şeyh Hakkî

			482.
63	*Majmū'a* (*e*)	スーフィズム	Topkapı Sarayı kütüphanesi, E.H. 1790.
64	*Majmū'a al-Ḥaqqī*	スーフィズム	BEYBEK, Genel 41.
65	*Majmū'a al-Asrār*	スーフィズム	Atıf Efendi Kütüphanesi, 1500.
66	*Majmū'a al-Fawā'id wa al-Wāridāt*	スーフィズム	BEYBEK, Genel 87.
67	*Maqālat Ismā'īl Ḥaqqī*	スーフィズム	Beyazıt Devlet Kütüphanesi, Genel 3504.
68	*Min Wāridāt al-Faqīr Ismā'īl Ḥaqqī min Awākhir dhī al-Ḥijja 1116*	スーフィズム	Süleymaniye Kütüphanesi, Hâlet Efendi 789, fols. 56b-222a.
69	*Nukhba al-Laṭā'if*	スーフィズム	BEYBEK, Genel 138.
70	*Rūḥ al-Mathnawī* (*Şerhu'l-Mesnevî*)	スーフィズム	BEYBEK, Genel 72-74.
71	*Risāla al-Tahajjī fī Ḥurūf al-Tahajjī*	スーフィズム	BEYBEK, 162.
72	*Risāla fī Bayān al-Khalwa wa al-Jalwa*	スーフィズム	Hacı Selim Ağa Kütüphanesi, Hüdâyi 1797, fols. 68b-70b.
73	*Risāla fī Nafas al-Raḥmān*	スーフィズム	Atıf Efendi Kütüphanesi, 1405.
74	*Risâle-i Bahâiye*	スーフィズム	Hacı Selim Ağa Kütüphanesi, Hüdâyî 476, fols. 70b-75b.
75	*Risâle-i Eyyuhe'l-Bülbül*	スーフィズム	BEYBEK, Genel 86 fols. 84b-110a.
76	*Risâle-i Gül* (*Risâle-i Verdiye*)	スーフィズム	Süleymaniye Kütüphanesi, Hâlet Efendi 414, fols. 1b-3b.
77	*Risâle-i Hazarât-ı Hams-i İlâhiye* (*Risâletü'l-Hazarât*)	スーフィズム	Süleymaniye Kütüphanesi, Mihrişah Sultan 139; 189, fols. 136a-164b.
78	*Risâle-i Hüseyniye*	スーフィズム	Süleymaniye Kütüphanesi, Pertev Paşa 637, 160-168.
79	*Risâle-i Manâ-yi Şerîf-i İsm-i Muhammed*	スーフィズム	Millet Kütüphanesi, Şer'iye 1182, fols. 65b-69a.
80	*Sharḥ al-Usūl al-'Ashara*	スーフィズム	BEYBEK, Genel 70.

（刊行版） Cairo: Būlāq 1257. İstanbul: Vezirhani Matbaası, 1288.
Nukhba al-laṭā'if
（刊行版） İstanbul: Matbaa-i Âmire, 1287. （翻案版） *Ruhü'l-Mesnevi: Mesnevi'nin Ilk 748 Beytinin Şerhi*. trans. İsmail Güleç, İstanbul: İnsan Yayınları, 2004. （研究） Saliha Baryaman, *Ruhu'l-Mesnevi*（*birinci cilt*）*İsmail Hakkı Bursevi İnceleme Metin*. Uludağ Üniversitesi İlahiyat Fakültesi İslam Tarihi ve Sanatları Anabilim Dalı Türk İslam Edebiyatı Bilim Dalı, 1999.（修士論文） Sebahattin Arslan, *Şerhu'l Mesnevi III.Cild Transkripsiyonlu Metin*. Uludağ Üniversitesi Sosyal Bilimler Enstitüsü, 2000.（修士論文） Mustafa Efe, *Ruhu'l-Mesnevi, İsmail Hakkı Bursevi*（*ikinci cilt 1b-99b arası*）*İnceleme-Metin*. Uludağ Üniversitesi Sosyal Bilimler Enstitüsü, 2002.（修士論文） İsmail Güleç, *İsmail Hakkı Bursevi'nin Ruhu'l-Mesnevi'sinin İncelenmesi*（3 vols. İstanbul Üniversitesi Sosyal Bilimler Enstitüsü. 2003.（修士論文）
Idiris Danismaz, *Turkish Islam and Sufism in Turkey: Thought and Practice of Bursevi*. Kyoto University Graduate School of Asian and African Area Studies, 2003.（修士論文）
（刊行版）

81	*Sulūkū'l-Mülük* (*Tuhfe-i Âliye*)	スーフィズム	Âtıf Efendi Kütüphanesi, 1412.
82	*Şerh-i Esmâ-i Seb'a* (*Kitabü Şecereti't-Tevhîd, Kitâbu't-Tevhîd*)	スーフィズム	Süleymaniye Kütüphanesi, Pertev Paşa 637, fols. 60b-71b.
83	*Şerh-i Pend-i Attâr*	スーフィズム	BEYBEK, Genel 68-9, 145-49.
84	*Şerh-i Salavât-i İbn-i Meşiş*	スーフィズム	Süleymaniye Kütüphanesi, Mihrişah 217.
85	*Tuhfe-i Ömeriye*	スーフィズム	Süleymaniye Kütüphanesi, Mihrişah 162.
86	*Tuhfe-i İsmâiliye*	スーフィズム	Hacı Selim Ağa Kütüphanesi, Hüdâyi Efendi 459.
87	*Tuhfe-i Atâiye*	スーフィズム	Süleymaniye Kütüphanesi, Bağdatlğı Vehbi 1537.
88	*Tuhfe-i Bahriye*	スーフィズム	Süleymaniye Kütüphanesi, Pertev Paşa 637, 145b-159b.
89	*Tuhfe-i Halîliye*	スーフィズム	Süleymaniye Kütüphanesi, Esad Efendi 1374.
90	*Tuhfe-i Hasakiye*	スーフィズム	Ankara Üniversitesi Dil Tarih Coğrafya Fakültesi Kütüphanesi, İ. Saib Sencer 2029.
91	*Tuhfe-i Recebiye*	スーフィズム	Süleymaniye Kütüphanesi, Esad Efendi 1374.

İstanbul: Matbaa-i Amire, 1256. （翻案版） *Tasavvufi Hayat: Usulü Aşare / Risale ile'l-Haim / Fevaihu'l-Cemal*. trans. Mustafa Kara, İstanbul: Dergah Yayınları, 1980. *Necmeddîn-i Kübrâ'dan Usûl-i Aşere/On Esas Şerhi*. trans. Rahmi Serin, İstanbul: Pamuk Yayınları, nd.
（翻案版） M. Ali Akidil, Şeyda Öztürk, *İsmâil Hakkı Bursevî, Üç Tuhfe/Seyr-i Sülûk*. İstanbul: İnsan Yayınları, 2000, pp. 189-261. （研究） Şeyda Öztürk, *İsmâil Hakkı Bursevî'nin İki Tuhfesi: Tuhfe-i Vesîmiyye-Tuhfe-i Aliyye*, Marmara Üniversitesi Sosyal Bilimler Enstitüsü, 1999.
（研究） Lütfi Baykal, *Bursevî ve Mısrî'nin Tevhid Risâlelerinde Yer Alan Vahdâniyet Anlayışı*. Marmara Üniversitesi Sosyal Bilimler Enstitüsü, 1985.
（刊行版） İstanbul: Matbaa-i Âmire, 1250. （研究） Rafiye Duru, *İsmail Hakkı Bursevi'nin Şerh-i Pend-i Attar'ı*. Ege Üniversitesi Sosyal Bilimler Enstitüsü, 1998.（修士論文） Tuba, Onat, *Şerh-i Pend-i Attar（inceleme-metin）*. Uludağ Üniversitesi Sosyal Bilimler Enstitüsü, 1998.（修士論文）
（刊行版） Cairo: Abdurrahman Rüşdü Matbaası, 1279. İstanbul: Arif Efendi Matbaası, nd.
（翻案版） M. Ali Akidil, Şeyda Öztürk, *İsmail Hakkı Bursevi, Üç Thfe/Seyr-i Sülük*. İstanbul: İnsan Yayınları, 2000, pp. 7-106.
（刊行版） İstanbul: Basiret Matbaası, 1292; İstanbul: Yahya Efendi Matbaası, 1292; İstanbul: Muhammed Cemal Matbaası, 1303.
（翻案版） Veysel Akkaya, *Kabe ve İnsan*. İstanbul: İnsan Yayınları, 2000. （研究） Veysel Akkaya, *Tuhfe-i Ataiyye*. Marmara Üniversitesi Sosyal Bilimler Enstitüsü, 1999.（修士論文）
（刊行版） İstanbul: Matbaa-i Âmire, 1256; İstanbul: Süleyman Efendi Matbaası, 1293.
（研究） İhsan Kara, *İsmâil Hakkı Bursevî'nin Tuhfe-i Hasakiyye'si（III. Bölüm）*. Marmara Üniversitesi Sosyal Bilimler Enstitüsü, 1997.

92	*Vâridât-ı Hakkıye* (*Vâridât-ı Kübrâ*)	スーフィズム	BEYBEK, Genel 86 fols. 111b-264a.
93	*Wasīla al-Marām*	スーフィズム	Süleymaniye Kütüphanesi, Hâlet Efendi 243.
94	*al-Risāla al-Mi'rājiyya*	スーフィズム・文学（詩）	BEYBEK, Genel 124.
95	*Dîvân-ı İsmâil Hakkî*	スーフィズム・文学（詩）	Beyazıt Devlet Kütüphanesi, 3504, fols, 10b-88b.
96	*Min Ba'ḍ mā Naẓamahu al-Faqīr al-Shaikh 'Ismā'īl Ḥaqqī bi al-Lisān al-Turkī min Awwal sana 1117*	スーフィズム・文学（詩）	Süleymaniye Kütüphanesi, Hâlet Efendi 789, fols. 222b-252b.
97	*Sharḥ Abyāt al- Fuṣūṣ*	スーフィズム・文学（詩）	Süleymaniye Kütüphanesi, Esad Efendi 1474, fols. 114b-146b.
98	*Sharḥ Naẓm al-Sulūk li al-Shaikh 'Umar ibn al-Fāriḍ*	スーフィズム・文学（詩）	Süleymaniye Kütüphanesi, Mihrişah 189, fols. 1-20.
99	*Şerh-i Ebyât-ı Hacı Bayram-ı Velî*	スーフィズム・文学（詩）	Süleymaniye Kütüphanesi, Esad Efendi 1521, fols. 1b-25b.
100	*Şerh-i Ebyât-ı Hasan el-Kâdirî*	スーフィズム・文学（詩）	İstanbul Üniversitesi Kütüphanesi, T.Y. 3339, fols. 112b-121a.
101	*Şerh-i Ebyât-ı Yûnus Emre* (*a*)***	スーフィズム・文学（詩）	Süleymaniye Kütüphanesi, Esad Efendi 1544.
102	*Şerh-i Ebyât-ı Yûnus Emre* (*b*)	スーフィズム・文学（詩）	Süleymaniye Kütüphanesi, Esad Efendi 1521, fols. 62b-80a.
103	*Şerh-i Ebyât-ı Yûnus Emre* (*c*)	スーフィズム・文学（詩）	Süleymaniye Kütüphanesi, Esad Efendi 1521, fols. 86b-92a.
104	*Şerh-i Ebyât-ı Yûnus Emre* (*d*)	スーフィズム・文学（詩）	Süleymaniye Kütüphanesi, Esad Efendi 1521, fols. 92b-94a.
105	*Şerh-i Nazm-ı Ahmed*	スーフィズ	Süleymaniye Kütüphanesi, Esad Efendi

（研究） Çetin Taner, *Varidat-ı Kübra*. Uludağ Üniversitesi Sosyal Bilimler Enstitüsü, 1999.（修士論文）
（翻案版） *Mi'raciye*. trans. İrfan Poyraz, Bursa: Sır Yayıncılık, 2007.
（刊行版） Cairo: Būlāq, 1257; Cairo: Dār al-Ṭibā'ā al-Bāhira, 1257. İstanbul: Drzavana Stampoerisa, 1288; İstanbul:Darü't-Tıbaâti'l-Âmire, 1257; İstanbul: Vezirhanı Matbaası, 1288; İstanbul: Takvim-i Vekayi Matbaası, 1288. （翻案版） *Dîvân-ı İsmâil Hakkı Bursevî*. trans. Murat Yurtesever, Bursa: Arasta Yayınları, 2000.
Mustafa Tatçı, Cemal Kurnaz, *Bitmedik Ot Dibinde Doğmadıcak Bir Göcen: Şerh-i Nazm-ı Ahmed*,

		ム・文学（詩）	1521, fols. 81b-86a.
106	*Şerh-i Nazm-ı Hayrettîn*	スーフィズム・文学（詩）	Süleymaniye Kütüphanesi, Hacı Mahmud 2749, fols. 73b-77a.
107	*Al-Majālis al-Muntahaba*	雑集（説教）	BEYBEK, Genel 32.
108	*Kitāb al-Khuṭabā*	雑集（説教）	BEYBEK, Genel 85, fols. 1-39.
109	*Majālis al-Wa'ḍ wa al-Tadhkīr*	雑集（説教）	なし
110	*Majmū'a al-Khuṭab wa al-Wāridāt*	雑集（説教）	BEYBEK, Genel 85, fols. 39b-276b.
111	*Kitāb al-'Izz al-Ādamī*	文学（アラビア語文法）	Âtıf Efendi Kütüphanesi 1420, fols. 120-316.
112	*Kitāb al-Furūq*（*Furûk-ı Hakkî*）	文学（アラビア語文法）	Beyazıt Devlet Kütüphanesi, Genel 6818.
113	*Sharḥ Risāala fī Ādāb al-Munāẓara li Taşköprîzâde*	雑集（論理学）	BEYBEK, Genel 116.
114	*Sharḥ Muqaddama al-Jazarī*	クルアーン朗読方法（tajwīd）	BEYBEK, Genel 38, fols. 176b- 183a.

＊　書名は，アラビア語の構文によるものである場合はアラビア語の転写方法に従った。オスマ

＊＊　この著作は，ブルセヴィーによって選ばれた40点のハディースへの注釈であり，Sharḥ'al-
没）の Riyāḍ al-Ṣaliḥīn（正者の庭）という著作から選ばれたハディースへの注釈である。前者
である。

＊＊＊　同様なタイトルで複数の著作が流れているが，それぞれが異なる内容を持つものである。
いても行われている。

Ankara: Akçağ, 2000.
（刊行版） İstanbul: Darü't-Tıbaâti'l-Âmire, 1266; İstanbul: Esad Efendi Matbaası, 1303.
（刊行版） İstanbul: Matbaa-i Âmire, 1251; İstanbul: Orhaniye Matbaası, 1310. （研究） Osman Şenel, *İsmail Hakkı Bursevi: Hayatı, Eserleri ve el-Furuk'unun IV. Bölümünün II. Yarısının Tenkidli Metni*. İstanbul Üniversitesi Edebiyat Fakültesi Arap-Fars Filolojisi, 1971.
（刊行版） İstanbul: Hacı Ali Rıza Matbaası, 1273.

ン語の構文による場合は，現代トルコにおけるラテン文字転写の方法に従った。
Arba'īn Ḥadīthan という著作と異なる。後者は，ナワヴィー（Yaḥyā Ibn Sharaf al-Nawawī, 1278 年
は，同じくナワヴィーの『ナワヴィーの 40 のハディース』（al-Arba'ūn al-Nawawiyya）への注釈

その違いを表わすのは，括弧内のローマ字の a，b，c などである。同じような方法は，以下にお

あとがき

本書は，2008年3月に京都大学に提出した博士学位論文「トルコのスーフィズムにおける神秘的宇宙論とクルアーン解釈：イスマーイル・ハック・ブルセヴィーの『存在の五次元説』と『明証の魂』をめぐって」に加筆・修正したものである。

本書のタイトルは，『トルコにおけるイスラーム神秘主義思想と実践』とした。18世紀のスーフィーであるブルセヴィーの思想を手掛かりに，スーフィズム思想がトルコにおいていかに実践されているかを明らかにしようとする，という本書の執筆目的を考えると，書名にブルセヴィーの名前を入れるべきとする向きもあるだろう。しかしながら，日本の読者になじみの薄い人名を用いるよりは，彼の出身地の現代トルコ語での呼称を用いる方がふさわしかろうと考えた。また，タイトルにある「イスラーム神秘主義思想と実践」についても一言述べておきたい。この研究分野になじみのある読者の多くは，スーフィズム思想の実践といえば，特にタリーカ（スーフィー教団）における，神の名やその他の祈祷句を繰り返し唱えるズィクルや「回旋舞踊(samā, Tr. semâ)」のような修行論を思い起こすかもしれない。しかし，ここでいう「実践」とは，スーフィー（本書の場合はブルセヴィー）の個人的な神秘体験を通して開示された英知がいかに行動に移されるか，という思想的なプロセスを明らかにするために用いられる分析概念である。その詳細については，「倫理的実践的解釈」という概念に関する解説を読んでいただきたい。

本書の刊行には，以下のような意義があると言える。近年，欧米で発生したテロの6割が非イスラーム世界の国籍を持つムスリムによる犯行であり，その中には，自分が攻撃した国で生まれ育ったものも少なからずいると報道されている。このようなテロ犯は，自らの過激主義の正当化のために，しばしば，過去の紛争時における法学的見解を好む。そして，それを，そのコンテクストから切り離して，現代社会に適用しようとする。であるならば，彼らの武力闘争思想に対しては，伝統的な宗教思想の中から理論的反論を示すことが重要となろう。その点で，イスラームのジハード（語義は「奮闘・努力」）の２つの意味，すなわち「戦場における敵との戦い」と「自分のエゴとの戦い」のうち，後者を重視するスーフィズム思想を対象とする本書は，現代国際社会の重大な問題の１つであるムスリム社会における急進化・過激化を抑止する一助となることが期待される。

また，テロや紛争等の情報によって歪曲されている日本の（ひいては世界の）イスラーム理解の是正に貢献できるという点も，本書の刊行意義として挙げられる。実際，現今のイスラーム関係の書籍は，宗教と暴力が関連付けられることの多いイスラーム原理主義に著述の重点が置かれ過ぎており，イスラームのより平和的な側面が無視されがちであると専門家は評価している。そして，今後数年間，いまやグローバルな現象となっているポピュリズムとイスラーム世界の関係が注目されるようになると予想されるが，これは，ありきたりのセンセーショナルなテーマであり，正確なイスラーム理解の形成を遅らせる一因ともなるうる。このことが，偏ったイスラーム理解にも結び付いているのである。スーフィズムはイスラームの平和的側面に関するものであるために，それを扱う本書は，よりバランスのとれたイスラーム認識の形成にも役立つだろう。

イスラーム世界からの観光客が増加傾向にあり，2020年のオリンピック開催の際にはイスラーム世界からの多くの選手や観戦客が訪れるであろう日本社会においては，偏見の少ない，より中立的なイスラーム理解が求められるだろう。イスラーム世界研究においては，そのような時こそ，論争的な課題を検討すると同時に，バランスを保つために，スーフィズム思想のような，イスラームの伝統的な考え方の紹介も必要となろう。本書の刊行を通して，その需要に応えられるのではないかと考えている。

本書は，冒頭にも述べたように，筆者の博士論文及びその後の研究の集大成であるため，学術性も有していると言える。例えば，本書が扱うトルコのイスラーム神秘主義思想は，写本資料の多さから未開拓のままとなっている分野であるため，その欠を補うことによって，スーフィズム思想の全体像の解明に貢献することができよう。また，従来は関連付けて考察されることのなかった神秘的体験とクルアーン解釈という2つの分野に注目して，その照応関係を立証した点は，本書の独創的な特徴であると言える。本書がこのようにしてイスラーム思想の中の1つの学術的融合の手法を提示したことによって，イスラーム学，とりわけスーフィーによるクルアーン解釈について研究しようとする研究者の役に立つとすれば幸いである。

本書が完成するまでには，多くの方に助けられた。まずは，京都大学大学院アジア・アフリカ地域研究研究科（ASAFAS）の東長靖先生にお礼を申し上げたい。東長先生は筆者の学生時代の指導教員であり，そのため，本書の執筆過程において，先生には誰よりも多くの支援をいただいた。日本語専門学校を卒業した後に研究生として入った2002年から博士課程修了の2008年まで，アカデミックな日本語のほか，文献研究の方法からフィールドワークのやり方まで，様々なことを丁寧に先生に教えていただいた。また，東長先生には，筆者が博士課程に在籍中の一留学生として，そして修了後の未熟な一研究者として困難な状況に直面する度にお世話になり，返しきれないほどの多大なご恩をたまわった。この場を借りて，いただいた全てのご厚意に感謝の意を表しつつ，先生のご健康およびご活躍を祈りたい。

同じく，ASAFASの教授である小杉泰先生にはイスラーム学とりわけクルアーンとタフスィール学の基礎について，故・足立明先生には研究の方法論について，当時ASAFASにおられた東京大学の田辺生明先生には人類学について学ぶとともに，東南アジア地域研究専攻全体で行われていたゼミで，当時の自分にとっての難題であった文献研究と地域研究の融合についても有益なアドバイスをいただいた。心から感謝しつつ，今は亡き足立先生のご冥福をお祈り申し上げる。また，副査を引き受けてくださった帯谷知可先生の他，ここでお名前を明記していない，私の教育に貢献してくださった全ての先生方にもお礼を申し上げたい。

本書の原型である博士論文の提出の際にご尽力いただいた，京都大学大学院アジア・アフリカ地域研究研究科附属イスラーム地域研究センター（KIAS）の仁子寿晴先生，今松泰先生，KIAS 編集室と ASAFAS の連環地域論講座事務室（グローバル地域研究専攻の前身）の皆様にも感謝の意を表したい。皆様のお陰で，博論を期日までに提出できた。連環地域論講座の同級生と先輩の皆様にも，院生室でともに過ごしたあの日々に対してお礼を言いたい。皆様のお陰で，楽しいキャンパスライフを送ることができた。

本書の出版に先立って，日本語のチェックと文書の訂正をしていただいた，龍谷大学の塩野﨑信也さんにもお礼を申し上げる。また，ナカニシヤ出版の石崎雄高さんにも，丁寧な編集に感謝する。

幼い時から，多大な犠牲を払うことも厭わずに優しさをもって育ててくれた両親についても一言述べたい。昨年他界した父は，イスラームの基礎知識について学んだ最初の教師でもあった。また，いつも，その祈祷によって私を支えてくれた。父の生前に本書が刊行されたらどれほど良かっただろうか。いつも息子のことを想い，朝晩祈りを捧げてくれている母にも感謝する。神様に，母と父が愛をもって幼少の私を育ててくれたように，神様が母と父にお慈悲をお授けになることを祈りたい。

最後に，資料や写本のコピーなどでいっぱいの机に徹夜で向かう日々が続いた博士論文執筆の時期，私に寄り添ってくれた妻に，ここでお礼を伝えたい。

本書の出版は，「公益財団法人 りそなアジア・オセアニア財団」より助成をいただき，可能となった。お世話になった財団の関係者の皆様方に感謝申し上げたい。

2018 年 9 月 20 日，大阪の自宅にて

人名索引

ア　行

アーサン・カラマーニー（Nûruddîn Hamza ibn Mahmûd el-Âsam el-Karamânî）　75,92,129,130,132-137,162,172
アブー・ターリブ・アル＝マッキー（Abū Ṭālib al-Makkī）　112,156,157
アブドゥ（Muḥammad‘Abduh）　61
アブドゥッラー・イブン・ズバイル（‘Abd Allāh ibn al-Zubayr）　158
アブドゥッラー・イブン・マスウード（‘Abd Allāh ibn Mas‘ūd）　158
アブー・バクル（Abū Bakr）　158
アブー・ライス・サマルカンディー（Abū al-Layth al-Samarqandī）　83,85,129,162
アブルマワーヒブ・ムハンマド・イブン・アブドゥルバーキー（Abū al-Mawāhib Muḥammad ibn ‘Abd al-Bāqī al-Ḥanbalī）　22
アリ・デデ（Ali Dede el-Bosnevî）　86
アリ・パシャ（Ali Paşa）　148
アールースィー（Shihāb al-Dīn Mahmūd al-Ālūsī）　10,57
アル＝ハキーム・アッ＝ティルミズィー（al-Ḥakīm al-Tirmidhī）　112
アレクサンドロス大王　170,171
イスカンダル（Iskandar）　122,126,171
イスマーイール・アンカラヴィー（İsmâîl Ankaravî）　144
イスマーイール・イブン・カスィール（Ismā’īl ibn Kathīr）　58,99
イスマーイール・ハッキー（Ismā‘īl Ḥaqqī）　144　→ブルセヴィー
イスマーイル・ハック・ブルセヴィー（İsmâîl Hakkı Bursevî）　4　→ブルセヴィー
イスマーイル・ハック・ムスタファ・イブン・バイラム・イブン・フダーベンデ（İsmâîl Hakkı ibn Mustafa ibn Bayram ibn Hüdâbende）　14　→ブルセヴィー
イブラーヒーム・ザーヒド・アル＝ジーラーニー（Ibrāhīm Zāhid al-Jīlānī）　147
イブン・アッバース,アブドゥッラー（‘Abd Allāh ibn ‘Abbās）　56,158,159,160,170
イブン・アラビー（Muḥyī al-Dīn ibn ‘Arabī）　5,7,17,23,83,112,129,143,151,159,160
イブン・アラビー（al-Qāḍi Abū Bakr Muḥammad ibn ‘Abd Allāh ibn ‘Arabī）　60,64,65,85,100,113,168
イブン・ケマル（イブン・カマール）（İbn-i Kemal Ahmed ibn Süleyman el-Rûmî）　85
イブン・スィーナー（Ibn Sīnā）　60
イブン・タイミーヤ（Taqī al-Dīn Aḥmad ibn Taymiyya）　49,63,151
イブン・ヌジャイム（Ibn Nujaym）　79,86
イブン・メレク（İbn-i Melek Abdüllatîf el-Rûmî）　85
イマーム・サガーニー（al-Ḥasan ibn Muḥammad al-Ṣaghānī）　83
ウスマーン（‘Uthmān）　158
ウフターデ（Üftade）　83
ウマル（‘Umar）　158
ウマル・ナサフィー（Najm ad-Dīn Abū Ḥafs ‘Umar ibn Muḥammad al-Nasafī al-Māturīdī）　84
エブッスウード（Ebu’s-Su’ûd Muhammed ibn Muhammed ibn Mustafa）　73-75,85,162
オスマン・ファズリー（Atpazarlı Osman Fazlî Efendi）　15-19,21,83,145,149

オルハン・ガーズィー（Orhan Gâzî）　73

カ　行

カイセリー（カイサリー，Şerefüddin Dâvûd ibn Mahmûd el-Kayserî, Ar. Dāwūd al-QaiṢarī）　39，40，42，73，105
ガザーリー（Abū Ḥāmid al-Ghazālī）　11，60，61，83
カーシャーニー（‘Abd-al-Razzāq Kamāl al-Dīn ibn Abū al-Ghanīm al-Kāshānī）　6，8，11，39，42，73，83，112，113，121，156，157，160
カーディー・ハーン（al-Ḥasan ibn Manṣūr al-Ūzjandī al-Farghānī Qāḍī Khān）　80
カワシー（Abū al-‘Abbās Aḥmad ibn Yūsuf ibn Ḥasan al-Kawashī）　85
カントゥーラ（Qanṭūra）　127
クシャイリー（‘Abd al-Karīm al-Qushayrī）　11，83，162
クトゥブッディーン・イズニキー（Kutbuddîn İznikî）　75
クルトゥビー（Abū ‘Abd Allāh Muḥammad ibn Aḥmad ibn Abū Bakr al-Anṣārī al-Qurṭubī）　84，85，161
コネヴィー（クーナウィー，Sadeddîn el-Konevî, Ar. Ṣadr al-Dīn al-Qūnawī）　39，42，83
ゴルトツィーハー（I. Goldziher）　9

サ　行

サイイド・クトゥブ（Sayyid Quṭb）　61
ザイド・イブン・サービト（Zayd ibn Thābit）　158
サーディー・シーラーズィー（Sa‘dī Shīrāzī）　145
サハーウィー（Shams al-Dīn Muḥammad ibn ‘Abd al-Raḥmān al-Sakhāwī）　85
ザハビー（Muḥammad Ḥusayn al-Dhahabī）　9，55，57，61，62–65，74，160
ザマフシャリー（Jār Allāh Abū al-Qāsim Maḥmūd ibn‘Umar al-Zamakhsharī）　59，74，85，162
シハーブッディーン・スフラワルディー（Shihāb al-Dīn al-Suhrawardī）　161
シャウカーニー（Muḥammad ibn ‘Alī al-Shawkānī）　59
ジャッサース（Abū Bakr al-Rāzī al-Jaṣṣāṣ）　60
ジャーミー（‘Abd al-Raḥmān Jāmī）　145
ジャンディー（Mu‘ayyid al-Dīn al-Jandī）　39，40，42
ジュナイド（Junaid al-Baghdādī）　113
ジュルジャーニー（Alī ibn Muḥammad al-Sayyid al-Sharīf al-Jurjānī）　30–32，34，35，37，39，40，42，151，153
ジーリー（‘Abd al-Karīm ibn Ibrāhīm Jīlī）　8
スィヴァスィー（Şeyh Şihâbüddin Ebü’l-Senâ Ahmed ibn Mahmud el-Sivasī）　75
スィムナーニー（‘Alā’ al-Dawlah al-Simnānī）　8，82
スユーティー（Abū al-Faḍl ‘Abd al-Raḥmān ibn Abū Bakr Jalāl al-Dīn al-Suyūṭī）　58
スラミー（Muḥammad ibn Ḥusayn al-Sulamī）　10，11
ズ・ル・カルナイン（Dhu al-Qarnain）　122–128，170，171　→2つの角を持つ者の物語［事項］
スレイマン2世（II. Süleyman）　18

タ　行

タバリー（Ibn Jarīr al-Ṭabarī）　54，57，155，161
タバルスィー（al-Faḍl ibn Ḥasan al-Ṭabarsī）　59，61

タフターザーニー（Sa'd al-Dīn Mas'ūd ibn 'Umar al-Taftazānī）　86
ダーマト・イブラーヒム・パシャ（Dâmat İbrahim Paşa）　20,149
タンドゥルース（Tandurūs）　104
ディクヤーヌース（Dikyānūs, デキウス）　93,98,104,139,140
トゥスタリー（Abū Muḥammad Sahl ibn 'Abd Allāh al-Tustarī）　11,83,156,157

ナ　行

ナジュムッディーン・クブラー（Najm al-Dīn Kubrā）　82,164
ナジュムッディーン・ダーイェ（Shaykh Najm al-Dīn Dāya）　10,82,89,95,106,128,164
ナフジヴァーニー（Şeyh Baba Nimetullah ibn Mahmûd el-Nahjivânî）　75,76,92,130-132,134,136,137,172
ナーブルスィー（'Abd al-Ghanī al-Nābulusī）　148
ナワウィー（Yaḥyā ibn Sharaf al-Nawawī）　85
ニーサーブーリー（Niẓām al-Dīn al-Nīsābūrī）　156

ハ　行

バイダーウィー（Naṣṣr al-Dīn Abū al-Khair 'Abd Allāh ibn 'Umar ibn Muḥammad al-Qāḍī al-Baiḍāwī）　59,74,75,129,162
バガウィー（Abū Muḥammad Ḥusayn ibn Mas'ūd ibn Muḥammad al-Farrā'al-Baghawī）　84
ハサン・アル＝バスリー（Ḥasan al-Baṣrī）　99,149
バスターミー（Abū Yāzid al-Basṭāmī）　64
ハッラージュ（Ḥusayn ibn Manṣūr al-Ḥallāj）　64,160
ヒドル（Khiḍr, Tr. Hızır）　19,107,109-113,115,117-120,135,136,170
ヒュサムッディーン・ビトリスィー（Hüsamüddin Alî ibn Abdullah）　75
ヒュダーイー（Aziz Mahmûd Hüdâyî）　83,147
ビルマーヴィー（Burhānuddīn Ibrāhīm ibn Muḥammad al-Birmāwī）　19
ファーラービー（al-Fārābī）　60,159
ファルガーニー（Sa'd al-Dīn Sa'īd Farghânî）　39
ブハーリー（Muḥammad ibn Ismā'īl al-Bukhārī）　112,155
ブルセヴィー（Bursevî）　4,14,144
ブルハーヌッディーン・マルギナーニー（Shaykh Burhān al-Dîn al-Farghānī al-Marghinānī）　86
ボスネヴィー（Abdullâh Bosnevî, Ar. 'Abd Allāh al-Busnawī）　39,42

マ　行

マイブディー（Rashīd al-Dīn Maybudī）　11,88,165,166
マートゥリーディー（Abū Manṣūr Muḥammad ibn Muḥammad al-Māṭurīdī）　86
ムジャーヒド（Mujāhid ibn Jabr）　158,159
ムスタファ２世（II. Mustafa）　19
ムスリム（Muslim ibn al-Ḥajjāj）　111
ムハンマド・アル＝ガザーリー（Muḥammad al-Ghazālī）　62
ムハンマド・イブン・アフマド・アル＝イスカンダラーニー（Muḥammad ibn Aḥmad al-Iskandarānī）　61
ムハンマド・イブン・バドルッディーン・ムンシー（Muhyiddîn Muhammed ibn Bedreddîn Münşî）　75

ムハンマド・イブン・マーリク・アル＝ヤーマーニー（Muḥammad ibn Mālik al-Yamānī）　59
ムハンマド・イブン・ユースフ・アトゥファイシュ（Muḥammad ibn Yūsuf Aṭfaish）　60
メフメット２世（II. Mehmet）　6
メフメド・シェムセッディン・エフェンディ（Mehmed Şemseddin Efendi）　21
メフメド・ムフイッディーン・ウフターデ（Mehmed Muhyiddîn Üftâde）　149
メフメト４世（IV. Mehmet）　18
モッラー・ヒュスレヴ（Mollâ Hüsrev Muhammed ibn Feramuz ibn ʻAlî el-Rûmî）　86
モッラー・フェナーリー（Mollâ Şemseddin Muhammed ibn Hamza el-Fenârî）　83

ヤ　行

ヤズィード（Yazīd）　78
ヤーファス（Yāfath）　127
ユースフ・アッ＝サッラーイー（Yūsuf al-Thallā'ī）　61
預言者イーサー（ʻĪsā）（イエス）　112
預言者イブラーヒーム（Ibrāhīm）（旧約聖書のアブラハム）　123,127
預言者イルヤース（Ilyās）（旧約聖書のエリヤ）　111,112,170
預言者サーリフ（Ṣāliḥ）　123,125
預言者ヌーフ（Nūḥ）（旧約聖書のノア）　127,170
預言者ムーサー（Mūsā）　107-111,115-120,135,136,168,170
預言者ムハンマド　50,52,54,55,59,78,87,93,112,123,147,164-166,168
預言者ユースフ（Yūsūf）（旧約聖書のヨセフ）　36

ラ・ワ　行

ラーズィー（Abū ʻAbd Allāh Muḥammad ibn ʻUmar al-Ḥusain Fakhr al-Dīn al-Rāzī）　59,60,74,85
リダー（Rashīd Riḍā）　61
ルーズビハーン・バクリー（Rūzbihān al-Baqlī）　11
ルーミー（Mawlānā Jalāl al-Dīn al-Rūmī）　83,145
レジェプ・パシャ（Recep Paşa）　20
ワーヒディー（Abū al-Ḥasan ʻAli ibn Aḥmad al-Wāḥidī）　85

事項索引

ア　行

アアラーブ（砂漠の遊牧アラブたち，aʻrāb ＞ sg. ʻarab）　147
アイドス（Tr. Aidos）　15,16,145
悪魔（シャイターン）　78
アッラーの言葉　50　→神の言葉
アナトリア（Anatolia, Tr. Anadolu）　3,23,25,77,78,81,129,142,148,149
現れ（ẓuhūr, Tr. zuhûr）　27,30,36,39,40,46
現れ・可視の次元（ḥaḍra al-ẓuhūr wa al-shahāda）　43
現れ・可視の次元と統合の次元の間にある次元（ḥaḍra baina ḥaḍra al-ẓuhūr wa al-shahāda wa ḥaḍra al-jamʻ）　43

有れ（kun） 68,69,106,141,161
イエスの神性（Tr. lâhût-i Îsâ） 153
イエスの人性（Tr. nâsût-i Îsâ） 153
イジャーザ 19,74,150 →認可
イシャーリー・タフスィール 65,66
イスティスナー（istithnā'） 105,169
イスマーイール派 59,63,64
イスラーイーリヤート（isrā' īliyyāt） 61,80,164
イスラーム法学（fiqh） 22,79,81,85,86,88,120
犬 99,100-102,105-107,134,135,139,167,168
イブン・アラビー学派 6-9,39,42,43,100,113,130
イブン・アラビー思想 6-9,17,20,22,91
意味（ma'nā） 42
イルシャード（irshād） 11 →ガイド
ウスクダル（Üsküdar） 20,144,148
ウスクプ（Sukobje, Sukopiye, Tr. Üsküp） 16,17,145,146
ウストゥルムジャ（Strumnitsa, Tr. Ustrumca） 17,146
宇宙論 5,9,12,13,46,107,137-139,172
宇宙論とタフスィールの照応 70,101,140,141
有無中道態（thubūt, Tr. sübût） 30,38
有無中道の実在（a'yān thābita, Tr. âyân-i sâbite） 152
有無中道の実在の世界（'ālam al-a'yān al-thābita, Tr. âlem-i âyân-i sâbite） 30,31,38
ウラマー（'ulamā'） 14,48,62,69,74,78,97,132,136,156
ウル・ジャーミー（Ulu Câmii） 148
『叡智の台座（*Fuṣūṣ al-Ḥikam*）』 17
エジプト 108
エディルネ（Edirne） 15-17,145
演繹的な推論（al-burhān al-innī, Tr. burhân-ı innî） 67
王 27,47
王国 27
贈り物（Tr. tuhfe） 22
オスマン帝国 3,4,7,13,16,25,71-75,82,91,129,130,141,145,147,162
おんまえ（huzur） 45,154 →次元

カ　行

開示（kashfī） 42,114,146
外的（ẓāhir, Tr. zâhir） 29
外的写し（al-nuskha al-āfāqiyya, Tr. nüsha-i âfâkî） 41
外的な意味（ẓahr） 52,53,62,73
外的な解釈 88,89,95,106,120,133,
外的なタフスィール 130,134,137
ガイド（イルシャード） 165
覚醒状態・眠っていない状態（yaqaḍa） 113
隔絶（tanzīh, Tr. tenzih） 29
拡張（basṭ） 112

獲得される知（al-‘ilm al-kasbī） 113,114
可視（shahāda） 32-34,39,40,43,45
可視・感覚の次元（ḥaḍra ak-shahāda wa al-ḥiss） 43
可視・不可視 140
神によって授けられた知識（al-‘ilm al-wahbī） 161
神の言葉（kalām Allah） 68,140
神の本質（dhāt, Tr. zât） 28
感覚・可視の次元（ḥaḍra al-ḥiss wa al-shahāda） 43
感覚の次元（ḥaḍra al-ḥiss, Tr. hazret-i his） 32,38,39,43
関係（ta‘lluq） 153
観照（shuhūd） 106
完全指導者（al-murshid al-kāmil, Tr. mürşid-i kâmil） 79
完全・総合的人間の次元（ḥaḍra al-insān al-kamāli al-jam‘iyya al-jāmi‘a） 43
完全人間論（al-insān al-kāmil, Tr. insan-ı kâmil） 8,161
絆（nisba, Tr. nisbet） 29,154
帰納的な推論（al-burhān al-limī, Tr. burhân-ı limî） 67
凝縮（qabḍ） 112
キョプリュリュ（Tr. Köprülü） 17
クルアーン（al-Qur’ān） 68
クルアーン解釈 54,56
クルアーンの啓示経緯（asbāb al-nuzūl, Tr. esbâb-ı nüzûl） 56,86
系譜（スィルスィラ silsila Tr. Silsile） 147,149
顕現（tajallī, Tr. tecellî） 5,28,69,101,152
幻想の世界（‘ālam al-mithâl） 35
権利（Tr. tasarruf） 153
肯定的一性（wāḥidiyya, Tr. vâhidiyet） 29,37
言葉（kalām） 5,69,106,140

サ 行

宰相 27
ザイド派 59,60
境（ḥadd） 52,53
魚 109-111,120
ザーヒル（ẓāhir） 62,63,70,159
サムード（thamūd） 123
更なる意味を獲得できる領域（muṭṭala‘） 52,53
シーア派 59-61
ジェルヴェティー（celvetî） 144
ジェルヴェティー教団（celvetiye） 19,20,21,23,79,83,91,130,147,150
次元（hazret） 26-30,36,37,42,43,45,68,151 →おんまえ（huzur）
次元説 39,43
至高な筆の次元（mertebe-i kalem-i âlâ） 38
自己限定（ta‘ayyun, Tr. ta‘ayyün） 29,30,151
自己所有の状態（tamkīn） 132
至聖流出（al-faiḍ al-aqdas, Tr. feyz-i akdes） 30,151

実在するもの（al-wujūd al-ḥaqīqī）　68
実在についての知（‘ilm al-ḥaqā’iq）　114
実践的　44,46,138,168
実践的解釈　121,124,138
実用的解釈　132
シャイフ（師匠）　12,15,16,18-21,23,46,79,83,91,97,98,110,111,116,117,119,150
シャーフィイー学派　60,168
ジャルワ（jalwa）　147
12イマーム派法学　60
純粋な諸霊魂の世界（諸霊魂と知性の世界）（‘ālam al-arwāḥ al-jabarūtiyya wa al-malakūtiyya（‘ālam al-‘uqūl wa al-nufūs））　34,38,39
純正同胞団（Ikhwān al-Ṣafā）　60
消去（naskh, Tr. nesh）　55
照明学派　79
逍遥学派　79
諸本質（ḥaqā’iq）　106
所有性（mülk）　38,41
所有世界（‘ālam al-mulk）　43
所有の世界（‘ālam al-mulk, Tr. âlem-i mülk）　32,38,39
諸霊魂（arwāḥ ＞ sg. rūḥ, Tr. ervâh）　34,35,38,42
諸霊魂の次元（ḥaḍra al-arwāḥ, mertebe-i ervâh）　38,42
諸霊魂の段階（mertebe-i ervâh）　41
臣下　47
神学（‘aqā’id, kalām）　22
真実在（al-wujūd al-ḥaqīqī）　101
真実在の真実在（ḥaqīqa al-ḥaqāiq, Tr. hakikatü’l-hakâik）　29,37
真実在の存在　41
神性（ilâhiye）　28
神性（lâhût）　41
人性（nāsūt, Tr. nâsût）　153
人性の次元（ḥaḍra al-nāsūt, Tr. hazret-i nâsûtiye ）　32,38,39,41,43
神聖流出　152
神的（lāhūtī, Tr. lâhutî）　29,38
神的霊魂（lāhūt, Tr. lâhût）　33
人的霊魂（al-rūḥ al-nāsūtī Tr. rûh-i nâsûtî）　33
浸透（sirāya, Tr. sirayet）　152
真の意味（al-ma‘nā al-ḥaqīqī）　101
真の発話者（al-mutakallim al- al-ḥaqīqī）　70
神秘的宇宙論　4,8,26
神秘的体験（神秘的開示，kashf, Tr. keşf）　5,10-12,44,46,66,137,138,143,172　→開示
臣民　27
真理（ḥaqq, ḥaqīqa, Tr. hak）　28,70,124
ズィクル（唱念，dhikr）　98,126,133
スーフィズムとタフスィールの照応　91,107,128,130
スーフィーたちのタフスィール書　88　→スーフィーによる解釈書

スーフィー的解釈　66,83,84,133
スーフィー的なイスラーム（tasavvufî islam）　48
スーフィー的なクルアーン解釈　74,81　→スーフィー的なタフスィール
スーフィー的なタフスィール　130,132-134　→スーフィー的なクルアーン解釈
スーフィーによる解釈書　75　→スーフィーたちのタフスィール書
スーフィーによるクルアーン解釈　13,48,49,67,121,162　→スーフィーによるタフスィール
スーフィーによるタフスィール　5,9,72,75　→スーフィーによるクルアーン解釈
スーフィーの啓発的・示唆的なタフスィール（al-tafsīr al-ṣūfī al-fayḍī al-ishārī）　63,65
スーフィーのタフスィール　5,10-12
スーフィーの理論的タフスィール（al-tafsīr al-ṣūfī al-naẓarī）　9,63,64
スフラワルディー教団　161
全ての現物を包括する知的不可視の次元（al-ḥaḍra al-ghaibiyya al-'ilmiyya al-muḥīṭa bi kull mā ẓahar）　42
スンナ派の4大法学派　60
脆弱なハディース　151
聖性（qudsiyya）　169
世界（'ālam, Tr. âlem）　29-31,34-36,151
説教（wa'ḍ, khuṭba）　16,18,20,24,74,77,87,88,142,146
説教的　12,87
説教的な解釈　89,90,99
絶対（muṭlaq, Tr. mutlak）　32,152
絶対的可視　40
絶対的可視に近い側の相対的不可視　40
絶対的可視の次元（ḥaḍra al-shahāda al-muṭlaqa, Tr. hazret-i şehâdet-i mutlaka）　32,38,42
絶対的可視の次元に近い相対的不可視の次元（ḥaḍra al-ghaib al-muḍāf mā yakūn aqrab min al-shāda al-muṭlaqa）　34,35,39,43
絶対的祖型の次元（ḥaḍra al-mithāl al-muṭlaq）　42
絶対的な幻想（'ālam al-mithāl）　39
絶対的な幻想の世界（âlem-i hayâl-i mutlak）　39
絶対的な想像の世界（âlem-i misâl-i mutlak）　39
絶対的不可視　40
絶対的不可視に近い側の相対的不可視　40
絶対的不可視の次元（ḥaḍra al-ghaib al-muṭlaq, Tr. hazret-i gayb-ı mutlak）　29,31,37,38,42
絶対的不可視の次元に近い相対的不可視の次元（ḥaḍra al-ghaib al-muḍāf mā yakūn aqrab min al-ghaib al-muṭlaq）　34,39,43
絶対に一なる本質（dhāt al-aḥadiyya）　42
想像的形相（al-ṣuwar al-mithāliyya, Tr. suver-i misâliye）　35,39
相対（muḍāf, Tr. muzâf）　34,152
相対的不可視　40
相対的不可視の次元（ḥaḍra al-ghaib al-muḍāf, Tr. hazret-i gayb-ı muzâf）　31,37
祖型（mithāl）　43
祖型の次元（martaba al-mithāl al-muqayyad）　43
属性（ṣifāt, Tr. sıfat）　29,38,41,46,67,152
それ以外のもの（mā siwā, Tr. mâsivâ）　29

尊厳（jalāl, Tr. celâl）　153
存在（wujūd, kā'ināt）　5,30,39,40,69,100,101,141
存在一性論（waḥda al-wujūd, Tr. vahdet-i vücûd）　8,20,65,66,68,74,101,134,137,143,148,161,172
存在思想　44,105,107,137
存在の五次元説（al-ḥaḍarāt al-khams al-ilāhiyya, Tr, hazarât-i hamse）　8,9,26,29,42,44,46,47,139,151
『存在の五次元説の書（*Risâle-i Hazarât-ı Hams-i İlâhiye*）』　4,13,24,26,36,37,44,46,100,138,139,142
存在物（wujūd, Tr. vücud）　36
存在論　36,40-42,46,47,70,100,124,135,138

タ　行

第1次オーストリア遠征（1107/1695年）　19
第一中間世界（'ālam al-barzakhiyya al-ūlā）　42
第1の顕現（al-tajallī al-awwal, Tr. tejelli-i evvel）　151
第1の流出的自己限定（ta'ayyun-i evvel-i feyyâzî）　38,41
第3の可視的な自己限定（ta'ayyun-i sâlis-i şehadî）　38,41
第2次オーストリア遠征（1108/1696年）　19
第2の神聖自己限定（ta'ayyun-i sânî-i makdesî）　41
第2の聖的な自己限定（ta'ayyun-i sânî-i makdesî）　38
ダイーフ（脆弱な）　84,88　→脆弱なハディース
代理人性（khilāfa）　124
ターウィール（ta'wīl）　53,157
タウヒード（tawḥīd, 神の唯一性）　66
タフスィール（tafsīr）　4,5,9,48,53-58,62,70,73,76,157
魂（arwāḥ）　124
ダマスカス　19,20,22,23
多様な顕現（kathra）　69
タリーカ（スーフィー教団）　12,15-18,20-22,48,79,135,143-145,164
ダルガー（修道所）　16,20
タワックル（tawakkul）　103
段階（martaba, Tr. mertebe）　43,153
知（'ilm, Tr. ilim）　105,106,151
知覚（ḥiss, Tr. his）　40
近しさ（walāya）　110,111　→ワリー
知的次元（知の次元, ḥaḍra al-'ilm, Tr. hazret-i ilmiye）　30,31,38,40-42
チュルク語主義者（Tr. mühim bir türkçeci）　151
超強制性（ceberût）　38,41
超強制世界（'ālam al-jabarūt）　43
超強制性の世界（'ālam al-jabarūt, Tr. âlem-i ceberût）　35
超所有性（マラクート, melekût）　35,38,41
直接な知識（al-'ilm al-ladunnī）　111,113,114
直知　115,121
角　122

テキルダー（Tekirdağ） 19,148
テッケ（スーフィー修道場） 21,72,73,75,76,91,162
洞窟章（sūra al-kahf） 92
洞窟の仲間たち 95,97,99,104,134,135,168
洞窟の仲間たちの物語 13,92,102,106,131
統合する人間（âlem-i insân-ı câmie） 39
統合の次元（al-ḥaḍra al-jāmi‘a, Tr. hazret-i câmie） 36,38-40,43
統合の中の統合の次元（maqām jam‘ al-jam‘） 106
トルコ語 23,49,72,76,77
トルコ語世界 77,130
トルコ人 45,127,128
トルコ世界 72

ナ 行

内奥者（バーティン）（al-bāṭin） 68
内的（bāṭin, Tr. bâtın） 29
内的写し（al-nuskha al-anfusīyya, Tr. nüsha-i enfüsî） 41
内的な意味（baṭn） 52,53,62
内的な解釈 89,96,120 →内的なタフスィール
内的なタフスィール 74,75,89,134,135 →内的な解釈
ナクシュバンディー教団 133,162
ナザリー・タフスィール 64,65
７つの字 52,160
名前（asmā’ ＞ sg. ism, Tr. esmâ） 29
認可（イジャーザ，ijāza, Tr. icâzet） 16,22
人間（al-insān, Tr. insân） 36
人間の次元（ḥaḍra al-insān） 43
人間の世界（‘ālam al-insān, Tr. âlem-i insân） 36,39
認識論 40,42

ハ 行

ハック教団（ハッキリック，Hakkîlik） 21
ハダラート・ハムス（al-ḥaḍarāt al-khams, Tr. hazarât-ı hamse） 26
ハディース 23,28,44,52,53,56,63,80,84,85,88,97,98,112,115,138,155,159,160,166-168
ハディース学（ḥadīth） 22
ハディース学者 111
バーティン（bāṭin） 62,63,70,159
ハナフィー学派 60,80,151,168
ハリーファ 16-19,21,23,149 →代理人性（khilāfa）
バルカン半島 23,25,149
ハルワ（khalwa, Tr. halvet, 隠遁） 95,98,104,106,140,147
ハルワティー（ハルヴェティー）教団 129
ハワーリジュ派 59,60
反キリスト（ダッジャール，dajjāl） 166
ハンバル学派 60

美（jamāl, Tr. cemâl）　153
被限定的祖型の次元・眠りの世界（ḥaḍra al-mithāl al-muqayyad,‘ālam al-manām）　43
非自己限定（lā ta‘ayyun, Tr. lâ ta‘ayyün）　30
必然的な知（al-‘ilm al-ḍarūrī）　114
否定的一性（aḥadiyya, Tr. ehadiyet）　29,37,41
不可視（ghaib, Tr. gayb）　32-34,39,40,45,78,152
不可視と統合の間にある次元（ḥaḍra baina ḥaḍra al-jam‘ wa ḥaḍra al-ghaibiyya）　42
不可知にして不可視（gayb-ı meç-hûl）　38
複合体化（murakkab, Tr. mürekkep）　35
複合性（tarkīb, Tr. terkip）　28,29
複合的諸形相（al-ṣuwar al-murakkaba, Tr.）　32
複合的な諸形相（suver-i mürekkebe）　39
複数性（kathra, Tr. kesret）　29
２つの海　64,120
２つの海が会う所　107-109,111,169
２つの角を持つ者（Dhū al-Qarnain）の物語　13,92,121,168　→ズ・ル・カルナイン［人名］
物体（eşya）　39
物体（ajsām）　43,124
船　115,117-119
ブルガス州（Burgas）　145
ブルサ（Bursa）　17-21,77,90,144,146,148
包括的不可視の次元（ḥaḍra al-ghaib al-mushtamil）　42
本質　38,41,43,46
本質・属性・行為説　69
本質的な言葉（al-kalām al-dhātī）　106
本質的彼性　37,40
本質的彼性の次元（hazret-i hüviyet-i zâtiye Tr. hüviyet-i zâtiye）　29,30,31,37,38,41,42

マ　行

マァジュージュ　127　→ヤージュージュとマアジュージュ
マケドニア共和国　145,146
マゴサ（Magosa）　18
マートゥリーディー学派　86
マドラサ（イスラーム学校）　71,73-76,78,91,162
マラクートの世界（‘ālam al-malakūt）　35,39,43,68
マーリク学派　60,84,159
マーリファ（ma‘rifa, Tr. mârifet）　5,13,49,66,70,100,101,140,161
味覚（dhawq）　172
ムウタズィラ学派　59,161
無からの想像（creatio ex nihilo）　68
無生物（jamādāt ＞ sg. jāmid, Tr. cemâdât）　40
ムタワッキル（mutawakkil）　99
ムフティー（宗教裁判官，muftī, Tr. müftü）　17,125,145,146
無名的な不可視（al-ghaib al-majhūl, Tr. gayb-ı meçhül）　29

ムリード（弟子） 98
『明証の魂（*Tafsīr Rūḥ al-Bayān*）』 4,13,18,24,71,75-78,80-86,90-92,129,130,138,142,163,164,166
明瞭な天の書（kitāb mubīn） 51
メヴレヴィー教団 22
目撃一性論（waḥda al-shuhūd） 137
文字だけの章句（al-ḥurūf al-muqaṭṭa‘a） 65
モスク 16,18,20,21,24,72,74,77,87,90,96,142,148

ヤ 行

ヤァジュージュとマァジュージュ（ya’jūj wa ma’jūj, gog and magog） 127,128
宿り（ḥulūl） 153
様態 29,34-36,40
良き者（サーリフ，ṣāliḥ） 99
預言者ムーサーとヒドルの物語 13,92,135,136,170
読め（iqra’） 68,69

ラ 行

流出 152
倫理的 44-46,104,138,168
倫理的・実践的解釈 42,44,46,47,91,92,106,118,119,121,124,126-128,136,138-142
倫理的側面 135
倫理的な解釈 47,101,102,105,107,110,135,137,138,140
倫理的な規定 46,47,116,119,139,140
倫理的なタフスィール 121,136
ルメリ地方（Rumeli） 146,151
霊感（ilhām, Tr. ilhâm） 97,125
霊感の書（Tr. vâridât） 23
霊魂 33,36,40
霊魂と知性の世界（‘ālam al-‘uqūl wa al-nufūs） 34
霊魂の次元（hazret-i rûhiye） 37-39,41,43
霊的な体験 100
霊的な旅（sulūk） 124
歴代シャイフ（ポストニシーン，Tr. Postnişin） 21

ワ 行

ワリー 97,111,170 →近しさ（walāya）

■著者略歴
イディリス・ダニシマズ（İDİRİS DANIŞMAZ）
1975年　トルコ共和国に生まれる。
1999年　トルコ国立セルチュク大学神学部を卒業。
2000年　日本に留学。
2008年　京都大学大学院アジア・アフリカ地域研究研究科修了。博士（地域研究）。
現　在　人間文化研究機構総合人間文化研究推進センター研究員，京都大学大学院アジア・アフリカ地域研究研究科客員准教授。
著　作　“Ibn Arabi Thoughts in the Practice of Ordinary Muslims: From the ‘Ethical Interpretation’ and ‘Practical Application’ Perspective of İsmail Hakkı Bursevi”（『イスラーム世界研究』11，2018年），“How to Cope with Violence in the Information and Communication Age: An Analysis of Anti-Terror Messages by Muslims”（In *Social and Economic Problems and Challenges in the Contemporary World*, Belgrade: Mala Kanjiga, 2017），「イスラームにおける生と死の捉え方と日本における死生観の比較」（*International Journal of the Asian Philosophical Association*, 9 (1)，2016），*The Turkish Model: Reality and Applicability*（Ed., Kyoto: Doshisha University, 2015），他。

トルコにおけるイスラーム神秘主義思想と実践

2019年2月21日　初版第1刷発行

著　者　イディリス・ダニシマズ
発行者　中　西　　良

発行所　株式会社　ナカニシヤ出版
〒606-8161　京都市左京区一乗寺木ノ本町15
TEL　(075)723-0111
FAX　(075)723-0095
http://www.nakanishiya.co.jp/

© Idiris DANISMAZ 2019
印刷・製本／創栄図書印刷
＊落丁本・乱丁本はお取り替え致します。
ISBN978-4-7795-1323-7　Printed in Japan

◆本書のコピー，スキャン，デジタル化等の無断複製は著作権法上での例外を除き禁じられています。本書を代行業者等の第三者に依頼してスキャンやデジタル化することはたとえ個人や家庭内での利用であっても著作権法上認められておりません。